The Chinese Repository

# 人类学视角下的民族志翻译研究：

## 以《中国丛报》为例

孔艳坤 著

上海交通大学出版社
SHANGHAI JIAO TONG UNIVERSITY PRESS

**内容提要**

本书的主要内容在于构建翻译研究的人类学视角，并将其应用于《中国丛报》的民族志翻译研究。本书业已表明翻译研究的人类学视角可被用于分析民族志翻译，且人类学与翻译研究相结合既必要又可行。通过将英文期刊《中国丛报》的部分内容定义为民族志翻译，本书夯实人类学的文化文本化理念及民族志翻译概念在翻译研究中的地位。此外，本书通过分析《中国丛报》的民族志翻译探讨何种文本可被视为民族志翻译、民族志翻译的特征及影响，以及影响民族志译者译介他者的文本内外因素。

本书主要面向从事翻译研究及民族志翻译研究的学者，以及翻译专业的本科生、硕士生及博士生。本书所建构的翻译研究人类学视角可供相关学者或学生参考。

**图书在版编目（CIP）数据**

人类学视角下的民族志翻译研究：以《中国丛报》
为例/孔艳坤著. —上海：上海交通大学出版社，
2025.6. —ISBN 978 - 7 - 313 - 32694 - 2

Ⅰ. K28；H315.9

中国国家版本馆 CIP 数据核字第 20254X0E93 号

人类学视角下的民族志翻译研究：以《中国丛报》为例
RENLEIXUE SHIJIAOXIA DE MINZUZHI FANYI YANJIU；YI《ZHONGGUO
CONGBAO》WEILI

著　　者：孔艳坤
出版发行：上海交通大学出版社　　　　　　　　地　　址：上海市番禺路 951 号
邮政编码：200030　　　　　　　　　　　　　　电　　话：021 - 64071208
印　　制：上海万卷印刷股份有限公司　　　　　经　　销：全国新华书店
开　　本：710mm×1000mm　1/16　　　　　　印　　张：15
字　　数：235 千字
版　　次：2025 年 6 月第 1 版　　　　　　　　印　　次：2025 年 6 月第 1 次印刷
书　　号：ISBN 978 - 7 - 313 - 32694 - 2
定　　价：88.00 元

　　本项目受中国传媒大学中央高校基本科研业务费专项资金资助，项目名称为《人类学视角下的民族志翻译研究——以〈中国丛报〉为例》（项目编号：CUC24HQ18，supported by "the Fundamental Research Funds for the Central Universities"）。

# 序 1

  孔艳坤将《中国丛报》中同晚清中国相关的内容视为民族志翻译,并从人类学视角进行《中国丛报》的民族志翻译研究。本书的创新之处首先在于将《中国丛报》相关内容视为民族志翻译,重新审视并拓宽翻译原文的范畴,夯实人类学的文化文本化理念及民族志翻译概念在翻译研究中的地位。本书论证说明文化文本化理念可有效扩充翻译的内涵,证明翻译的原文不仅可以是传统意义上的原文文本,而且可以是原文对应的文化。此外,本书详细分析《中国丛报》的民族志翻译特征及其影响,以及影响民族志译者译介他者的文本内外因素,这些内容可以拓宽翻译研究者对民族志翻译的认知。本书通过人类学视角探究民族志翻译如何建构他者文化,以及相关译介凸显了自我建构他者的何种特征,从而尽可能全面地分析跨文化活动或现象的翻译属性及译者自身如何建构他者文化。

  本书的另一创新之处在于梳理翻译研究的人类学视角,归纳整合从人类学视角开展翻译研究的理论资源。本书通过丰富的例证,展示了翻译研究不仅可以根据研究对象适当地拓宽原文或译文所涉及的范畴,以全面分析翻译活动或现象,还可以借助翻译研究人类学视角深入探讨译者所采用的翻译策略等问题。另外,本书梳理的理论观点有助于分析各种文化立场及主位视角或客位视角对译文的影响,并深入探讨译者自身关于他者的观念、译者自我与其所译介的他者之间的关系、译文与他者真实情形之间的距离等问题。结合与文化与翻译相关的人类学概念与方法,本书创新性地将翻译研究的人类学视角应用于《中国丛报》民族志翻译的研究,从而针对《中国丛报》民族志翻译这一研究对象生成与人类学视角相关的认识。

　　孔艳坤在撰写期间态度积极认真，虚心接受导师和专家提出的意见，在研究过程中展现了独立思考与批判性分析的能力，且其学术能力一直稳步提升，最终能够通过系统梳理翻译研究的人类学视角，有效分析《中国丛报》中的民族志翻译。本书拓展了文化文本化理念，证明了从人类学视角进行翻译研究的可行性，研究成果将对人类学视角下的翻译研究产生积极的影响，并对该领域未来的研究方向起到引领作用。

王敬慧

清华大学外国语言文学系教授、博士生导师

# 序 2

历史就像一位健忘的老人,总需要后人帮他找回记忆的碎片。而《中国丛报》恰如这位老人留下的一本他者见闻录,记录着 19 世纪西方人眼中的晚清中国。如今,孔艳坤博士以其新著《人类学视角下的民族志翻译研究:以〈中国丛报〉为例》,为我们带来了一副解读这段历史的全新"翻译眼镜"——戴上它,那些被误读的文化密码突然变得清晰可辨。

本书令人称道之处,莫过于将《中国丛报》的撰稿人比作一群业余人类学家。他们背着笔墨纸砚,在华夏大地上进行着一场跨越文化的即兴翻译表演。孔博士慧眼独具,发现这些西方人记录中国见闻,本质上是在玩一场高级的文化传话游戏——把看到的、听到的中国文化现象,通过自己的理解"翻译"给英语世界的读者。这种民族志翻译的创见,让翻译研究终于摆脱了原文至上的桎梏,开始关注那些只可意会不可言传的文化密码。

说到研究方法,孔博士就像一位学术界的跨界魔术师,将人类学的主位/客位视角变成了她手中的魔术道具。在她的解构下,《中国丛报》那些看似客观的报道,突然显露出欧洲中心主义的狐狸尾巴。那些文化阐释者们一边声称要如实介绍中国,一边又不自觉地戴着西方中心主义的有色眼镜,这种言行悖反的表现,被本书分析得淋漓尽致。

本书精彩的"侦探情节",莫过于作者对《中国丛报》三个层面的"破案式"分析。从官方到民间,从文化到科技,孔博士像一位文化侦探,通过文本的蛛丝马迹,还原出 19 世纪西方人如何建构"晚清中国"这个"他者"形象。特别是她揭示的编译动机与真实中国之间的认知鸿沟,简直可以拍成一部学术版的《误读疑云》。

作为艳坤同学的老师，我见证了她从选题到成书的整个"学术进化史"。记得开题时她就像发现了新大陆的哥伦布，写作过程中又化身严谨的实验室研究员，修改阶段则变成了追求完美的艺术品修复师。这种学术人格的进阶，最终成就了这部既有理论深度又接地气的佳作。

本书的语言风格也颇具特色，既保持了学术著作应有的端庄，又不时流露出"段子手式"的幽默。这种严肃活泼的文风，让读者在思考深奥理论时，偶尔还能会心一笑。

从更广阔的视角看，本书就像一座连接古今中外的文化立交桥。它不仅让我们重新审视历史上的文化误读，更为当下的跨文化交流提供了宝贵的防踩坑指南。那些困扰当代译界的难题，或许答案就藏在这段被误读的历史中。

相信这部著作的出版，不仅能让译界眼前一亮，还会让人类学、文化研究等领域的学者感叹：原来我们的材料还可以这样读！本书既是一部严谨的学术专著，又是一本引人入胜的文化解码手册。

最后，让我们以轻松但不失敬意的心情期待：孔博士这位学术界的文化侦探，未来还能为我们破解更多跨文化交流的"悬案"。毕竟，在这个地球村时代，我们太需要这样能说清文化误会的学术专家了。

吕世生

北京语言大学高翻学院教授、博士生导师

# 序 3

近悉艳坤博士的专著要付梓问世，作为她"三位一体"（开题＋预答辩＋答辩）的评审老师，我还是颇有感触的。作为一位年轻的学者，艳坤身上有一股初生牛犊般的闯劲儿。她小小的身躯之内，似乎藏着某种深不可测的力量，驱使她一次次地突破自我，不顾一切地闯入这时而闹哄哄、时而又安静的学术圈。

因此，她的研究注定带有某种"艳坤式"的标签。首先，便是她对宏大叙事近乎"我执"一般的追求。她不愿固守传统、安全的研究范式，而是要借助他山之（巨）石——人类学的视角来审视翻译研究。同所有的跨学科视角一样，这其实是把"双刃剑"——用得好，便会为自己的研究带来新意；稍有偏差，便成了"四不像"，贻笑大方。幸运的是，艳坤似乎有足够的底气，也做了足够的功课，让人类学与翻译学的双重视角真正实现了融合，让更多的人明白，创新之所以会发生，是因为研究者勇敢、坚定地迈出了那第一步。

艳坤的第二个"我执"，在于她对一份特定英文期刊近乎"穷尽式"的爬梳与评断。作为西方传教士在清末中国创办的一份英文期刊，《中国丛报》涵盖的内容极为广泛，其隐含的价值观与立场也颇为微妙。作者既要对晚清文化本身有足够的了解，又得准确地把握西方传教士在"翻译"晚清文化时赋予它的"新"意与"谬"意，这其中的艰辛可想而知。好在艳坤似乎并无惧意，反倒是将挑"战"变成了背水一"战"的契机（甚至可以说是快感）——从官方到民间，从文化到科技，《中国丛报》的几大板块似乎成了艳坤手中的积木。沉浸于这"游戏"中的她，将它们巧妙地分类、组合，再一层层地搭建精修，让读者身临其境地回到历史的语境之中——只不过，是一个现代人带着现代的眼光去进行的创造性回归。当下与历史就这样近乎完美地融合在一起，你中有我，我中有你。

艳坤不缺智慧，不缺灵气，更不缺斗志。如果说她还有什么不足的话，那就是她的"我执"也许还不够。她毕竟年轻，年轻固然气盛，但年轻也意味着缺少更多的经验与历练。她执着于宏大，但有时对于细节却缺乏必要的"我执"——这里考验的，当然是耐性，是足够成熟的人才有的耐性。她执着于爬梳，但不知不觉便成了罗列——评断的文字不足，力度亦不足。同样，这也是由于她太年轻，或许是不敢深判力判，或许是不知道如何深判力判。随着时光的流逝，相信她的"我执"一定会向着更深、更远、更有底蕴的方向发展。让我们拭目以待。

张　磊

中国政法大学外国语学院教授、博士生导师

# 前　言

　　相比于人类学家对翻译活动的关注,翻译研究对人类学的借鉴相对有限。然而,人类学视角可拓宽翻译研究思路并深化关于翻译活动与现象的认识。基于翻译研究与人类学理论结合的现有成果,本书建构翻译研究的人类学视角,探讨如何将人类学理论切实有效地应用于翻译研究中。该视角借鉴人类学文化文本化等观念重审何为翻译的原文与译文,将原文与译文内涵拓宽至文化层面,突破语际翻译将原文及译文囿于文本层面的限制。人类学关于翻译的观念亦有利于翻译研究重审可译性与语境等翻译的基本问题。基于人类学对自我与他者的关注,翻译研究人类学视角探讨如何分析经翻译相遇的自我与他者。该视角亦借鉴人类学对欧洲中心主义等立场的看法,以分析翻译存在的各种中心主义问题,并提倡通过人类学主位与客位相结合的方法摆脱中心主义。除文化立场外,该视角基于人类学观念着重分析译者自身如何通过翻译过程建构他者的文化,以及其将他者文化译为自身语言的特点。此外,该视角将探讨民族志与民族志翻译的定义、研究对象、作用及困境,厘清民族志翻译如何建构文化等问题。

　　本书将翻译研究的人类学视角应用于对《中国丛报》民族志翻译的分析。《中国丛报》呈现晚清中国情形的撰写目的符合民族志翻译属性。虽然其文本本身并不总有传统意义上的原文,但在文化文本化理念的观照下,晚清中国文化可被视为原文,《中国丛报》相关内容可被视为由中国文化译出的民族志翻译。从翻译研究的人类学视角出发,本书分析《中国丛报》关于晚清中国官方层面、民间层面和文化科技层面的民族志翻译,探讨相关民族志译者译介晚清中国的特征。作为 19 世纪在华西人开眼看中国的文本,《中国丛报》体现相关民族志译者在建构他者文化时易于将他者简单化和固化的特征。虽然相关译介既有从客位视角出发,亦有从主位视角出发之处,但民族志译者受自身立场影响往往认为晚清中国不及西方,凸显客观建构他者的困难。加之对晚清中国了解有限,《中国丛报》民族志译者仅较为客观全面地呈现部分事实或细节,并基于自身利益将晚清中国塑造为野蛮落后的他者以及需西方拯救的对象。

# 目　录

# 第1章

## 研究概述

　　作为 19 世纪在华西人创办的英文期刊，《中国丛报》（*The Chinese Repository*）内含关于中国文学作品与时事报道等内容的译文。本章将首先在选题背景部分阐明《中国丛报》的刊行情况及其研究价值，继而梳理《中国丛报》的研究现状。基于同《中国丛报》相关的翻译研究情况，本书探索将其中同中国相关的内容视为民族志翻译的可能性。由于民族志翻译涉及的民族志是人类学的核心组成部分，本书将系统梳理人类学同翻译研究相关的理论资源，并阐明从翻译研究的人类学视角出发分析《中国丛报》民族志翻译的必要性与可行性。本章亦将概述《中国丛报》民族志翻译包括的内容及其分类，以及本书的主要研究问题、研究方法及创新点。

## 1.1　选题背景

　　19 世纪在华英文期刊《中国丛报》不仅囊括内容丰富的各类译文，而且颇具研究价值。本节将介绍《中国丛报》的刊行情况等内容，以及本书将《中国丛报》的部分内容视为民族志翻译，并从翻译研究的人类学视角对其加以分析的原因。①

　　《中国丛报》的历史价值自 20 世纪起已被中国学者留意。1985 年至 1988 年，《岭南文史》刊载 7 篇以《〈中国丛报〉中文提要》为题的文章，呈现由李烽、黄比新、阎静萍与蔡理才合译的《中国丛报》目录，囊括 20 卷的所有文章篇名，以方便研究鸦片战争和中国近代史的学者查找资料（李烽等，1985：35）。由于《中国丛报》文章篇名普遍较长，4 人所译目录大多以简明的形式选译必要信息，以便读者快速锁定查询篇目。《湖北师范学院学报（哲学社会科学版）》1999 年以《中国近代最大外文期刊〈中国丛报〉》为题简单介绍《中国丛报》，并将 *The*

---

① 民族志翻译与民族志的定义详见本书 1.3 节。

*Chinese Repository* 译为《中国文库》。该文认为《中国丛报》的创刊目的是多方面搜集同中国有关的情报，详细调查并介绍中国的政治制度和文化风俗等方面的内容（尚且，1999：45）。虽然尚且对《中国丛报》的介绍篇幅不超过半页，但其题目将《中国丛报》定义为中国近代最大的外文期刊，凸显了《中国丛报》办刊规模与意义之大。类似于尚且认为《中国丛报》以搜集中国情报为创刊目的，刘光磊与周行芬（1999：53）将《中国丛报》视为西方资本主义鼓吹侵华的舆论工具，而办报的传教士更是被指控为披着宗教外衣的西方间谍。在承认《中国丛报》史料价值的同时，陈忠（2002：31）直接将《中国丛报》视为侵略中国的喉舌。基于其所刊登的中国航海及地理人文等信息，《中国丛报》客观上为帝国主义于晚清侵华提供情报。顾长声（1981：17）指出，传教士在鸦片战争前夕为侵略者提供情报。相似观点延续至今，姚达兑（2020：60）亦指出传教士英译中国神怪小说存在促使西方支持在华传教的目的，且其传教诉求亦化作企图将帝国主义行动正当化的证明。本书将多方面衡量此类关于《中国丛报》的价值判断，避免因使用材料有限而得出简单且片面的结论。2008 年，由张西平主编、顾钧与杨慧玲整理的《〈中国丛报〉篇名目录及分类索引》在前言中强调《中国丛报》作为珍贵史料的重要意义，以及其作为西方第一份主要以中国为报道对象的刊物的重大历史意义（张西平，2008）。在参考《岭南文史》所刊提要的基础之上，《〈中国丛报〉篇名目录及分类索引》内容丰富，以表格形式展现每篇文章的英文篇名、中文译名、主要内容、分类、发表卷期、日期和页码。该索引为使用《中国丛报》的学者提供便利，且本书亦从中受益。

　　《中国丛报》不仅因颇具历史价值而受到学界关注，而且凭借囊括丰富的中国典籍与文学作品译文而成为翻译领域的研究对象。[①]《中国丛报》的翻译研究价值建基于其刊载的丰富内容之上，研究者需充分关注其直接译介中国的努力（邓联健，2021：128）。截至 2024 年年初，翻译学者已刊出近 60 篇分析《中国丛报》翻译活动的期刊与学位论文，并在其他著作章节中分析《中国丛报》的译文。针对《中国丛报》译介典籍与文学作品等文本的情况，前期研究业已细致梳理译介的具体篇目并分析其翻译特征，为本书探讨有关内容打下坚实基础。相关研究聚焦于《中国丛报》的语际翻译，亦即由一篇或几篇

---

① 本书中典籍与文学作品范畴不同，前者重历史权威与经典传承，后者重艺术表达。

文本作为原文的译文。① 因此,《中国丛报》迄今为止的翻译研究范畴存在一定的局限性,主要探讨在华西人如何翻译中国典籍、文学作品、时事报道等内容。然而,《中国丛报》同晚清中国社会文化情形相关的内容远不止于此。翻译研究目前尚未注重《中国丛报》译者如何向西方介绍其在中国所见的科举考场、衙门牌匾、民间生活等诸多内容。鉴于相关文本将原文的文化情形挪移至另一种语言中,带有民族志及翻译的属性,以《中国丛报》为研究对象的翻译研究应尝试全面探讨在华西人如何通过一份英文期刊向西方世界介绍中国。

基于《中国丛报》上述的研究价值及现有翻译研究成果的局限性,本书将《中国丛报》民族志译者自身译介或描述晚清中国这一他者各方面情形的内容视为民族志翻译,并从翻译研究的人类学视角加以分析。《中国丛报》刻画晚清中国的文本此前亦曾被学者研究,但这些学者大多仅从自身学科出发研究《中国丛报》的部分文本。② 因此,本书希望以民族志翻译这一涵盖描述某一民族各方面情形的概念来界定《中国丛报》同晚清中国相关的内容,以揭示《中国丛报》作为民族志翻译的研究价值。民族志翻译概念脱胎于民族志概念,而民族志又为人类学的重要组成部分,因此本书从人类学视角出发分析《中国丛报》的民族志翻译。虽然翻译研究与人类学理论已融合出深度翻译等现有成果,但人类学依然有诸多理论资源尚未在翻译研究领域被充分运用。因此,本书亦将建构翻译研究的人类学视角,并在此基础上运用人类学视角分析《中国丛报》的民族志翻译,以期一方面深入分析《中国丛报》的译本内容及研究价值,另一方面以分析《中国丛报》的民族志翻译为出发点,探讨如何在翻译研究中系统运用人类学视角,从而拓宽翻译研究的视野与路径。正如中国文学人类学派的价值在于通过深入挖掘中国文化的传统智慧与精神遗产,对当下经验作出独特的记录、表述和阐释,丰富人类文化多样性的基因库(黄悦,2018:41),本书亦希望通过从人类学视角出发研究《中国丛报》的民族志翻译,深入挖掘译文自 19 世纪留存至今的文化与历史价值,并丰富翻译学科自身对民族志翻译等概念的理解及认识。

---

① 大多数语际翻译的译文由一篇原文译介而来,但也有部分译文编译自多篇原文。
②《中国丛报》的研究现状综述详见本书 1.2 节。

## 1.2 《中国丛报》及其翻译研究文献综述

鉴于《中国丛报》本身内容庞杂且涉及多种学科，本部分综述既涉及翻译学科本身同《中国丛报》相关的研究，也关注翻译之外的学科如何看待并研究《中国丛报》。本部分综述将明确《中国丛报》现有研究的关注点及问题，进而说明从翻译研究的人类学视角分析《中国丛报》民族志翻译的必要性及相应的分析维度。

### 1.2.1 多学科视野下的《中国丛报》文献综述

由于本书将《中国丛报》同晚清中国相关的内容视为民族志翻译，因而研究对象与内容与其他学科存在重合之处，故在此综述不同学科同《中国丛报》相关的研究。凭借自身的研究价值与历史意义，《中国丛报》成为多学科视野下的研究对象，历史学、汉学、政治学、法学、教育学、传播学等学科均对《中国丛报》有所研究。

在历史学领域，《中国丛报》因出刊于中美两国接触初期，且刊登大量涉及晚清中国各方面情况的文章而成为研究晚清中国历史及早期中美关系的史料。《中美早期外交史》指出，《中国丛报》介绍中国的法律、政治、文学、历史、风俗习惯等内容，是研究 1832 年至 1851 年中国历史的珍贵资料（李定一，1997：50）。[①] 然而，相关著述鲜少将《中国丛报》视为首要的研究对象，而是主要将其用作次要史料，运用其中关于某一时期或某一历史事件的记载。美国历史学家肯尼思·斯科特·拉图雷特（Kenneth Scott Latourette）1917 年出版的《早期中美关系史（1784—1844）》（*The History of Early Relations between the United States and China, 1784 - 1844*）亦直言《中国丛报》是研究早期中美关系的重要资料（Latourette，1917：9）。《中国丛报》因自身所刊印的历史内容而

---

① 由于仅将《中国丛报》作为美国传教士早期来华的出版活动加以提及，《中美早期外交史》并未详细介绍《中国丛报》的内容与特征。

成为历史学领域研究中国近代史的资料来源之一,这进一步表明《中国丛报》具备研究价值与历史意义。

《中国丛报》不仅记录了同晚清中国对外交往与贸易相关的情况,而且留存了关于第一次鸦片战争的诸多史料。第一次鸦片战争发生在《中国丛报》刊行时期,该报于战争前后刊登了关于对华作战问题的文章,因此成为研究第一次鸦片战争的重要史料。美国史学家斯图尔特·克赖顿·米勒(Stuart Creighton Miller)在《不被欢迎的移民:1785 年至 1882 年美国人眼中的中国人形象》(*The Unwelcome Immigrant: The American Image of the Chinese, 1785–1882*)中谈及鸦片战争时引用《中国丛报》。他认为《中国丛报》撰稿人早在鸦片战争前便对英国人未借律劳卑(William John Napier)事件①谋取更大利益感到失望,并主张采用武力措施迫使中国结束闭关锁国的状态。米勒认为新教传教士当时为传教而鲜少反对使用武力(Miller,1969:103)。王立新(1997:63,72)在《美国传教士与晚清中国现代化——近代基督新教传教士在华社会文化和教育活动研究》中则根据《中国丛报》第 3 卷和第 11 卷所刊"上帝经常使用武力开辟道路"等说法,推论《中国丛报》不遗余力地鼓吹使用战争手段。然而,米勒和王立新选取的仅是部分撰稿人的意见。《中国丛报》中亦不乏认为不应对华采取武力措施的文章。正如吴义雄所言,传教士支持鸦片战争的基本动力在于其宗教利益同发动战争的利益相一致(吴义雄,2000:248)。为了宗教利益,部分传教士在晚清提倡使用武力,且直接参与侵华帝国对华签订不平等条约的过程,有意无意地扮演帝国主义帮凶的角色。此外,《中国丛报》所刊林则徐在鸦片战争前夕写给英国女王的信亦受历史学领域关注。约翰·霍利迪(John Holliday)在《航向中国:英国传教士麦都思与东西文化交流》(*Mission to China: How an Englishman Brought the West to the Orient*)第 22 章"第一次鸦片战争"中提到,林则徐写给维多利亚女王的信虽未被送达,但被刊登于《中国丛报》(Holliday,2016:200)。《中国丛报》刊登林则徐的信起到阐明清政府立场的作用,而此信亦成为学者研究中英关系的史料。历史学家通过该信分析清政府官员在鸦片战争前夕的对外交往态度及立场。

鉴于《中国丛报》中关于鸦片战争的文章的历史价值,广东省文史研究馆

———————————

① 指英国驻华商务总监律劳卑于 1834 年抵达广州后与清政府之间发生的一系列事件。

1983 年编译《鸦片战争史料选译》，译出《中国丛报》中同鸦片战争相关的 58 篇文章。该书开篇即为 4 幅《中国丛报》书影，而《中国丛报》的刊名则被译为《中国文库》，偏重 repository 一词"宝库"的本义。《鸦片战争史料选译》按照时间顺序排列汉译的《中国丛报》文章，并将其划分为"鸦片战争前鸦片输入我国的情况；林则徐的禁烟措施；英国为武力侵华制造舆论""英国发动鸦片战争；广东人民反抗英国侵略"和"《南京条约》签订后广东人民的反侵略战争"三个部分（广东省文史研究馆，1983：1 - 7）。该书将《中国丛报》视为发掘同鸦片战争相关史料的一手文献，强调《中国丛报》记录鸦片战争的历史价值。

另外，由于《中国丛报》主要的撰稿人是传教士，不同学科的学者亦使用《中国丛报》同传教士相关的材料。吴义雄曾参考《中国丛报》中同传教相关的传教士在中国各地的数量、传教士对鸦片战争的态度、传教士伯驾（Peter Parker）和裨治文（Elijah Coleman Bridgman）同林则徐的交往、"娄礼华案""青浦教案"、新教传教士在华开展医务和教育活动、新教传教士的中文著译活动、西方对中国的认识与研究等内容。另外，叶农的《新教传教士与西医术的引进初探——〈中国丛报〉资料析》梳理了英美人士在华创办医院且将种牛痘术与西方疾病诊治术引入中国的情况，并指出新教传教士提供医疗服务的主要目的是传教，通过医疗提升中国人对新教的好感，从而引发他们对新教教义的兴趣（叶农，2002：36）。该观点透彻地表明传教士在华行医虽在客观上促进西医在中国的传播，但其根本目的同宗教利益挂钩。历史学领域对《中国丛报》史料价值的判断亦是本书对类似史料作出评价的重要参考依据。庄新的《医疗社会史视野下的晚清疫情治理研究——以〈中国丛报〉（*Chinese Repository*，1832—1851）为中心》亦使用《中国丛报》关于传教士在华行医的史料，将研究对象设定为《中国丛报》报道的同麻风病、天花、霍乱等曾在晚清肆虐的流行病相关的情况，希冀反思清代在卫生防疫、财政来源、舆论状况、社会心态等方面的问题，并分析晚清传教士在推动现代医学进入中国的过程中发挥的作用（庄新，2020a：112）。该文指出《中国丛报》关于晚清疫情治理知识的翻译客观上促使中国参与到欧美帝国 19 世纪知识工程之建构及全球扩张活动之中，并促进中国公共卫生事业和现代医学的发展（庄新，2020a：119）。上述评价表明晚清中国引进西方医疗技术存在积极作用。该文不仅彰显了《中国丛报》的史料价值，而且使用包括《福建通志》在内的地方志及《中国疾病史》等文史资料增加了《中国丛报》内容的可信度。由于《中国丛报》涉及多种学科知识，该文参考其他学科研究成果的方法亦是本书采用的研究方法之一。

历史学领域的学者不仅关注《中国丛报》中同鸦片战争和传教史有关的内容，还关注其中同在华实用知识传播会（The Society for the Diffusion of Useful Knowledge in China）等外国人开办的在华机构相关的其他史料。吴义雄的《在宗教与世俗之间——基督教新教传教士在华南沿海的早期活动研究》以《中国丛报》中的资料为依托研究鸦片战争前后设立的马礼逊教育会（Morrison Education Society）、在华实用知识传播会、中国医务传道会（The Medical Missionary Society in China）等机构在中国的开端、演变过程及结局，从而以大量事实展现中西文化交流历程（吴义雄，2000:216）。为展现第二次鸦片战争前美国传教士的出版活动，王立新引用《中国丛报》中关于在华实用知识传播会和郭士立（Karl Friedrich August Gützlaff）创办汉文期刊《东西洋考每月统记传》的资料，以研究美国传教士与晚清中国的现代化问题。《中国丛报》因其所蕴含的诸多史料颇具历史价值，成为历史领域学者分析早期中美关系、鸦片战争、传教士在华活动、中西文化交流等中国近代史内容的重要资料。

除上述的历史学领域外，《中国丛报》亦是汉学研究界的重要文本。①《中国丛报》开创美国早期汉学研究的先河，且对美国此后的汉学研究产生深远影响（黄涛，2021:84）。作为美国最早的汉学刊物，《中国丛报》为英美汉学学者提供交流平台，推动英美早期汉学发展（顾钧，2018:76）。另外，《中国丛报》部分文章引用法国汉学家杜赫德（Jean-Baptiste Du Halde）、雷慕沙（Jean-Pierre Abel-Rémusat）、刘应（Claude de Visdelou）、小德金（Chrétien-Louis-Joseph de Guignes）等人的研究成果，亦使其成为接受和传播欧洲汉学的园地（尹文涓，2003:96）。《中国丛报》本身设有"书评专栏"，不仅可以帮助国外读者快速了解同中国相关的书目，而且成为海外汉学家编撰汉学书目等基础文献的重要参考资料。法国汉学家亨利·考狄（Henri Cordier，又译作高第、高迪爱等）编撰《西

---

① 《剑桥中国晚清史》提到卫三畏（Samuel Wells Williams）编写《中国总论》时也曾参考《中国丛报》。参见 Fairbank, John King: *The Cambridge History of China: Volume 10 Late Ch'ing, 1800 - 1911, Part 1*, Cambridge, London, New York, Melbourne: Cambridge University Press, 1978, p.602。卫三畏的《中国总论》出版于 1848 年《中国丛报》发行期间，现已是公认的 19 世纪美国汉学代表作。

方人论中国书目》（*Bibliotheca Sinica-Dictionnaire Bibliographique des Ouvrages Relatifs à L'Empire Chinois*）时曾参考《中国丛报》1849 年刊载的《中国主题相关书目》（"List of Works upon China"）一文（其中包括 373 条英文和法文著作书目），以及此后《中国丛报》另刊载的一篇补编第 374 条至第 402 条书目的文章（张西平、李真，2021：6）。《中国丛报》作为早期美国汉学成果亦反映彼时美国汉学研究范式面向现实需求、关注实用知识传播及将整体性与区域性研究相结合等特征（庄新，2023a：180）。此处整体性与区域性研究相结合具体指《中国丛报》既整体介绍晚清中国，也单独介绍晚清中国的某一区域。本书亦将延续全面考虑《中国丛报》如何译介整体与局部的思路。鉴于《中国丛报》为汉学研究提供关于晚清中国的丰富资料，且包括裨治文、卫三畏与郭士立在内的编辑或撰稿人均是 19 世纪为汉学发展奠基的汉学家，本书在分析《中国丛报》的民族志翻译时亦将注重相关民族志翻译在美国汉学萌芽阶段较早介绍中国的意义，并着眼于相关撰稿人的汉学家身份。

与汉学领域注重外国学者对中国各方面的关注不同，研究政治的学者主要关注《中国丛报》同晚清中国政治相关的内容。李秀清的《清朝帝制与美国总统制的思想碰撞——以裨治文和〈中国丛报〉为研究视角》以《中国丛报》同清朝帝制有关的文章为研究对象，探讨其中对清朝帝制的批判，并将其与裨治文中文著作《美理哥合省国志略》中关于美国总统制的介绍作对比（李秀清，2011：152）。李秀清（2015：84）认为裨治文抨击清朝帝制不仅与清朝帝制本身存在弊端有关，亦同裨治文自身以美国总统制为准绳有关。该观点表明裨治文作为《中国丛报》译者认同自身熟悉的美国总统制，但对清朝帝制持批判态度。本书将通过相关民族志翻译内容进一步分析《中国丛报》译者自身批判晚清帝制的具体方式，以及其凸显的译者自我建构他者的特征与影响。另外，政治学学者吴义雄在其 2018 年出版的论文自选集《大变局下的文化相遇：晚清中西交流史论》中收录了关于《中国丛报》的论文，如《西人视野里的清朝政治——以〈中国丛报〉为中心的考察》。吴义雄在探讨西人视野中的清朝政治时指出，西方人了解清朝政治体制的目的是打破对华贸易的主要障碍（吴义雄，2018：133）。他认为《中国丛报》对清朝乃至整个传统中国政治的评价基本上均为负面，而且《中国丛报》选择性地报道负面消息。本书亦认为《中国丛报》对晚清中国的政治层面多持批判态度，且其"时事报道专栏"主要刊载负面报道。为具体呈现《中国丛报》如何对晚清政治作出负面评价,本书将从人类学视角出发分析相关的民族志翻译内容,并探讨《中国丛报》译者在批判晚清政治时所呈现的立场问题及其在建构晚清中国政治面貌时的特征。《中国丛报》撰稿人以近距离的中国观察家的身份提供即时信息和系统资料,为西方读者营造出现场感(吴义雄,2018:158-159)。然而,《中国丛报》撰稿人或译者所营造的现场是否真实、近距离的在场优势是否等同于信息的权威性有待进一步探讨。相关政治研究运用《中国丛报》揭示晚清中国的政治面貌,且政治学科本身作出的政治判断符合中国立场,因此本书将在分析《中国丛报》关于晚清中国政治方面的民族志翻译时参考政治学科的研究成果,并对相关内容作出客观公正且政治立场坚定的评价。

研究法律的学者同研究政治的学者一样主要关注《中国丛报》与自身学科相关的部分,将《中国丛报》包括诉讼与刑罚在内的相关内容视为研究对象。李秀清在《中法西绎:〈中国丛报〉与十九世纪西方人的中国法律观》一书中收录 4 篇同《中国丛报》相关的论文。[①] 李秀清(2015:86)指出,西方人认为晚清中国刑法既野蛮又残忍的看法并不全面,且语言障碍、西方中心主义、民族优越论、中西传统法律制度观念冲突等因素影响 19 世纪西方人眼中的中国法律观。如其所述,语言、立场及法律观念层面均存在致使《中国丛报》对晚清中国法律作出负面评价的因素。因此,本书将从人类学视角出发,在将与晚清法律相关的内容视为民族志翻译的同时进一步探讨《中国丛报》译者对晚清法律主要持批判态度的原因,并深入分析译者自身如何具体地评价晚清法律。李秀清(2015:106)在分析《中国丛报》同犯罪、刑讯与刑罚及《大清律例》相关的内容时列举较多具体案例,并推测西方人 19 世纪中叶以后的中国刑法观受《中国丛报》影响。《中国丛报》关于清代诉讼的庞杂内容在李秀清看来主要是负面的,原因在于西方当时的中国观正从仰慕过渡到排斥阶段。宗教和文化优越感促使《中国丛报》较多报道负面内容,以彰显西方的优越(李秀清,2015:119)。本书继续探讨《中国丛报》对晚清法律及司法的民族志翻译,以明确晚清法律与司法是否在

---

① 李秀清既研究《中国丛报》同政治相关的内容,也关注《中国丛报》同法律相关的内容。4 篇论文的题目分别是《〈中国丛报〉与中西法律文化交流史研究》《裨治文眼中的清朝帝制——基于〈中国丛报〉所载相关文章之解读》《〈中国丛报〉与 19 世纪西方人的中国刑法观》和《〈中国丛报〉中的清代诉讼及其引起的思考》。

《中国丛报》中得到客观呈现，以及相关译者如此译介晚清法治情况的意图。

除上述学科外，其他学科的学者亦关注《中国丛报》同教育和社会问题相关的内容。邓联健的《英语世界直接译介中国高等教育的早期努力》主要分析《中国丛报》与科举考试和教学有关的内容，指出《中国丛报》编撰者认识到科举制度保障社会公平并推进教育普及，但科举制度忽视实用知识，以四书五经为主的内容过于偏狭，妨碍思维发展和科学进步。《中国丛报》译者因偏见而在对中国高等教育的译介中存在矮化、扭曲、浅化等问题（邓联健，2020：74）。本书将在分析相关民族志翻译时进一步呈现《中国丛报》译者译介晚清科举的特征，并探讨译者对科举产生偏见的原因。此外，王立新引用《中国丛报》第 13 卷美国传教士塞缪尔·S. 布朗（Samuel S. Brown）批评中国教育目的及内容的说法，认为布朗是第一位比较西方自由教育模式和中国儒家教育模式的人，其比较具有进步意义（王立新，1997：250 - 251）。由于《中国丛报》反映早期中美交往阶段在华西人对晚清中国的认识与理解，分析同晚清科举相关的民族志翻译将有助于辨明 19 世纪美国人与中国人在教育理念层面的异同。在社会问题方面，除关注鸦片相关事宜外，《中国丛报》还对杀婴等社会问题加以关注。李秀清（2017：84）的《叙事·话语·观念：论 19 世纪西人笔下的杀女婴问题》以《中国丛报》《印中搜闻》和《中国评论》三份刊物为资料来源，探讨 19 世纪西方人士对杀女婴问题的看法。部分学者质疑《中国丛报》相关负面报道的真实性，怀疑这些报道可能故意丑化中国社会。因此，本书希望通过辨明相关讨论的真实性重建晚清历史场景，从而在负面报道有误的情况下为晚清中国的形象正名，或在负面报道无误的情况下以史为鉴、将其作为史料警醒后世。为历史上的中国形象正名亦有利于塑造当下的中国形象，扭转中国形象之前被西方妖魔化的部分。

与上述学科不同，传播学学者基于《中国丛报》作为刊物的媒介属性将其视为研究对象。邓绍根与罗诗婷（2019：145）指出《中国丛报》第 1 卷所刊文章《小报》（"Gazette"）与《京报》（"Peking Gazette"）是中国最早的新闻学专文，强调《中国丛报》于中国新闻学萌芽而言的意义。谢庆立的《在华外报与"中国国民性"话语生产探源——以早期〈广州记录报〉和〈中国丛报〉为例》探讨报刊媒体与中国国民性话语生产的关系，分析《中国丛报》等报刊媒体同中国相关的报道评论，从而揭示早期在华外国报刊对中国国民性的认识及这种认识产生的原因

（谢庆立，2017：4）。该文关于《中国丛报》的个案主要选自郭士立的游记，这些个案也被视为关于晚清国人群体特征的连续报道（谢庆立，2017：8）。虽然该文将《中国丛报》相关内容译为中文以简要总结晚清国人群体的国民性，但是本书认为关于国民性的相关内容仍可作进一步分析，如从人类学视角探讨《中国丛报》译者自身在译介晚清中国国民性时是否存在歪曲之处及其立场问题。谢庆立在文中指出西方刻意批判晚清中国国民性与其现实需要有关。在此基础上，本书将继续研究《中国丛报》译者自身建构晚清中国国民性存在偏差的原因。此外，谢庆立的《搅动晚清帝国秩序的力量：19 世纪早期广州外报中国报道研究》一书关注《中国丛报》与律劳卑相关的内容，专门在第三章"广州外报的舆论热点"设立第四节"《中国丛报》与'律劳卑事件'"探讨《中国丛报》相关报道存在的误译问题与误译的影响，以及《中国丛报》在关于律劳卑的一系列报道中如何引导舆论的问题（谢庆立，2018：176）。相关研究均指出《中国丛报》关于中国的报道同传教目的，特别是传教背后的外国人在华利益有密切联系。为顺应外国人打开中国国门的需要，部分报道甚至存在鼓动战争的倾向。本书希望辨明《中国丛报》中的报道是否如之前研究所言对中国持有诸多负面看法，并分析相关报道的成因。

　　《中国丛报》作为刊物的媒介属性不仅受传播学关注，而且也受中文学科关注。尹文涓的博士论文《〈中国丛报〉研究（Ⅰ）》整体分析《中国丛报》作为刊物的时代背景、编撰机制、主题内容和创办影响。该论文首先以史料为基础介绍美国传教士来华的时代背景与早期活动格局，并着重介绍美国第一位来华传教士裨治文，接着介绍《中国丛报》的创刊缘起与宗旨、编撰与刊行机制，以及其停刊的相关情况。该论文随后具体介绍《中国丛报》涉及的关于鸦片贸易是否合法的争论等内容，并分析《中国丛报》与 19 世纪西方汉学的关系、其对《京报》的节译，以及该报与林则徐、耆英和徐继畬相关的报道内容。在本书所注重的《中国丛报》与晚清中国相关的内容中，尹文涓详细分析了鸦片贸易、《京报》节译及清廷官员等方面的情况。而本书则将在此基础之上，系统呈现《中国丛报》中与晚清中国文化、科技等方面有关的内容。另外，尹文涓（2003：9）指出，《中国丛报》本身跨学科的特点加重对其开展全面研究的困难。因此，本书将尝试在下文以民族志翻译这一涉及介绍某一民族各方面情形的概念统摄《中国丛报》跨学科的内容，并采用跨学科研究法以吸收不同学科的研究成果及理念，进而推进关于《中国丛报》民族志翻译的研究。

除关注《中国丛报》的媒介属性外，中文学科亦分析《中国丛报》与汉语言学习有关的内容。吴义雄（2008：143-144）指出，《中国丛报》研究中国语言文字的文章虽然缺乏系统性且部分内容较为浅陋，但于西方知识界构建关于中文的知识而言具有学术意义。施正宇等学者曾在《〈中国丛报〉汉语学习篇目整理与分析》一文中详细梳理了《中国丛报》同汉语学习相关的文章，并总结了86篇文章的主要内容、裨治文等可考证作者的基本信息，以及这些作者的汉语水平。该文肯定《中国丛报》在世界汉语教育史上的历史价值，并以扎实的篇目与作者信息梳理奠定后续相关研究的基础（施正宇等，2023：123）。然而，该文主要呈现汉语学习文章作者的语言能力与教育经历等信息，未能以案例研究的方式呈现《中国丛报》关于汉语学习文章的具体内容。因此，本书将在分析《中国丛报》有关汉语的民族志翻译时直接呈现相关译文，以便阐明在华西人如何认识并推动西方学习汉语的进程。

上述历史学、汉学、政治学、法学、教育学、传播学等学科大多是将《中国丛报》视为案例来源，并关注《中国丛报》同自身学科相关的内容。本书不仅借鉴各个学科有关《中国丛报》的研究成果，参考相关学科关于《中国丛报》的价值判断与案例研究，而且将尝试在分析《中国丛报》民族志翻译时深化各个学科已有的认识，通过人类学视角探索《中国丛报》译者何以将晚清中国建构为此种他者，以及其译介晚清中国的特征等问题。

### 1.2.2　《中国丛报》的翻译研究文献综述

同以上学科相比，翻译研究关注《中国丛报》各方面的译介情况，既探讨《中国丛报》对典籍的翻译，也分析其对个别地区风土人情等对象的翻译。翻译研究的部分内容与上述政治、历史等学科有重合之处，但更注重将《中国丛报》中的文本作为译本分析，并归纳《中国丛报》的译介特征与动因。

作为早期向西方介绍中国情况的期刊，《中国丛报》因较早向西方介绍诸多中国典籍而被翻译研究学者关注。根据李海军和蒋凤美（2016：104）的梳理情况，《诗经》《说文系传》《辩学章疏》《鹿洲女学》《榕园全集》《卫藏图识》《南宋志传》《明史》《纲鉴易知录》《海录》《海国图志》《蚕桑合编》《农政全书》《御纂医宗金鉴》等典籍均经《中国丛报》首次译介至英语。① 整体而言,《中国丛报》共译介近 60 种中国典籍。赵长江在博士论文《19 世纪中国文化典籍英译研究》第六章"期刊上刊登的中国文化典籍英译作品"的第一节分析《中国丛报》及《中国评论》的典籍英译。该论文主要分析《中国丛报》英译的《三字经》《千字文》《百家姓》等蒙学典籍、《子不语》等文学典籍及《南京条约》。他指出,《三字经》等蒙学典籍译文否定中国基础教育,但他也肯定译者裨治文全面英译中国蒙学典籍,并于译文前添加关键词以便读者理解等做法(赵长江,2014:160)。本书将借鉴该文多维评价《中国丛报》典籍英译的方式,力争既肯定《中国丛报》英译各类典籍的长处,也明确相关译者对中国典籍作出的不合理批判。由于赵长江论文同《中国丛报》和《中国评论》有关的小节仅占 16 页篇幅,因而该文仅分析少量蒙学典籍与文学典籍的译介情况。因此,本书将使用更多的典籍英译案例,在使用案例研究法的基础上分析《中国丛报》如何译介儒学典籍、史学典籍等历史文化典籍。

在关于《中国丛报》英译典籍的翻译研究中,译者的译介动机与翻译策略均为主要的研究对象。孙乃荣的《〈中国丛报〉历史文化典籍译介研究》指出,《中国丛报》译者译介历史文化类典籍的动机是为西方汉语学习者提供教材,并帮助西方人了解中国历史和宗教(孙乃荣,2021:30)。如其所言,《中国丛报》译者节译《三国志》与四书五经等中国的历史文化典籍,以增进西方人对中国历史文化的了解。该文另总结《中国丛报》译者译介历史文化典籍的特征为翻译模式多样化与翻译策略多元化,其采用的翻译模式主要为全译、介绍、摘译、缩译与改译,翻译策略则兼具异化与归化,且主要采用"罗马注音音译＋中文书写＋套

① 李海军与蒋凤美曾在论文中详细列举《中国丛报》英译的典籍书目,为本研究打下扎实的文献整理基础。但是,因其中所列内容并不都是典籍(如《补缸匠》《春园采茶词三十首》在中国并非典籍),本书经删减确认原文所列 70 种文献中有 13 部(包括《子不语》《补缸匠》《平南后传》《王娇鸾百年长恨》《春园采茶词三十首》《谢小娥传》《百忍歌》《正德皇帝游江南》《增广智囊补》《八则道德小故事》《广东通志》《嘉庆上海县志》《谕英国国王书》)并非典籍,故而将《中国丛报》英译的典籍书目确认为 57 部。参见李海军、蒋凤美:《论〈中国丛报〉对中国典籍的译介》,《山东外语教学》2016 年第 6 期,第 101 - 107 页。本书仅将独立成册且具备一定经典性的文献视为典籍,但若采用典籍宽泛地指古代图书的定义,则李海军与蒋凤美所列 70 种文献除《百忍歌》《春园采茶词三十首》等不是图书的作品外均为典籍。此处关于典籍的定义参见李燕、罗日明:《中华文化典籍》,北京:应急管理出版社,2022 年,第 3 页。

译/意译＋解释性副文本""罗马注音音译＋中文书写＋副文本(注释、插图等)"
"异化策略传递东方情调"三种翻译方法(孙乃荣,2021:32-34)。相比于全译、
介绍与摘译的说法,缩译与改译较为少见。但是,根据其文中描述可知,改译即
为翻译研究常提的改写,而缩译则被文章本身定性为对典籍的内容压缩与整体
性介绍。虽然该文将全译、介绍、摘译、缩译与改译总结为翻译模式,但此5种
模式实则亦为翻译策略或方法,而其列出的翻译策略主要将直译法视为异化策
略,却忽略音译亦为异化策略。翻译策略与方法分类的模糊化与混淆同译文本
身的复杂性有关,而《中国丛报》中富含历史文化因素的译文更是如此。类似于
上文归纳《中国丛报》典籍英译的5种翻译模式,李海军与蒋凤美(2016:103)认
为《中国丛报》译介中国典籍的方式主要为全译、节译、译述与介绍。两篇文章
均归纳出全译与介绍两种翻译模式或方法,且节译等同于摘译,而译述则强调
《中国丛报》典籍英译多有评述内容。缩译与改译自身亦有重合之处,足见归纳
翻译方法的模糊性。相比于在语言层面归纳翻译策略或方法,本书将更加注重
翻译策略与译者及译出语文化与译入语文化之间的关联,以从人类学视角探讨
译者缘何采用具体的翻译策略,而相应的翻译策略又对译文产生怎样的影响。

　　翻译学者既如上所述整体考察《中国丛报》译介中国典籍的情况,也具体分
析《中国丛报》译介某类中国典籍的情况。赖文斌的《朱子学在英语世界的首次
翻译:以〈中国丛报〉为中心》将《中国丛报》同朱子学英译相关的内容作为研究
对象,指出《中国丛报》早在1836年就已将朱子学内容译为英文(赖文斌,2016:
67)。该文亦简要陈述《中国丛报》译者传教士的身份,并指出相关译者向西方
译介朱子学的目的在于帮助传教士在知己知彼的条件下传教,同时为西方列强
入侵中国并对中国进行所谓"改造"提供借口(赖文斌,2016:69-70)。与此类
似的关于《中国丛报》译介目的之评价并不鲜见,而本书亦希望通过分析同典籍
相关的民族志翻译,探讨《中国丛报》的译介目的是否如前人所述带有鲜明的宗
教或政治色彩。该文指出,《中国丛报》完整地翻译《小学》全文及朱熹的理学思
想,并使用音译或直译加解释的异化策略翻译朱子学。然而,由于朱子学本身
博大精深,加之译者汉语水平有限且在理解上存在偏差,《中国丛报》关于朱子
学的译文存在译名不统一的问题及理气哲学观理解有误等错误(赖文斌,2016:
70-71)。如该文所述,译名不统一致使读者阅读困难,且哲学观念层面的误读
不利于有效地传播中国文化。然而,译名不统一同19世纪上半叶在华西人汉

语水平有限及期刊的编辑运作方式有关。彼时翻译学科尚未建立,因而《中国丛报》撰稿人亦难以认识到译名规范的问题。加之汉学发展当时亦处于萌芽之中,《中国丛报》译名不统一情有可原,但研究者需留意术语的不同译名。相比于译名是否统一,本书更加关注《中国丛报》民族志翻译因误解中国而产生的误译之处。该文虽然已指出《中国丛报》关于理气哲学观的数处误译,但受篇幅所限未能给出更多案例并深入分析。本书希望进一步从人类学视角分析误译的原因、形式、影响等问题。

《中国丛报》的典籍英译研究不仅涉及朱子学,而且聚焦于其他儒学典籍。孙乃荣的《早期汉学期刊儒学典籍的译介、传播和影响——以〈中国丛报〉为中心的考察》指出《中国丛报》译者译介的儒学典籍包括《三字经》《三字歌注解》《千字文》《小学》《孝经》及四书五经,认为其译介动机在于抒发对中国思想文化的见解并批判中国古代的基础教育,以为在华传教作铺垫(孙乃荣,2020:26 - 28)。基于译者西方人的身份及其宗教立场,《中国丛报》关于儒学典籍的翻译内容亦呈现鲜明的服务于自身利益的译介动机。另外,该文总结《中国丛报》英译儒学典籍的特征包括通过导言对原文作纲领性介绍,并借助译后注释传播并评价中国文化(孙乃荣,2020:28 - 29)。基于《中国丛报》译者译介典籍多有评述的特征,本书亦将从人类学视角进一步探讨译者注释等内容体现译者自身建构他者文化的何种特点。孙乃荣的文章呈现出《中国丛报》译者英译儒学典籍的基本情况与译介特征,但其题目强调的传播与影响部分仅占据一页篇幅。传播部分实为介绍《中国丛报》的发行情况,而非展现《中国丛报》译者英译儒学典籍的具体传播情况。由于传播及影响接受研究本身难以开展,该文探讨的影响方面聚焦于《中国丛报》译者首次英译《孝经》与《小学》的创举,以及《三字经》上承马礼逊(Robert Morrison)的译本、下启德国汉学家欧德理(Ernest Johann Eitel)与英国汉学家翟理思(Herbert Allen Giles)译本的作用。然而,《中国丛报》英译的《三字经》处于两个译本之间仅能说明时间的先后顺序,三者是否彼此影响仍需在文本层面加以论证。该文因篇幅有限未能说明三者是否存在影响关系。由于本书以民族志翻译概念统摄关于《中国丛报》译文的研究,因而较少论及《中国丛报》的传播问题。但若涉及相关问题,本书将通过多方查找辅助资料等方式论证《中国丛报》英译的传播与影响问题。

除《三字经》等儒学典籍外,《尔雅》作为儒家"十三经"中的一部亦受到翻译研究学者的关注。胡芳毅与李海军（2021：106－109）的《〈尔雅〉在英语世界的首次译介》一文认为《中国丛报》译者主要通过节译、介绍与评论的译介方式翻译《尔雅》，并点明《中国丛报》译者译介《尔雅》较为忠实且为读者着想，但存在误译与偏见等问题。由于《中国丛报》是以文章或短讯的形式介绍中国典籍等文献的，因此不可能全译相关文本，而仅能节译部分内容。本书亦将同此篇分析《尔雅》的文章一样比对分析《尔雅》原文与《中国丛报》节译的译文，并探讨相关译者介绍及评论儒家典籍的特点。

在儒学典籍之外，《中国丛报》亦涉及《说文系传》等中国语言类典籍的英译。张大英的《美国学者裨治文对〈说文系传〉的译介》以裨治文在《中国丛报》1850 年 4 月第 19 卷第 4 期上发表的《说文解字徐氏系传四十卷》译文为研究对象，探讨其译介内容及译介特点。张大英认为裨治文的译文通俗易懂，充分考虑西方读者的需求，而且其对许慎原"序"的译介远远早于其他译者（张大英，2013：104－105）。然而，该文未在文中给出《中国丛报》中成句的译文。对此，本书将具体分析同《说文系传》中六书等内容有关的民族志翻译，以探明裨治文的译文是否果真如上文所言通俗易懂且顺应译文读者需求。

除上述儒学及语言类典籍外，《中国丛报》亦译介博物学典籍与地理典籍等内容。庄新的《中科院馆藏〈中国丛报〉对博物学典籍的译介》以《中国丛报》英译的中国博物学内容为研究对象，涉及《本草纲目》《幼学琼林》《蚕桑合编》《农政全书》等典籍，指出《中国丛报》对中国博物学知识西传和中外科技文化交流作出重要贡献（庄新，2020b：47）。该文以《本草纲目》对蠼螋的译介为例说明《中国丛报》译者卫三畏在《博物史观察》（"Notice of Natural History"）系列文章中准确翻译了蠼螋相关段落并深刻点评了中国博物史。但由于仅采用蠼螋一例，该文关于《中国丛报》译介《本草纲目》的评价似乎存在局限性，不应仅凭一例判断卫三畏翻译《本草纲目》的效果。关于《幼学琼林》，庄新则侧重于比对原文与译文，并总结卫三畏在翻译《幼学琼林》时习惯于拆分对偶联句、省译自然科学之外与自身无法理解的历史文化内容，以及补充典故释义的特征（庄新，2020b：48）。此处三项特征分别以三个例子为佐证，但该文仅指出翻译特征或现象，而未进一步深入分析翻译特征的影响及其背后的历史文化动因。从人类学视角出发，本书或可进一步深入挖掘种种翻译特征表象之下蕴含的历史文化因素。该文在分析《蚕桑合编》与《农政全书》时首先指出其译文标注的译者 C.

Shaw(C. 肖)难以考证,并对其译文作出细致流畅的评价,继而指出其翻译存在未能充分理解原文、度量单位换算有误等问题(庄新,2020b:49 - 50)。由于《蚕桑合编》与《农政全书》涉及具体的生产技术,因此须注重译文呈现技术信息的准确性。该文表明《中国丛报》译者对生产技术的翻译存在错误,并指出其译介桑蚕与纺织等内容表明西方在 19 世纪迫切需要中国丝织品与棉织品及其制造技术(庄新,2020b:48)。该内容符合 19 世纪西方大量进口中国丝绸及纺织品的史实。但是,《中国丛报》译者亦翻译其他类别的生产技术,翻译目的是否均为学习晚清中国可取的科学生产技术有待进一步考证。

同博物学一样,中国地理学典籍亦在《中国丛报》的译介范围内。蒋凤美和杨丰仪的《〈中国丛报〉地理学典籍译介特色和意义》概述《中国丛报》英译《海录》《卫藏图识》《佛国记》《海国图志》《瀛环志略》等地理学典籍的特色和意义(蒋凤美、杨丰仪,2021:55),但限于文章篇幅而未能呈现更多细节。该文仅将《中国丛报》译介地理学典籍的特征归纳为摘译比较忠实及译述比较简略,并认为相关译介的意义在于向英语世界介绍中国地理学水平并推动中西文化交流(蒋凤美、杨丰仪,2021:56 - 57)。然而,《中国丛报》英译内容较为庞杂,摘译与译述的翻译效果须基于对更多译本案例的考察,以免因分析译本不足而仓促得出结论。

在梳理《中国丛报》英译典籍情况并归纳翻译特征的同时,翻译研究学者亦尝试从《中国丛报》的典籍翻译中获得对当下中国文化走出去的启示。关于译介何种典籍,胡芳毅与李海军(2021:108)鉴于《尔雅》译文影响力相对有限而建议译者选取翻译难度适中且可有效吸引西方读者的文本。该建议凸显中国文化走出去须注重选取恰当的译介对象,并以吸引译文读者兴趣的方式开展翻译活动的重要性。根据《中国丛报》撰稿人在汉学领域的影响力,李海军与蒋凤美(2016:106)强调合适的译者于中国文化顺利出海而言的重要性。由于《中国丛报》英译典籍存在多处误译,致使中国文化一度呈现负面形象,二人亦强调中国学者与译者应当参与中国文化走出去的过程,以建立正面的中国文化形象(李海军、蒋凤美,2016:106)。如其所言,当下中国文化走出去可借鉴《中国丛报》英译中国文化的经验,一方面借力于在海外有影响力的翻译家或学者,另一方面自身积极主动地建构正面的中国文化形象。

《中国丛报》对古代中国著述的译介并不局限于典籍,还涉及文学作品。张源在《美国早期汉学视野中的中国文学观念——从裨治文的〈中国丛报〉到威尔逊的〈中国文学〉》一文中将裨治文主编《中国丛报》视为美国早期汉学关注中国文学的一个重要时间节点，并大致罗列《中国丛报》英译中国典籍和文学作品的情况。但是，由于《中国丛报》的具体译介情况不是其论述的主要对象，该文仅作出《中国丛报》译介典籍和文学作品所选内容丰富多彩，小说、戏剧、游记等类型均有涉及的大体评价，而未具体分析其译介情况（张源，2020：71－72）。因此，本书将具体分析《中国丛报》关于中国典籍及文学作品的译介，以探寻译者翻译中国文学作品除类型与内容丰富之外的其他特征。

在文学作品的小说方面，《中国丛报》英译《香山宝卷》《子不语》《平南后传》《神仙通鉴》《王娇鸾百年长恨》《谢小娥传》《正德皇游江南》《搜神记》《智囊补》《聊斋志异》《红楼梦》《南宋志传》《灌园叟晚逢仙女》等作品（宋莉华，2010：101－102）。宋莉华撰写的《传教士汉文小说研究》第五章以"《中国丛报》译介的中国古典小说及其对传教士的影响"为题介绍《中国丛报》英译中国古典小说的相关情况。宋莉华（2010：94）在该章开头直言《中国丛报》并不直接隶属于该书主题——传教士汉文小说的研究内容，但考虑到《中国丛报》对中国古典小说的译介在西方社会影响大，并推动西方传教士模仿中国小说，因此专设一章进行讨论。限于篇幅，宋莉华（2010：102）仅大致介绍《中国丛报》译者译介小说的动机之一是为汉语学习和了解中国习俗提供教科书，且相关译介多为译述式，而非逐字逐句翻译。这凸显了《中国丛报》译者英译中国古典小说所发挥的普及汉语及中国文化的重要作用。宋莉华未在上述章节具体分析《中国丛报》译者英译小说的案例，而本书将选取部分小说案例加以分析。另外，赵长江（2014：163）指出，《中国丛报》译者英译中国文学作品亦是为了认识中国国情和现实。上述两种译介小说等文学作品的动机均同《中国丛报》译者的文化立场有关。本书将在下文分析《中国丛报》译者翻译文学作品的动机时考虑相关因素，并尝试从人类学视角探讨译者自身如此译介他者文学作品是否存在其他译介动机。

翻译研究学者不仅关注《中国丛报》译者对某一类型文学作品的译介，也分析其对单部文学作品的译述，如王燕（2016：155）的《十九世纪西方人视野中的〈三国演义〉——以郭实腊的〈三国志评论〉为中心》①以《中国丛报》中的单篇小

———————————

① 郭实腊即郭士立，是郭士立的另一译名。

说书评为研究对象,探讨郭士立对《三国演义》的评价。王燕认为郭士立所撰文章是英语世界对《三国演义》的首次系统解读,对于推动中国小说海外译介有重要意义。在郭士立撰文前,西方已有英国汉学家德庇时(John Francis Davis)与彼得·佩林·汤姆斯(Peter Perring Thoms)节译《三国演义》,而郭士立的独特之处在于提取 12 位主要人物与情节以整体概述《三国演义》(王燕,2016:158)。但是,郭士立节译的《三国演义》亦存在因东西方文化差异及理解原文有误而造成的误译(刘丽霞、刘同赛,2014:9)。尽管译文存在误译,但郭士立在不到 20 页的篇幅内译述《三国演义》主要情节,还是起到向西方传播中国历史小说的桥梁作用。与译介《三国演义》一样,郭士立翻译《红楼梦》亦是较早向西方译介该作品的创举。然而,李红满指出,郭士立以 8 页篇幅译介的《红楼梦》存在误以为宝玉是女性等误译,且郭士立认为《红楼梦》毫无文学艺术性,并仅将其视为外国人学习中国北方官话的文本(李红满,2018:17 - 18)。虽然李红满指出郭士立因在 1834 年至 1839 年短短 5 年间著译颇丰而难以顾及部分作品的质量(李红满,2018:19),但是郭士立关于《红楼梦》的负面评价难免先入为主地影响其海外传播。另外,除郭士立将宝玉译为女性的错误外,本书希望进一步明确郭士立译介《红楼梦》的其他误译,以探讨西方译者自身建构他者文学作品的特征。通过人类学视角,本书或可进一步分析《中国丛报》作为民族志翻译如何译介中国文学作品,特别是译者自身如何评价晚清中国这一他者的文学作品及该评价背后的历史文化动因。

在单本小说之外,《中国丛报》亦译介《智囊补》《神仙通鉴》《聊斋志异》等小说集。李海军与黎海嘉(2021:10)以少量个案说明郭士立主要采用译述的方式翻译《智囊补》,且译文中存在误读。误读在《中国丛报》的神怪小说《神仙通鉴》译本中并不鲜见。郭士立在英译《神仙通鉴》时不仅基于偏见而误读中国道教关于神仙的内容,而且错误地按照时间顺序而非原文设定的神仙重要程度顺序理解原文,致使其译文未能客观反映《神仙通鉴》的内容(姚达兑,2020:56 - 58)。郭士立不仅在译介《神仙通鉴》时误译同道教有关的内容,而且基于自身对晚清中国宗教的偏见将《聊斋志异》译为证明道教与佛教极为迷信的异教读物(李红满,2018:17)。张建英(2016:32)亦指出郭士立因受历史语境、意识形态、中文水平等因素制约而误译和改写了《聊斋志异》原本的故事情节及主旨等内容。《中国丛报》译介文学小说存在误译同译者的汉语水平和文化立场及中西小说行文存在差异有关。本书将从人类学视角入手进一步分析《中国丛报》译者何以扭曲中国小说的面貌等问题。

上述《中国丛报》儒学典籍及文学作品译介研究一般聚焦于某一学派、体裁或单部作品，本书希望在此基础上分析前人较少关注的《中国丛报》文学作品译本，以探讨《中国丛报》译者为何翻译在中国文坛并不入流的作品，以及具体译本的特征。

除研究《中国丛报》的典籍与文学作品翻译外，翻译研究学者亦分析《中国丛报》译介的风土人情等内容。王海、覃译欧和尹静的《岭南风土人情对外译介的跨文化传播策略：以〈中国丛报〉文本为例》将《中国丛报》同岭南风土人情相关的译文视为研究对象，指出相关的译介策略主要是"异化"选题（追求于译文读者而言异化的题材，以迎合西方读者并凸显西方文化的优越性）、粤语注音加意译（翻译地名、人名和专有名词的方法）、文化负载词加副文本、讲故事的叙事方法（采用第一人称或第二人称）和中西文化比较评论（王海、覃译欧、尹静，2016：41-55）。该文总结了翻译策略涉及的从选题到译介的过程，概述了《中国丛报》英译地方风土人情专有术语与文化负载词等内容的方法，以及译者采用叙事方法并评论中西文化异同的翻译特征。相对而言，叙事方法是该文所归纳的较为独特的《中国丛报》翻译策略，强调相关译文以叙事口吻介绍岭南风土人情的特点。另外，该文亦从风土人情译介中察觉出《中国丛报》译者倾向于褒扬西方但贬低晚清中国的特点。对此，本书将从人类学视角洞察翻译作为跨文化活动何以频频在译者自身重塑他者文化时出现偏差。

另外，鲍晓婉的《林则徐的"高级翻译"梁进德及相关人物探究》使用《中国丛报》中与梁进德相关的材料，记录梁进德为林则徐翻译的经历，并列举梁进德在《中国丛报》上发表的三篇汉译英译作（鲍晓婉，2019：15）。梁进德是中国人，由此可见《中国丛报》的译者并非全是在华西人，而是包含少量同传教士有接触的晚清国人。该文对梁进德译文作出流畅地道且不似译作的评价（鲍晓婉，2019：16），但限于篇幅未呈现具体的翻译案例。鉴于梁进德所译文本涉及晚清中国的政治外交及民间信仰，本书希望通过具体案例呈现《中国丛报》译者所译的内容，以丰富关于《中国丛报》译文的案例分析。

《中国丛报》几乎每期的"时事报道专栏"均选译近期刊印的《京报》。因此，《京报》的译介问题亦成为翻译研究的对象。王海与王乐（2014：76-77）分析

《中国丛报》译者如何因直译体现文化差异的专有名词而引起误读,以及译者如何基于西方文化观选取译介内容并操纵且改写译本等问题。本书亦将通过人类学视角进一步探讨译者自身的文化立场与观念对其编译《京报》内容的影响。尹文涓(2005:74-75)指出,《中国丛报》节译或编译《京报》,促使《中国丛报》在西方广为传播。她在《耶稣会士与新教传教士对〈京报〉的节译》一文中指出,在华西人从抄卖《京报》的小贩等处获得《京报》,并指出新教传教士在《中国丛报》上节译《京报》是受耶稣会士影响的结果(尹文涓,2005:77)。前人对《京报》的研究虽已阐明在华西人何以接触《京报》及翻译《京报》的影响等问题,但较少具体呈现《中国丛报》关于《京报》的译文内容。对此,本书将使用案例分析法研究译自《京报》的译文,以说明《京报》译文如何以时事报道等形式建构晚清中国的形象。

翻译研究不仅具体对比分析《中国丛报》的原文与译文,而且将同《中国丛报》相关的部分翻译活动纳入翻译史研究的范畴。邓联健的《委曲求传:早期来华新教传教士汉英翻译史论 1807—1850》共有三章内容介绍了《中国丛报》译文,其中第五章"译作传播:以《中国丛报》为中心"介绍《中国丛报》对汉语经典文献和时文(时事报道)的翻译,以及《印中搜闻》等报刊对相关译作的刊载和英美报刊对相关译作的评价。受篇幅限制,邓联健在第五章仅根据索引一笔带过《中国丛报》对中国典籍和时文的英译,并未详细分析具体内容及《中国丛报》曾被何种英美报刊留意。第七章"译官文,悉时政:官府文件英译析论"的"评论性副文本对中国的全面指摘"小节简单举出数例《中国丛报》有关晚清政府和国民性的评论。他指出,传教士英译副文本对中国的解读与评论带有基督教色彩(邓联健,2015:154-156)。该评价确为《中国丛报》译文副文本的特征,但其基督教色彩与译者身份等因素的关联仍需深入探讨。第八章"译俗文,知民间:通俗作品英译析论"选用《中国丛报》英译中国民间通俗作品的例子,但仅简单提及数篇,并具体以卫三畏对《女学》的评价及其英译《春园采茶词三十首》为例说明传教士在副文本中如何看待晚清中国的社会问题(邓联健,2015:167)。邓联健在展现 1807 年至 1850 年早期来华新教传教士汉英翻译史论的著作中选用《中国丛报》关于典籍、时事报道及民间通俗作品的译文,从侧面反映出《中国丛报》在翻译史中不可忽视的地位。邓联健的专著以翻译史研究为中心,因而注重《中国丛报》曾开展的翻译活动,并通过案例分析其翻译活动的特征。虽然本书不是严格的翻译史研究,但亦将在分析《中国丛报》民族志翻译时深入探讨相关翻译活动及现象，从而为翻译史研究提供案例或观点。

　　在翻译史研究中，《中国丛报》曾刊登的《虎门条约》等不平等条约的英译本为相关研究提供珍贵的条约史料。屈文生曾透彻分析《中国丛报》第 13 卷和第 14 卷中的《虎门条约》回译本（"Supplementary Treaty between England and China; translated from the Chinese"）与《南京条约》回译本（"Treaty of Peace, signed at Nanking between England and China, translated from the Chinese"）。他指出，《中国丛报》的两份条约回译本同中文官本更加接近，并探讨其中存在的增译、漏译等问题（屈文生，2013:89 - 93）。屈文生（2013:96）点明《虎门条约》等不平等条约的翻译问题须从翻译学、史学、法学等多个学科的视角入手，以彰显相关翻译活动的跨学科性。与此类似，《中国丛报》其他译文亦涉及不同学科，而本书亦将采用不同学科的视角分析相关内容。另外，屈文生和万立（2021:14）于《不平等与不对等：晚清中外旧约章翻译史研究》第一章"早期中英条约的翻译问题"继续比对相关条约的英文官本和中文官本，以探讨早期中英外交与商贸关系构建的语言障碍，以及条约翻译对早期中英关系的影响。上述回译研究凸显同翻译相关的历史事件在近代中外交往中的重要作用（屈文生、万立，2021:41）。屈文生指出，《中国丛报》的条约回译本虽不是英文官本，但其对中文官本的回译却折射出相关历史事件里中英双方的关系与交锋。因此，屈文生呼吁学界充分重视翻译对近代中外交往而言的重要性（屈文生，2013:101）。上述研究注重通过《中国丛报》条约译文厘清同中英关系相关的问题，而本书亦将从人类学视角探索《中国丛报》民族志翻译所折射出的译者自身与晚清中国这一他者之间的关系。

　　上述文章注重《中国丛报》较早英译中国典籍及文学作品的创举，并梳理《中国丛报》关于各类典籍及文学作品的译介情况、译介策略与译介特征。虽则此前研究已通过部分案例说明了与译者动机及误译相关的问题，但是部分内容的具体案例仍需增加。另外，以上关于《中国丛报》的翻译研究均涉及具体的原文与译文。然而，在文化翻译与人类学理念的观照下，本书将《中国丛报》中由晚清中国文化译介为英语的文本视为民族志翻译（该翻译过程中的原文未必是具体文本，也可以是文化）。① 本书希望从翻译研究的人类学视角出发，深入探

---

① 本书 1.3 节将具体说明民族志翻译的概念以及何为《中国丛报》的民族志翻译。

讨《中国丛报》译介中国典籍及文学作品等内容的特征,并探究这些特征背后所隐含的翻译与文化等因素之间的关联。人类学视角关于自我与他者的理论资源有利于分析《中国丛报》译者自身建构他者文化的特征,并探究译者自我与晚清中国这一他者之间的关系。

如上所述,《中国丛报》不管是作为史料,还是放置在多学科视野下,均具备研究价值与历史意义。作为较早介绍中国情况的西方刊物,《中国丛报》在刊行期间就已颇具影响,如英国传教士麦都思(Walter Henry Medhurst)暂居巴达维亚①期间可阅读《中国丛报》(Holliday,2016:206),可见《中国丛报》影响范围远至东南亚地区。《中国丛报》跨越时空的研究价值已被多个学科留意,本书希望在此基础上以人类学与翻译研究相结合的视角分析《中国丛报》的民族志翻译。上述关于《中国丛报》的翻译研究不乏个案分析鞭辟入里的佳作,但因篇幅有限,或是未能分析更多案例,或是未能深入分析《中国丛报》翻译特征背后的历史文化因素。另外,相关翻译研究均聚焦于某一领域,未能以整体性的方式统摄《中国丛报》的翻译现象。因此,本书希望以下述的民族志翻译概念界定早期在华英文期刊《中国丛报》所包含的大量同晚清中国各方面相关的内容,并从翻译研究的人类学视角对《中国丛报》的民族志翻译加以分析。

## 1.3 《中国丛报》的民族志翻译

为进一步阐发《中国丛报》同晚清中国相关的内容何以被视为民族志翻译,本节将厘清民族志翻译的概念。在此基础上,本节将说明《中国丛报》哪些部分可被视为民族志翻译,并根据《中国丛报》民族志翻译涉及的内容加以分类。

### 1.3.1 概念厘定:民族志翻译

民族志翻译本身即为民族志,且撰写民族志的传统可追溯至古希腊历史学

---

① 巴达维亚现用名为雅加达(Jakarta),如今是印度尼西亚的首都。

家希罗多德和法国思想家孟德斯鸠（Clifford & Marcus，1986：2）。① 此处于"民族志"后增加"翻译"形成"民族志翻译"一词，一是强调民族志是经翻译而来，二是通过"民族志"这一人类学概念凸显翻译研究与人类学视角的结合。② 民族志的演进同人类学发展的三个阶段相关，初期体现为史家、探险家和传教士穿插着真相与想象的记录，中期逐步建立起人类学自身撰写民族志的学科秩序，后期形成稳固的人类学学科（Haddon，1910：x）。与此类似，根据作者的异地经历、参与深度和讲述心态，高丙中在《写文化——民族志的诗学与政治学》代译序中将民族志演进划分为三个时代：第一个时代的民族志是自发、随意和业余的，包括传教士身居异乡所写的作品；第二个时代的民族志处于建立起学科规范的人类学时代；第三个时代的民族志始于19世纪60年代末萌芽的人类学反思意识，且彼时民族志文体与风格日益开放（高丙中，2006：6–15）。本书研究对象《中国丛报》的民族志翻译由传教士书写，按照上述分期隶属于人类学和民族志发展的初期阶段。彼时的民族志虽然无法与人类学中后期遵循学科规范的民族志在科学性层面相提并论，但亦是颇具研究价值的民族志。高丙中对民族志的定义可说明《中国丛报》何以被视为民族志："'民族志'的基本含义是指对异民族的社会、文化现象的记述……归入一个文体，主要基于两大因素：一是它们在风格上的异域情调（exotic）或新异感，二是它们表征着一个有着内在一致的精神（或民族精神）的群体族群。"（高丙中，2006：1）《中国丛报》的部分内容正是美国来华传教士等主体对晚清中国社会与文化所作的记述。于《中国丛报》西方读者而言，《中国丛报》相关内容颇具异域情调，为展现晚清中国这一他者的新奇事物。《中国丛报》表征的群体则是晚清中华民族，而《中国

---

① 希罗多德早在公元前5世纪便将游览各地（现埃及、意大利等国）的经历记录成文，这些记录堪称早期的民族志作品。孟德斯鸠18世纪初创作的《波斯人信札》（*Lettres Persanes*）作为书信体小说则呈现出西方社会生活与风俗习惯，亦是人类学学科成立前出现的民族志作品。

② 早期民族志作品均为人类学家前往其他地区撰写而成的，因而必然涉及跨文化与跨语际的翻译活动。人类学学科相对成熟后，人类学家才将自身所处的社会纳入研究范畴。典型的人类学家书写自身的作品包括中国人类学家费孝通研究江苏吴江开弦弓村的《江村经济》及美国人类学家威廉·富特·怀特（William Foote Whyte）分析波士顿的意大利移民贫民区的《街角社会：一个意大利人贫民区的社会结构》（*Street Corner Society：The Social Structure of an Italian Slum*）。

丛报》撰稿人对晚清中国国民性等精神层面的内容亦有论述。从撰稿主体到所写内容，《中国丛报》相关内容均可被视为民族志。

在民族志作为人类学田野调查成果出现前，人类学家主要依靠旅行者、传教士和商人积累的民族志资料开展研究（王积超，2014：149）。因此，相关人类学家主要使用二手民族志资料，并未直接获取一手资料。人类学家随后意识到田野调查的重要性。英国人类学家布罗尼斯拉夫·马林诺夫斯基（Bronislaw Malinowski）认为田野调查的首要目标是清晰概述社会构成，从看似不相关的事物中梳理文化现象的规律。他提倡全面调研文化现象，而不是为哗众取宠而刻意挑选奇特事物（Malinowski，2002：8）。自此，马林诺夫斯基引导民族志摆脱早期的猎奇心态，以求客观全面地撰写民族志。马林诺夫斯基强调全面认识文化与人类学功能学派的整体文化观有关。他认为民族志撰写者若仅研究宗教或社会组织等单一方面，将研究范围限定于某个领域，其作品必有不足（Malinowski，1967：104）。此种不足在马林诺夫斯基眼中体现为由于未知文化全貌而无法客观分析文化各方面的功能。马林诺夫斯基提倡田野调查后，人类学领域涌现诸多聚焦单一方面的人类学经典著作。[①] 然而，这并不表明整体文化观存在问题。相关著作分析某一方面时往往不能绕开与之相关的其他方面。马林诺夫斯基认为民族志应论述社会、文化、心理等所有方面。由于各方面紧密交织，理解其中任何一个方面时必须考虑其他方面（Malinowski，2002：xii）。即便民族志的入手点很小，具体论述也必然涉及入手点外的其他因素。

人类学家不仅如上所述探讨撰写民族志的研究范围，而且分析影响民族志书写的因素。詹姆斯·克利福德（James Clifford）和乔治·E. 马库斯（George E. Marcus）认为具体的民族志书写受 6 个层面影响。[②] 语境、修辞、制度、类型、

---

① 相关作品卷帙浩繁，如英国人类学家维克托·特纳（Victor Turner）的《象征之林——恩登布人仪式散论》(*The Forest of Symbols：Aspects of Ndembu Ritual*)、美国人类学家玛格丽特·米德（Margaret Mead）的《萨摩亚人的成年：为西方文明所作的原始人类的青年心理研究》(*Coming of Age in Samoa：A Psychological Study of Primitive Youth for Western Civilisation*)与法国人类学家马塞尔·莫斯（Marcel Mauss）的《礼物》(*Essai sur le don*)。

② 在语境层面，民族志既从社会环境中汲取可用部分，也塑造社会环境；在修辞层面，民族志使用有表现力的手法；在制度层面，民族志写作既与特定的传统、学科和受众保持一致，也与其存在对立；在类型层面，民族志通常不同于小说或游记；在政治层面，（转下页）

政治和历史 6 个层面体现民族志书写面对的复杂文本内外因素，且相关因素均可能发生变化。民族志在语境层面不仅受语境影响，而且可能反过来塑造语境，彰显民族志反映社会文化语境的基本特征及其能动性。这一能动性取决于民族志撰写者意欲塑造何种面貌的他者。如上所述，民族志书写使用有表现力的修辞手法，在制度层面遵循传统惯例与学科范式，并考虑受众对民族志的期待。然而，正如克利福德和马库斯所言，民族志在制度层面并不完全依循传统、学科范式与受众期待，以实现民族志自身的突破。民族志现已实现突破早期以小说或游记为主的形式。但是，早期以小说或游记等形式撰写的民族志作品依然具备研究价值，并不因形式过时而被废弃。政治层面因素亦凸显研究民族志作品的价值。由于再现文化现实的权力往往掌握在拥有话语权的一方手中，民族志作品既可折射出占据优势的一方如何塑造其眼中的他者，也为思考自我与他者之间的关系等问题提供了重要视角。

"自我"在英语中对应 self 与 selfhood。自我须被放置在社会现象中审视（Edwardes，2019：27）。自我作为概念之所以成立正是因为世间存在我与无我的二元对立。自我在大卫·休谟（David Hume）等哲学家眼中受关注的主要是其精神观念（Hume，1966：5）。人类学家则是既关注自我的精神层面，也顾及其物质层面。精神与物质层面的双重关注在他者处亦是如此。"他者"在英语中对应 other 与 otherness。人类学建构的他者往往指向特定人群。人类学家在将自我与他者对立时，所认定为他者的对象在英语中对应 native 一词，多指生活在原始部落的原住民（近些年为体现对该类群体的尊重不建议使用"土著"一词），或是生活在西方之外的人。从词源学角度看，native 一词在 14 世纪时是形容词，于 15 世纪作为名词从法语 natif 和拉丁语 nativus 传入英语。nativus 是意为"内在的"或"天然的"的形容词，其词根是意为"出生"的 nasci 的过去分词。native 自 16 世纪起具备积极的社会和政治意义，用于 native country、native land 等形容母国的词组中。但是，西方随后对他者的入侵使native 逐渐带有负面色彩，用于指称奴隶、农奴、被殖民者等群体（Williams，

---

（接上页）再现文化现实的权力不被平等地享有，且有时出现对抗；在历史层面，上述因素均可能发生变动。参见 Clifford, James and George E. Marcus: *Writing Culture: The Poetics and Politics of Ethnography*, Berkeley, Los Angeles, London: University of California Press, 1986, p.6.

1976：180）。雷蒙德·威廉斯（Raymond Williams）的《关键词：文化与社会的词汇》（*Keywords：A Vocabulary of Culture and Society*）提到，所谓更优越的人（身处西方文明的欧美人士）到访欧洲以外的地区时将 native 用于当地人身上，因而该词在殖民主义体系中常被用作对非欧洲人的称呼（Williams，1976：180）。基于根深蒂固的欧洲中心主义，人类学家难以被排除在威廉斯所说的"所谓更优越的人"之外。虽然他者方为人类学的研究对象，但是人类学家研究他者的过程不可避免地受自我影响。因此，自我与他者之间的关系贯穿于人类学研究的始终。与此类似，自我与他者的关联亦贯穿于翻译研究的始终。

　　基于上述民族志与民族志翻译的定义，即二者是对他者社会文化现象的记述，它们的研究对象、作用及其面临的困境等问题亦引发诸多思考。早期民族志主要围绕原始部落展开，但人类学逐渐将研究对象扩展至原始部落之外。① 中国人类学家林惠祥早在 1934 年便指出人类学研究不应把文化割为两截，毫不涉及有史时代及文明民族的文化（林惠祥，2013：8）。文化人类学现已将视野拓展至农业社会和工业社会（夏建中，1997：2）。人类学研究早期不触碰农业与工业社会事出有因。玛格丽特·米德曾指出欧洲和东方发展程度较高的部分文明较为复杂，而原始民族作为初级文明更易开展人类学研究并取得成果（Mead，1928：8）。伴随人类学学科发展，人类学家已做好研究任何时空的准备。人类学家埃里克·沃尔夫（Eric Wolf）认为人类学如今可围绕任何时空的人类开展研究，把视野拓宽至全世界，从而将人类学确立为真正的关于人的学问（Wolf，1964：95 - 96）。克洛德·莱维-斯特劳斯（Claude Lévi-Strauss）对此持相似看法。他略带夸张地认为 99％的人类生存状况，以及全球大多数地区的习俗、信仰和机制均曾被置于人类学研究范畴（Lévi-Strauss，1967：130）。因此，民族志可书写任何时空的人类社会，而书写晚清社会的《中国丛报》自然亦是民族志。

　　关于民族志的作用，克利福德·格尔茨（Clifford Geertz）认为民族志起到了促进不同民族、宗教、阶级、性别和语言对话的作用（Geertz，1988：147）。此

---

① 人类学家研究城市社会亦有相应的研究程序。参见 Naroll, Raoul and Ronald Cohen：*A Handbook of Method in Cultural Anthropology*，New York：The Natural History Press，1970，p.219。

种对话通过翻译实现，而这亦是民族志翻译研究的入手之处。但是，翻译效果并不总尽如人意，而民族志亦面临相应的困境。詹姆斯·克利福德和乔治·E. 马库斯指出，民族志的历史困境在于民族志总是陷入发明文化而非再现文化的境地（Clifford & Marcus，1986：2）。① 如其所言，民族志翻译往往难以客观再现他者文化，而是发明他者文化。这同民族志翻译主要建构与本身存在差异的文化有关。翻译本身亦是呈现差异的过程。差异有时被视为民族志的亮点，致使部分民族志刻意夸大其词以吸引读者注意。19 世纪的半民族志式小说往往为了夸大差异而将真实与虚构的事物交织在一起（Pálsson，2020：8）。然而，虚构成分致使早期民族志作品的可信度大打折扣。与此类似，民族志翻译亦存在虚构部分内容的问题，因而其可信度仍需根据具体情形加以探讨。

除可信度问题外，民族志翻译亦面临如何平衡自我与他者的困境。理想的民族志翻译应当在自我与他者之间维持相对平衡，客观展现他者文化，以实现自我与他者的对话。但是，正如本雅明所言，所有翻译都是与各种语言的陌生性妥协的一种权宜之计，而民族志亦是与各种语言达成妥协的一种权宜之计（Crapanzano，2014：51）。理想的民族志翻译不可能存在，民族志翻译必然在不同语言文化相遇的过程中有所妥协。作为民族志的语言学和修辞学转向以及"写文化"争论的一部分，翻译不再被限制在忠于原文的框架内，转而成为文化调和的媒介（Bachmann-Medick，2014：36）。民族志翻译的媒介作用使其超越文本层面，进而凸显译介文化的功能。因此，民族志翻译需要在自我与他者文化相遇的过程中有所权衡。

受不同视角影响，民族志翻译难免使他者在译本中发生变形。民族志采用侧面视角看远方或近处的事物，使熟悉的变得陌生，奇异的变得寻常（Clifford & Marcus，1986：2）。熟悉的变得陌生是因为民族志审视近处事物

---

① 詹姆斯·克利福德和乔治·E. 马库斯于 1986 年编写的《写文化——民族志的诗学与政治学》（*Writing Culture：The Poetics and Politics of Ethnography*）一书是 1984 年 4 月新墨西哥州举行的以"塑造民族志文本"为主题，聚焦文本批评和文化理论的高级研究会上 10 位参会者集体探讨的成果。10 位参会者中，8 位是人类学家，另外 2 位分别从事历史学和文学研究。该书旨在重新解释文化人类学当时的发展历程，并探索文化人类学未来的多种可能性。参见 Clifford, James and George E. Marcus: *Writing Culture: The Poetics and Politics of Ethnography*, Berkeley, Los Angeles, London: University of California Press, 1986, p. vii.

时尝试超然物外,发掘平时因身处其中而忽略的事物。奇异的变得寻常则是因为民族志将远方原本奇异的事物翻译给受众,使受众更了解他者事物。但是,民族志对他者的介绍并不会停滞在对他者的建构之中,而是可能进一步帮助人类学家和民族志受众了解自我。马林诺夫斯基认为人类学家的最终目标应当是丰富自身的世界观,以尊重和理解的心态了解他人。人类学研究虽常被诟病为对他者生活的猎奇,但却有望成为最深刻且具有启发性的学科(Malinowski,2002:407-408)。这种启发性正是翻译研究得以结合人类学视角的原因之一,且人类学的理论资源于翻译研究而言多有启发。① 林惠祥在探讨人类学与历史学、社会学、宗教学等学科的关系时也强调人类学既不附属于也不统辖其他学科(原文在此处所用词语为"科学",相当于如今的"学科"概念),而是与其他学科互有贡献(林惠祥,2013:15)。同理,人类学与翻译研究亦是互相促进的学科。

依照上文阐述民族志翻译与民族志的相关内容,民族志翻译是衍生自民族志与翻译的内在一致性的产物,同时兼具民族志与翻译的属性。具体而言,民族志翻译指向源语文化被挪移至译语文化的过程。不同于传统的翻译概念,民族志翻译是将他者文化译入译者所用的语言。鉴于民族志翻译本质上依然是民族志,民族志翻译同民族志一样面临发明文化而非再现文化等困境。民族志翻译的可信度及其所用的翻译策略等问题亦须加以斟酌,以探讨译者自身如何建构他者的社会文化情形。

### 1.3.2 《中国丛报》中的民族志翻译及其分类

正如《〈中国丛报〉篇名目录及分类索引》所述,《中国丛报》在 1832 年至 1851 年间共刊行 1 514 篇涉及不同内容的文本。② 相关文章被《中国丛报》收

---

① 本书第 2 章将具体阐述人类学视角于翻译研究而言的启发性。

② 《中国丛报》篇目达 1 514 篇,《〈中国丛报〉篇名目录及分类索引》第 3 页至第 152 页详细展现了各篇目的英文篇名、中文译名、内容提要、类别、卷期、日期与页码信息。参见张西平:《〈中国丛报〉篇名目录及分类索引》,顾钧、杨慧玲整理,桂林:广西师范大学出版社,2008 年。此处 1 514 篇未将连载的篇目视为一篇,原因在于《中国丛报》对各期文章篇幅有所规划,文章被多期连载亦说明其重要性。另外,鉴于《中国丛报》时事报道内容绝大多数同晚清中国相关,1 514 篇将每期的"时事报道专栏"等不同栏目算作一篇。若仅统计《中国丛报》自身所附加的第 21 卷总索引,此前邓绍根统计的《中国丛报》篇目为(转下页)

录于"书评专栏"(Review)、"时事报道专栏"(Journal of Occurences)、"杂记专栏"(Miscellanies)、"文艺通告专栏"(Literary Notices)、"通讯专栏"(Communications)、"宗教消息专栏"(Religious Intelligence)、"后记"(Postscript)等栏目。虽然《中国丛报》主要由传教士编辑，但同宗教相关的内容并未占据主要篇幅。《中国丛报》主要介绍晚清中国政治体制、外交关系、人口、经济贸易等方面的情况。此前关于《中国丛报》的研究指出其文章90%（鲍晓婉，2020：139），90%左右（孙乃荣，2020：26），或90%以上（赖文斌，2016：69）同中国有关。同中国无关的内容不可被视为《中国丛报》的民族志翻译。整体而言，《中国丛报》展现晚清中国各方面的内容即为由晚清中国源语文化译为英语的民族志翻译，其中部分文本是根据汉语文本翻译而来的，其他文本则译自源语文化。按照本书关于民族志翻译的定义，《中国丛报》20卷内容中近90%为同中国相关的民族志翻译。由于已出版的全部篇名目录及分类索引——《〈中国丛报〉篇名目录及分类索引》共计466页，本书限于篇幅原因无法完整呈现其中90%同中国相关的篇名目录。在阅读《中国丛报》各卷同中国相关的民族志翻译的基础上，本书选取其中具有代表性的案例加以研究，以顾及《中国丛报》关于晚清中国不同方面的民族志翻译。

虽然《中国丛报》执笔人撰稿时并未将自己所作的文章视为民族志翻译，但其中的部分文章与此后出现的民族志翻译概念性质相符。[①]《中国丛报》同中国相关的内容可被视为民族志翻译与其撰写过程及文本性质有关。裨治文、卫三畏等人在广州等地增长见闻类似于人类学家开展田野调研收集资料，而其撰写文章亦类同于人类学家书写民族志。《中国丛报》刊登的文章涉及中国语言、历史、风俗等内容，同人类学家的民族志内容一致，因此可将《中国丛报》相关内

---

（接上页）1256篇。参见邓绍根：《美国在华早期宗教新闻事业的守护者卫三畏与〈中国丛报〉》，《新闻春秋》2013年第2期，第34-41页。邓绍根统计时误将第4类少统计1篇，因而错误地计为1256篇。施正宇、邹王番、房磊与陈韬瑞则按照《中国丛报》自身的总索引将篇目数量统计为1257篇。但在将各个专栏刊发的短文亦统计在内后，4人统计的篇目数为2063篇。参见施正宇、邹王番、房磊等：《〈中国丛报〉汉语学习篇目整理与分析》，《国际汉学》2023年第2期，第116-123+158-159页。经统计，本书认可总索引为1257篇的说法。但因"时事报道专栏"等栏目亦被本书纳入关于《中国丛报》的篇目范围，且本书将每期单独的专栏视为一篇，最终本书将《中国丛报》篇目确认为1514篇。

① 民族志概念在《中国丛报》发行期间尚未被提出。

容视为民族志。本书进一步将相关内容定性为民族志翻译是因为不仅可以将一篇或几篇以语言符号形式呈现的文章视为《中国丛报》的原文,还可在人类学文化文本化等理念的观照下将晚清中国文化视为原文,并将《中国丛报》视为由中国文化译为英文的民族志。这一从文化到译文的翻译过程使得此时的民族志可被视为民族志翻译。相关撰稿人随之成为民族志译者,将自己了解的晚清中国文化译为英文供译文读者参考。该民族志翻译呈现某一民族文化的译介目的同民族志的撰写目的亦保持一致。此外,《中国丛报》部分文章亦以中国某部或多部作品为原文,通过编译等方式译为英文。与此相关,《中国丛报》不仅存在较少于正文标注撰稿人或译者姓名的问题,而且其中有大量看似创作的文章实则可能为翻译、编译或半著半译之作,但因未交代底本而无法确认(邓联健,2015:62)。虽则如此,相关有原文的译本既隶属于传统的翻译范畴,又因所译内容聚焦民族志范畴而同时可被视为民族志翻译。此外,《中国丛报》民族志翻译以文化为原文,其翻译过程往往同时涉及多种社会文化内容,撰稿人通过编译等方式将原文译为英文,因此本书以译者或民族志译者称呼《中国丛报》民族志翻译的撰稿人。作为在华西人基于在中国参与观察而完成的民族志翻译,《中国丛报》涉及晚清社会各方面的内容,起到于 19 世纪上半叶为西方国家架构了解中国文化的桥梁的作用。

　　本书进一步将《中国丛报》同中国相关的内容视为 19 世纪西方开眼看中国的民族志翻译。该说法参考林则徐近代中国"开眼看世界的第一人"的称谓。晚清不仅是中国向外看世界的阶段,也是外国人开眼看中国的阶段。因此,本书采用上述称呼林则徐的方式,以明确《中国丛报》是外国人开眼看中国的文本。《中国丛报》并非外国人第一次开眼看中国所做的记录。晚清之前,马可·波罗(Marco Polo)13 世纪创作的《马可·波罗行纪》(*Devisement dou Monde*)与胡安·冈萨雷斯·德·门多萨(Juan González de Mendoza)16 世纪撰写的《中华大帝国史》(*Historia del Gran Reino de la China*)均比《中国丛报》更早向西方介绍中国,并曾一度在欧洲引发中国热。相比于上述两部作品,《中国丛报》虽然面世最晚,但却是 19 世纪外国人开眼看中国的文本,所呈现的民族志翻译亦折射出晚清相应的时代特点,并体现在华西人对晚清中国的整体认知与具体评价。

　　《中国丛报》呈现晚清中国情形的撰写目的符合民族志翻译的属性,而其译介内容也因涉及政治、经济、文化、社会风俗、民间信仰等方面而可被视为一份完备的民族志翻译。《中国丛报》民族志译者虽然亲身观察中国数年，但难免因受自身外国人身份和汉语水平所限无法透彻了解晚清中国，致使《中国丛报》的民族志翻译内容不乏同实际情形有所出入之处。此处以关于中国人称呼的译名为例。《中国丛报》第 3 卷第 6 期曾刊载广东总督回复律劳卑的一封信件的英译本，其中对中国人的称呼是 flowery，并在其后加括号附注 Chinese，表明 flowery 指中国人（Bridgman，1834 – 1835,3（6）：287）。"中国人"被译为 flowery 应是受"中华"的"华"字影响。"华"字通"花"字，故而"中国人"在英语中成为 flowery，再回译至中文成为"花人"。但是，中国人自古以来并未使用"花人"来称呼自己，而这一浪漫化的译名则是一场因"华"字的字面含义造成的误译。此外，《中国丛报》民族志译者的脚步并未抵达中国各个角落，对部分事物的译介仅能依赖其他人的记述，因此无法保证内容的真实性。《中国丛报》民族志译者对晚清中国的了解存在疏漏之处，同中国本身地大物博且博大精深，难以被外国人在短时间内了解有关。虽然《中国丛报》不乏对晚清中国的译介有误之处，但其本身作为民族志翻译出现已颇具意义。

　　《中国丛报》的民族志翻译属性不仅是由其撰写目的和译介内容决定的，而且同美部会及其撰写主体（民族志译者）有关，原因在于美部会是对《中国丛报》拥有重要话语权的主体。按照安德烈·勒菲弗尔（Andrè Lefevere）强调翻译涉及委托人的观点（Lefevere，2012：114），美部会可被视为《中国丛报》民族志翻译的委托人（由于美部会后期反对继续刊印《中国丛报》，且《中国丛报》主要经济资助人为美国商人，本书未将美部会视为《中国丛报》民族志翻译的赞助人）。美部会派裨治文等人前往中国等地时，明确要求他们写信汇报所到之处在风俗习惯等方面的特点。此处以西方人视角记述中国的过程类似于人类学家开展田野调查并撰写民族志的过程，因此可将《中国丛报》视为民族志。裨治文等人既在信中写下相关内容，也在《中国丛报》中刊载带有民族志性质的内容。起初，《中国丛报》的目标读者群体是在华西人，但该报不久便在美国收获不少读者，其中文章屡次被美国其他宗教刊物重印（Miller，1969：58）。这同《中国丛报》译介晚清中国有关，相关内容吸引了对中国感兴趣的商人或传教士群体。《中国丛报》民族志译者作为向西方世界译介晚清中国情形的主体，凭借在地的优势可直接观察中国情形。

由于相关文章执笔人(主要为在华西人)作为民族志译者是决定民族志翻译内容的主导者,因此分析民族志翻译与实际情形的异同亦无法绕开民族志译者。《中国丛报》主要的 5 位执笔人是裨治文、卫三畏、马礼逊、马儒翰(John Robert Morrison)和郭士立(黄涛,2021:80)。[①] 几乎所有晚清时期在华的新教传教士和南洋中国人聚居地区的新教传教士均曾为《中国丛报》执笔。英美商人和外交官等在华西人纷纷为《中国丛报》撰写各类稿件(吴义雄,2000:449)。[②] 另外,《中国丛报》亦刊登读者关于晚清中国的见解。[③] 通过分析《中国丛报》撰稿人作为民族志译者的译介目的、立场倾向及编撰信息来源等方面的情况,并简要陈述部分译者的相关履历与身份特征,研究者或可从译者处加深对《中国丛报》民族志翻译的认识。

作为《中国丛报》民族志译者的主力,裨治文和卫三畏均为美部会派往中国从事传教工作的人员。传教士身份意味着《中国丛报》难免为美部会的宗教利益服务。传教士对中国文化,特别是宗教的关心同其希冀在中国顺利开展传教活动直接相关。裨治文初到中国便向美部会提出在澳门或广州设立教会印刷所,以创办搜集中国信息的刊物的想法(Lazich,2000:81)。郭士立是其中的典型代表,他于 1831 年至 1838 年间通过在中国沿海侦察来搜集军事、政治及经济情报(顾长声,1981:29 - 30)。同时,裨治文等传教士在华期间通过《中国丛报》为西方提供大量关于中国的信息,甚至参与中外不平等条约的签订等外事活动,直接影响中外关系。美国作家迈克尔·C. 雷孜智(Michael C. Lazich) 2000 年出版的《千禧年的感召——美国第一位来华新教传教士裨治文传》(*E. C. Bridgman* (*1801 -1861*), *America's First Missionary to China*)提到裨治文不仅是美国在华传教事业的奠基人,1861 年逝世前更是美国重要的中国专

---

① 该说法在王树槐的文章中亦可得到证明,且王树槐是较早明确《中国丛报》5 位主要撰稿人的学者。参见王树槐:《卫三畏与〈中华丛刊〉》,《现代学苑》1964 年第 7 期,第 17 - 25 页。

② 然而,由于《中国丛报》所刊文章绝大多数情况下未标注编撰者,本书若在经核查《中国丛报》所附总索引后依然无法核实编撰者姓名,便以"某篇文章或某专栏编撰者"或"民族志译者"的形式模糊化处理编撰者的姓名。

③ 部分读者来信质疑《中国丛报》所刊晚清中国内容的真实性,或是发表与之针锋相对的见解。在此不排除部分读者来信是《中国丛报》编撰者借读者口吻发表观点的可能性。受自身身份所限,有时《中国丛报》编撰者可能不方便以报刊编辑的身份阐述观点。由于部分读者来信亦同晚清中国有关,因此也可被视为《中国丛报》的民族志翻译。

家,曾作为主要顾问与翻译参加美国早期同清政府交涉的外交使团活动
(Lazich,2000:230)。具体而言,裨治文 1844 年担任顾盛使团的翻译,伯驾
1844 年至 1855 年担任美国驻华使馆秘书、代理专使和专使,而卫三畏亦于
1857 年至 1874 年担任美国驻华使馆秘书兼翻译,三次担任代理驻华公使(王
立新,1997:77)。裨治文和其继任者卫三畏均在早期中美关系的发展历程中扮
演翻译或类似于咨询人员的角色,不仅为推动美部会在华传教争取最大利益,
也为西方势力在华扩张提供实质性便利。因此,传教士及《中国丛报》曾一度如
前文所述被诟病为帝国主义帮凶。

　　包括传教士在内的《中国丛报》译者虽身处中国,但并非可以畅通无阻地获
取关于晚清中国的一切信息。清政府在鸦片战争前后对在华外国传教士的言
行均有不同程度的限制。① 19 世纪 30 年代初,外国人在中国的活动范围有限,
北京仅有俄罗斯馆供 10 人居住,其余外国人仅能在广州和澳门活动
(Bridgman,1832 - 1833,1(1):2)。《中国丛报》刊行期间,其主要的民族志译
者便仅活跃于晚清中国的部分地区。绝大多数《中国丛报》民族志译者能够在
地参与观察的地区仅有上述的广州、澳门等地。因此,《中国丛报》的民族志翻
译对广州的风土人情多有译介,但鲜少涉及中国的北方地区。

　　除上述前往中国地区范围有限的缘故之外,晚清中国社会文化的复杂程度
亦对《中国丛报》民族志译者理解晚清中国造成困难。《中国丛报》开篇《导言》
撰写人开门见山地指出中国不易被理解,他们仅能记录这个被称为中国
(Middle Kingdom)的国家(Bridgman,1832 - 1833,1(1):2)。但是,《中国丛
报》的民族志翻译并不尽然停留在记录中国的层面,而是有意无意地刻画一个
与真实情形有所偏差的晚清中国。正如爱德华·W. 萨义德(Edward W. Said)
所言,部分民族志翻译所塑造的中国形象,是西方知识生产者所塑造的东方形
象。萨义德在《东方学》(Orientalism)中指出学术层面亦存在东方主义,无论
是人类学家、社会学家、历史学家,还是语文学家,均会在具体研究或整体观念

① 为维护独立主权与国家尊严,康熙反对任何形式的外来干涉,因而采取禁教的政策。雍
　正继位后延续实施禁教政策。禁教令一直持续至鸦片战争。参见顾长声:《传教士与近
　代中国》,上海:上海人民出版社,1981 年,第 15 - 17 页。清朝禁教亦出于巩固统治的考
　虑,以防国内外势力联合对抗清政府。参见宾静:《清代禁教时期华籍天主教徒的传教活
　动:1721—1846(上)》,新北:花木兰文化事业有限公司,2021 年,第 30 - 31 页。

中流露出东方主义的观点(Said,1977:2)。《中国丛报》民族志译者的观念中亦蕴含东方主义。尽管《中国丛报》的撰稿人在《导言》中声明他们所写的内容不带任何偏见,并且他们大多是基于自身的责任感,而不是为某种回报动笔,但由于欧洲中心主义等立场普遍存在,其民族志翻译必然无法避免出现种种偏见(Bridgman,1832-1833,1(1):4)。偏差的出现在任何自我与他者之间都难以避免,且民族志翻译出现的偏差本身亦是值得研究的对象,可从中辨析偏差出现的原因、方式与影响。为减少不必要的偏差并尽量客观地还原晚清中国文化,《中国丛报》撰稿人认为他们须为《中国丛报》这一涉猎广泛的期刊付出长期努力,并在撰写过程中保持耐心、自我否定的勇气和温良谦恭的态度(Bridgman,1832-1833,1(1):5)。《中国丛报》刊行近 20 年,比其他晚清在华期刊发行时间长,而其倡导的撰稿态度放置于当下依然值得借鉴。

尽管绝大多数民族志译者前往的中国地区范围有限,但《中国丛报》仍刊登了郭士立前往广州和澳门之外地区的游记,以译介中国其他地区的情况。郭士立得以在华数次沿海航行同其搭乘鸦片贩子沿海走私的船只有关,如 1832 年10 月 20 日,他乘坐了鸦片贩子的武装快船"气精号"(雷雨田、张琳,2004:125)。郭士立的游记共占据《中国丛报》第 1 卷第 1 期至第 5 期及第 2 卷第 1期和第 2 期共 113 页的篇幅。此 7 期共 308 页,郭士立游记所占前 7 期版面的比例高达 36.7%,体现出《中国丛报》对郭士立游记的重视程度。与此相关,加快《中国丛报》创办的原因之一正是神治文希望为其认为有价值的郭士立游记提供发表平台(Lazich,2000:84-85)。郭士立本人自述前妻去世和一场重病促使他尽快踏上前往中国的旅程(Bridgman,1832-1833,1(2):63),而记录此次自南向北航行的游记则成为描述晚清中国沿海地区情形的民族志翻译。

为获取更多关于中国的信息,《中国丛报》的民族志译者编译《京报》并将译文刊登于每期的"时事报道专栏"上。《京报》是清廷于北京刊印的政府公报(肖东发,2001:87)。作为清代每日发行的官报,《京报》主要刊载《宫门抄》①、上谕(皇帝颁发的日常政令)、奏折等内阁所发抄的内容,每册费用为十文,且当时南

---

① 清代内阁发抄的关于宫廷动态、官员任免等内容的政治情报通常篇幅简短,由报房(发送邸报的处所)从宫门口抄出。参见杨岗、栾建民:《图书报纸期刊编印发业务辞典》,北京:中国经济出版社,1990 年,第 123 页。

方报纸常转载《京报》内容(戈公振,2016:35-36)。《中国丛报》编译《京报》涉及清廷官员调动和洪涝战乱等方面的时事要闻,并通过附加评论的方式声明自身对相关事宜的评价或态度。《中国丛报》民族志译者虽然身在南方,但却能凭借《京报》了解晚清中国各方面的情况。《中国丛报》第 3 卷第 1 期"时事报道专栏"译者曾特意说明该专栏的编写体例。① 自该期后,"时事报道专栏"首先按照时间顺序介绍译者听闻的广州当地消息,接着编译《京报》近期值得关注的消息。

　　凭借《京报》等信息渠道,《中国丛报》第 1 卷第 10 期"时事报道专栏"译者直言该专栏的编撰难点不在于获取信息,而在于挑选和压缩信息。"时事报道专栏"的信息来源一半是官方消息,另一半则是译者在中国听到的大众传言等内容。该译者表明他们尽力报道真实消息,绝不报道他们认为虚假的信息(Bridgman,1832-1833,1(10):422-423)。由于《京报》现存影印本仅包含 1882 年(光绪八年)2 月至 1911 年(宣统三年)5 月的内容,《中国丛报》刊登的《京报》译文可间接反映《京报》1832 年至 1851 年刊印的内容。② 此外,"时事报道专栏"译者往往在编译消息时添加评论,表明自身对所译晚清中国事宜的看法。下文亦将分析《中国丛报》民族志译者对《京报》的译注,以探讨其中所折射的民族志译者的立场倾向与编撰特点等问题。

　　除《京报》这一官方信息渠道外,《中国丛报》译者亦编译在民间听得的大众传言。《中国丛报》译者曾解释他们为何选择将在中国听到的大众传言作为信息来源。《中国丛报》第 2 卷第 4 期以《中国人的传言》("Chinese Chit-chat")为题译介中国人散布传言的做法,并解释译者译介相关传言的原因。③ 该译者直

---

① 《中国丛报》的"时事报道专栏"自第 3 卷第 1 期起在每条消息前标注日期,且《中国丛报》版式也自该期开始变化。各篇文章以 ART(英文单词 article 的简称)加罗马数字形式表明是当期第几篇文章,并取消之前部分专栏分两栏的格式,改为全部单独一栏。

② 国家图书馆藏有全国图书馆文献缩微复制中心负责出版发行的 163 册《京报(邸报)》影印本。1882 年 2 月之前的影印本尚无,且仅有散见文章被藏家私藏。另外,本书所提的《京报》是清政府出版的官报(一种邸报),而不是由邵飘萍和潘公弼于 1918 年 10 月 5 日创办于北京的《京报》。

③ 《中国丛报》译文为"We are no great talkers with the natives, nor are we mere spectators; our department is rather that of readers. But what we read is not always addressed to us…We have occasion to see papers official, general, and confidential…From these we collect our chit-chat, by which we mean the current rumors and opinions of the day, which happen to come to our knowledge. We think that a nation's true character is, (转下页)

言《中国丛报》撰稿人并不擅长同中国人沟通，且他们绝不仅是旁观者。他用
readers 定义自身，将诸位撰稿人，亦即民族志译者视为中国的读者，并表明相
关译者所读内容并不总是以信息直接接收者的身份获得。《中国丛报》撰稿人
常从官方渠道，或者大众传言，甚至机密的书面文字中收集信息，并把相关信息
定义为 chit-chat。chit-chat 具体指当时流传甚广的传言等消息，而不是 chit-
chat 原本"聊天"的含义。译者解释称，他们认为相比于耗费精力的询问式研
究，自然发生的事件和观点更有利于了解一个国家真实的国民性。此外，他认
为提问者总是迫使回答者陷入自我防御的状态，从而展现看似谨慎实为假装的
特征。虽然译者写下上述段落时民族志概念尚未出现，人类学的田野调查范式
亦在近百年后方登场，但该译者已清晰认识到主体自身在与其他文化中的他者
直接交流时遇到的部分阻碍。该译者指出，询问对象所述也许并不真实。这正
是德里克·弗里曼(Derek Freeman)批判玛格丽特·米德的萨摩亚研究的原因
之一。然而，这并不意味着民族志撰写者直接同当地人对话的研究方式完全无
用，而是表明人类学研究者在与当地人对话时须思考对方所述内容是否受干
扰。出于对类似干扰的考虑，《中国丛报》民族志译者选择不只依靠同当地人直
接对话以获取信息的方式，而且注重阅读官方书面资料并关注民众传言。另
外，《中国丛报》民族志译者不重视同晚清国人直接交流亦可能是由于其汉语水
平有限，且外国人身份致使他们无法顺利地同晚清国人交流。

　　刊登于"时事报道专栏"的《京报》译文与大众传言等消息具有强烈的民族
志翻译特征，是译者基于官方报刊《京报》和在华亲身经历获取的一手信息。译
者曾说明《中国丛报》译介时事报道的目的在于通过详细的时事报道帮助读者
获取关于中国及其周边国家现状的确切消息，并将《中国丛报》打造成为西方提
供准确消息的渠道。① 该说明重点突出"准确"(correct)一词，表明《中国丛报》

---

（接上页）in many particulars, better ascertained from the incidental occurrences and
opinions, than from more labored and inquisitorial research, —because an 'inquisitionist'
always forces a respondent into a cautious and assumed character, for the sake of self-defence."。
参见 Bridgman, Elijah Coleman: *The Chinese Repository*, 1833 - 1834, 2(4):163 - 164。

① 《中国丛报》译文为"Could such a record of events be made tolerably complete, it would aid
our readers very much in their endeavors to acquire a correct knowledge of the present
condition of the Chinese empire, and the neighboring countries."。参见 Bridgman, Elijah
Coleman: *The Chinese Repository*, 1834 - 1835, 3(1):44 - 45。

将信息真实性视为自身作为刊物的优势。尽管《中国丛报》刊印时还未出现民族志或民族志翻译概念,但其编撰者提供关于他者文化准确信息的想法却与上述两者的核心理念不谋而合,进一步印证《中国丛报》相关内容的民族志翻译属性。

在凭借身在中国的优势编译"时事报道专栏"之余,《中国丛报》民族志译者为更了解中国,亦阅读同中国有关的书籍并撰写书评。《中国丛报》中既有民族志译者根据汉语著述编译的内容,又有针对外国人撰写的同中国有关的书籍所作的书评。相关书评亦是《中国丛报》民族志翻译的重要组成部分。《中国丛报》第 1 卷第 7 期译者曾解释撰写书评的原因——既不是为推崇某本书,也不是为评价作者,而是为评述同中国有关的内容(Bridgman,1832 - 1833,1(7):252)。① 《中国丛报》书评借机既译介晚清中国现状,又帮助读者领略中国过往。译者对书中情形所作评价亦是分析译者立场及《中国丛报》民族志翻译特征的重要依据。

整体而言,《中国丛报》的民族志翻译如其总索引分类所示,涉及晚清中国地理、政治、财政收入、军事、人口、国民性、风土人情、历史、博物史、艺术、科学、制造业、语言、文学、商贸、航运、鸦片与鸦片战争、对外交往、在华传教等方面。② 相关民族志翻译内容庞杂且篇幅巨大(《中国丛报》共计 12 356 页③,以每页 500 字粗略计算,总共近 620 万字)。按照上述《中国丛报》90% 左右与晚清中国相关的说法,其中近 560 万字为《中国丛报》的民族志翻译。因此,本书选取《中国丛报》民族志翻译中具有典型性的案例加以分析,而非具体呈现《中国丛报》所有的民族志翻译内容。

除航运方面外,《中国丛报》上述各方面的内容在本书中均有所涉及。本书未分析《中国丛报》同航运相关的民族志翻译,主要原因在于其所蕴含的文化因素较少,缺少可深入探究的研究点。尽管相关译文呈现厦门港的情况、上海及

---

① 该译者所点评的是法国耶稣会传教士李明(Lewis Le Comte)撰写的《中国现势续录》。参见张西平:《〈中国丛报〉篇名目录及分类索引》,顾钧、杨慧玲整理,桂林:广西师范大学出版社,2008 年。

② 索引并未列出所有刊登于《中国丛报》的文章。参见尹文涓:《〈中国丛报〉研究(Ⅰ)》,博士学位论文,北京:北京大学中国语言文学系,2003 年。

③ 该数据经统计每卷页数而来,等同于邓绍根有关《中国丛报》的页数统计情况。参见邓绍根:《美国在华早期新闻传播史(1827—1872)》,北京:世界知识出版社,2012 年,第 112 页。

扬子江①沿线的航行指南及水文勘查、在华商船名单与香港抵岸船只等内容，为当时的西人在华经商乃至作战提供重要情报，但是，此前关于《中国丛报》的研究业已分析相关内容特征，并指出航运相关信息旨在助力西方扩大在华利益并为顺利开展在华传教服务。加之航运有关信息多为统计数据及水文信息，译文较为客观真实地呈现晚清中国航运的真实情形，因此于民族志翻译研究而言可供深入探究翻译缘何发生变形等问题之处较少。

本书主要关注《中国丛报》同晚清中国皇帝制度、官僚制度、科举选官制度、清政府内部治理、对外贸易与交往、民间饮食起居生活、生产与消费生活、国民性、民俗生活、历史、语言、文学与科学技术等方面相关的内容。相关内容不仅在《中国丛报》中以单篇或连载文章的形式刊印，而且散见于"时事报道专栏""通讯专栏""后记"等栏目。为便于归纳总结，本书将涉及的《中国丛报》关于晚清中国的民族志翻译划分为官方层面、民间层面与文化科技层面。② 官方层面与民间层面之间的分野在于是否有清政府的参与。官方层面主要涉及清政府的政治制度及其治理情形。虽然民间层面的民众生活亦受官方层面影响，但其被《中国丛报》译介的主体为与晚清中国民众相关的各种生活场景。文化科技既同官方层面有关，又同民间层面有关，因而笔者将其视为官方与民间层面之外的第三个部分。上述三种层面的划分受史学研究启发，如倪玉平的《晚清史》先陈述鸦片战争与太平天国等历史事件，再在最后两章分别以"社会生活的近代转型""文化与科技"为题介绍晚清中国的日常生活与文化科技等内容。③

官方层面主要涉及同清廷有关的内容，具体包括清廷的政治制度、内部治理及对外贸易与交往。该分类方式意在首先呈现并分析《中国丛报》民族志译者关于晚清中国政治制度的宏观认识，再分析清廷具体如何开展对内及对外治理。具体而言，制度层面涵盖皇帝制度、官僚制度及科举选官制度。依照权力层级，本书首先分析皇帝制度这一清朝中央集权制的核心，再分析皇权统治下的官僚制度，以及选拔官员的科举选官制度。清廷对内的内部治理则涉及清政

---

① 近代外国人通称长江为扬子江。

② 本书以《中国丛报》民族志翻译的内容为基础，将《中国丛报》的民族志翻译分为官方、民间及文化科技层面三类，而非对三类层面本身下定义。但是，本书对《中国丛报》民族志翻译分类的方式亦可供今后的相关研究参考。

③ 参见倪玉平：《晚清史》，北京：人民出版社，2020 年。

府的民生治理、司法治理与军事治安，本书探讨清政府如何治理民生问题，以及如何开展司法治理并依靠军事维持治安。清廷对外的外部治理聚焦于晚清中国的对外贸易与交往问题。

相比于官方层面重点分析同清政府有关的内容，民间层面主要涉及非政府的同民众生活有关的内容。本书将晚清中国的民间层面划分为民间物质生活、民间精神生活及民间民俗生活三种。该划分方式主要受乌丙安的《中国民俗学》及叶涛与吴存浩所著《民俗学导论》的启发。《中国民俗学》将民俗事象划分为物质生产的民俗、消费生活民俗、社会民俗（包括家族、人生仪礼及婚姻的民俗）、信仰民俗等种类。① 《民俗学导论》则借鉴法国民俗学家皮埃尔·圣蒂夫（Pierre Saintyves）将民俗事象分为物质生活、精神生活与社会生活的做法。② 本书沿用二者共有的物质生活分类代指民间层面的生产与消费等活动，并采用圣蒂夫的精神生活分类囊括信仰等内容，再增加民俗生活分类概括晚清中国的节日风俗等活动，以形成关于民间层面的三分法。本书具体将民间物质生活划分为饮食起居生活及生产与消费生活两类，以分析《中国丛报》民族志译者如何看待晚清中国民众的衣食住行与生产消费。民间精神生活则包括国民性，探讨《中国丛报》的民族志翻译如何建构晚清民众精神层面的国民性及其群体性格特征。在分析民间物质生活与民间精神生活之余，本书研究《中国丛报》民族志译者如何译介晚清中国包括节日风俗和婚丧嫁娶等活动在内的民间民俗生活。

鉴于文化科技同时与官方及民间层面相关，本书单列一章分析文化科技层面的翻译。结合《中国丛报》民族志翻译本身涉及的内容，文化科技层面由历史、语言文学与科学技术三个部分组成。《中国丛报》所译介的历史涵盖古代中国各个朝代，因此本书主要选取其中体现民族志翻译特征的典型案例。语言文学部分则既涉及《中国丛报》译者对汉语及汉语学习的介绍，也探讨《中国丛报》译介中国典籍与文学作品的特征。在分析文化科技层面关于历史与语言文学的民族志翻译后，本书将聚焦于涉及中国本土科学技术与中国引入西方科学技术的科技层面。中国本土科学技术方面的民族志翻译涉及中医药、《本草纲目》

---

① 参见乌丙安：《中国民俗学》，沈阳：辽宁大学出版社，1985 年，第 1—5 页。
② 参见叶涛、吴存浩：《民俗学导论》，济南：山东教育出版社，2002 年，第 257 页。

等自然史著作、风箱等生产工具,以及烧制石灰、种植亚麻、裁布做衣、种茶制茶等生产技术。中国引入西方科学技术则囊括《中国丛报》译介经纬线等地理知识、晚清引进疫苗接种等西方医学知识与技术及《中国丛报》民族志译者等在华西人开办在华实用知识传播会的情况。

综上所述,《中国丛报》中同晚清中国相关的内容为民族志翻译,相关译文内容庞杂且体量巨大。各卷各期关于政治、经济、文化、社会风俗、民间信仰等方面的译介内容使《中国丛报》可被视为一份完备的民族志翻译。《中国丛报》以收集中国信息为主的撰写目的带有民族志翻译的属性,且其类似于人类学家开展田野调查并书写民族志的撰写过程亦赋予相关内容民族志翻译的内涵。鉴于《中国丛报》是在华西人参与观察晚清中国情形而创办的期刊,本书将其视为 19 世纪西方开眼看中国的民族志翻译。《中国丛报》的撰稿人因此在本书中亦为民族志译者或译者,且相关人士直接决定如何译介晚清中国情形。根据《中国丛报》民族志翻译所涉及的内容,本书将其划分为官方、民间及文化科技三个层面,并对不同方面的译文进行分类,以便在下文按类别归纳并比较不同类别的民族志翻译特征。

## 1.4  研究问题、研究方法及创新点

本书将《中国丛报》同晚清中国相关的部分纳入民族志翻译范畴并对其进行分类,聚焦于有关《中国丛报》民族志翻译的研究问题。民族志翻译概念源于人类学,且民族志是人类学的核心组成部分(Rosman & Rubel,1989:vii)。因此,本书既系统梳理翻译研究的人类学视角,也运用人类学视角分析《中国丛报》中的民族志翻译,以加深对相关民族志翻译的认识并拓宽翻译研究的路径。

在研究问题上,本书从人类学视角入手的问题意识受文学人类学启发。① 由于文学人类学现有成果于本书而言仅具启发性,因此本书仅将其视为

---

① 鉴于文学人类学发展相对成熟,本书梳理人类学视角时借鉴文学人类学成果,如叶舒宪按照人类学的文化相对主义原则重建文学观,以此体现中国文化内部的多样性。参见叶舒宪:《文学人类学教程》,北京:中国社会科学出版社,2010 年,第 95 页。

参考，而未将文学人类学视为梳理翻译研究人类学视角的准绳。相比于翻译与人类学，文学与人类学的结合在国内外已取得较大进展，可为从人类学视角开展翻译研究提供参考。国外文学人类学研究并未整体参照人类学概念等理论资源，大多数文章仅较为零散地同文学人类学沾边。国内文学人类学则更多关注口传文学和少数民族文学，涉及文学人类学理论批评、田野考察、多民族文学与文化研究、口头传统与非物质文化遗产研究、世界少数族裔文学研究、神话与历史、社会记忆与身份认同、跨文化比较等方面。鉴于文学人类学在中国的发展情况，叶舒宪提到其之所以用"文学与人类学"而不是"文学人类学"为题，是因为该跨学科领域仍处于发展变化之中，将其定名成独立学科的条件尚不完全成熟（叶舒宪，2018a：222）。虽然文学人类学尚未成为独立学科，但其将人类学视角融入文学研究的做法对本书多有启发。

　　具体而言，本书梳理翻译研究的人类学视角是受到文学人类学挪用和创造人类学内容的启发。英国人类学家埃伦·怀尔斯（Ellen Wiles）将文学人类学划分为三个分支：第一个分支将文学文本用作民族志的资料来源；第二个分支以文学的模式撰写民族志，使用文学修辞性质的语言，并颠覆常规的民族志结构，如将民族志直接写成小说；第三个分支则从人类学的视角研究文学和文化的生产实践。三个分支可被同时使用。第一个分支在《文学人类学：研究人类、符号与文学的新途径》中多有提及。然而，第三个分支方为梳理翻译研究人类学视角更需关注的对象。费尔南多·波亚托斯（Fernando Poyatos）于《符号语言学》（Semiotica）杂志首次提出"文学人类学"说法，点明叙事文学角色的历史价值可供系统研究。文学作品角色的语言、副语言、身势语与衣饰均可成为文学研究的对象。他指出，文学人类学作为跨学科的研究领域，以人类学视角研究不同文化的叙事文学（狭义上包括剧本、编年史、游记等文本）。波亚托斯认为从早期史诗到不同类型的现实主义文学作品均是文学人类学的研究对象，原因在于相关文本记载的是可感觉的符号系统（sensible systems），包括语言、副语言、身势语（如姿势、举止与体态）等符号在内。此外，文本亦记载抽象但可理解的符号系统（intelligible systems），如宗教思想、庆典仪式、社会关系模式、道德价值观、礼仪、家庭活动、政治事宜、民间传说、流行信念、游戏、艺术符号等。文学人类学在当时被寄予通过文学作品开展人类学和民族学研究，并吸引跨学科研究者兴趣的厚望。通过借鉴人类学概念与研究对象，文学人类学从不同民族叙事文学作品中挖掘同人类学相关的资料。① 该研究范式实则将文学作品视为人类学研究的材料来源,而翻译研究的人类学视角亦注重翻译活动或现象中可被视为人类学研究材料的内容,并挖掘其中的文化内涵。

波亚托斯曾提出文学人类学须解决 7 个基本问题(Poyatos, 1988: xiii - xiv),于本书而言颇具启发性。② 7 个问题分别为:文学文本为人类学研究提供哪些资料和视角? 文学如何将文化融入自身? 以人类学为导向的文学研究具备何种跨文化视角? 文学作品如何成为人类学研究的辅助资料? 文学如何记载符号系统? 今后的文学人类学研究应当怎样分门别类,从而生成独特的理论框架? 具体分析文学作品可催生何种以人类学视角为导向的应用研究? 受此启发,梳理翻译研究人类学视角时亦须注意翻译为人类学研究提供哪些资料和视角,以及翻译与文化之间的关联,并在从人类学视角开展翻译研究时深化对翻译与文化的认识。类似于文学人类学拓宽文学视野并创造具有深度解释能力和影响力的学术新话语的愿景(李永平,2019:306),翻译研究的人类学视角亦可深化关于翻译活动及现象的研究并拓宽翻译研究的视野。

为深化有关《中国丛报》民族志翻译的研究,本书将从翻译研究的人类学视角出发探讨以下研究问题:在理论视角层面,为何从人类学视角分析《中国丛报》的民族志翻译必要且可行? 在具体梳理人类学视角时,如何在现有翻译研究与人类学理论结合的成果基础上,进一步将翻译研究与人类学的观念方法相结合,以丰富研究《中国丛报》民族志翻译的理论资源? 从翻译研究的人类学视角来看,《中国丛报》不同层面的民族志翻译有何特点? 这些特点体现出《中国丛报》民族志翻译建构晚清中国这一他者的何种特征? 与此相关,《中国丛报》民族志翻译蕴含何种文化立场与在华西人的中国观? 而相应的民族志翻译与真实情形之间是否存在一定的差距?《中国丛报》译者作为早期在华西人目睹

---

① 参见 Fagerlid, Cicilie and Michelle A. Tisdel: *A Literary Anthropology of Migration and Belonging: Roots, Routes, and Rhizomes*, Cham: Palgrave Macmillan, 2020, pp. viii+xi - xiii。

② 国外较早探讨文学人类学的著作是费尔南多·波亚托斯 1988 年编写的《文学人类学:研究人类、符号与文学的新途径》(*Literary Anthropology: A New Interdisciplinary Approach to People, Signs and Literature*)。该书不仅通过讨论文学人类学可能的研究领域来解决文学人类学的认识论问题和初步的研究问题,也通过具体的叙事文本探索潜在的研究方法。

晚清中国 19 世纪 30 年代至 19 世纪 50 年代的历史进程,其身份履历及编撰特点直接影响《中国丛报》的民族志翻译,鉴于《中国丛报》的历史价值同民族志译者密不可分,从人类学视角看,《中国丛报》的民族志译者具备哪些特点? 而相关特点又如何影响《中国丛报》的民族志翻译?

为解决上述以翻译研究的人类学视角分析《中国丛报》民族志翻译的研究问题,本书将采用下述 5 种研究方法,并尝试实现三个创新点。5 种研究方法包括归纳整合法、案例分析法、历史考据法、比较分析法与跨学科研究法。

归纳整合法:本书将采用归纳整合法梳理人类学理论中可应用于翻译研究的部分,如自我与他者之间的关系,以及人类学关于文化的定义和其他观念,并进一步将相关理论有机组合为翻译研究的人类学视角。此外,本书将在最后一章归纳整合上文以人类学视角开展《中国丛报》民族志翻译的研究,以明确《中国丛报》不同类别民族志翻译的特点及异同,并归纳民族志译者自身建构晚清中国这一他者的特征。

案例分析法:本书在分析《中国丛报》的民族志翻译时将大量使用《中国丛报》中的案例。根据案例内容的不同,本书将在不同章节分析《中国丛报》关于晚清中国官方层面、民间层面及文化科技层面的案例。本书希望借助不同类型的案例探明《中国丛报》民族志翻译的特点,以及《中国丛报》民族志译者译介不同对象的翻译特征。

历史考据法:为印证译介内容是否与晚清中国实际情形相吻合,本书在分析《中国丛报》的民族志翻译时采用历史考据法。本书将借鉴历史学科的一手资料或二手资料以辨明历史事实,并明确《中国丛报》相关民族志翻译的可信度和准确度。

比较分析法:本书分析《中国丛报》的民族志翻译时将采用比较分析法。通过对比《中国丛报》译文与其对应的文化或文本之间的异同,本书希望窥探《中国丛报》的民族志翻译与真实情形之间存在多大程度的偏差,以进一步分析出现偏差的原因、偏差本身的特征及其可能造成的影响。另外,本书希望比较不同层面的民族志翻译在内容和策略等方面的特点,以加深对《中国丛报》民族志翻译的认识。

跨学科研究法:该方法将主要应用于《中国丛报》无具体原文文本、以文化为原文的民族志翻译。由于本书囊括的民族志翻译涉及晚清中国社会和中国传统文化的各个方面,本书根据民族志翻译的相应内容采用历史、政治、法律等学科的研究成果及方法,以尽可能明确《中国丛报》的民族志翻译与真实情形之间的差距。另外,本书在使用其他学科的研究成果时亦会尝试融入这些学科视角,以借助跨学科思路进一步完善关于《中国丛报》民族志翻译的研究。

结合以上研究问题与研究方法,本书以从翻译研究的人类学视角分析《中国丛报》的民族志翻译为主线,探讨如何通过人类学理念拓宽翻译(特别是民族志翻译)中原文的边界,并洞察译者自我与其所建构的他者之间的关联,以全面分析《中国丛报》的在华西人译者建构晚清中国这一他者不同层面的特征、译者受各种中心主义影响的文化立场及在华西人观、民族志翻译与真实情形之间的差距等问题。按此主线,相应的创新点主要包含三个,其中两个是理论创新点,一个是应用创新点。

第一个理论创新点在于梳理翻译研究的人类学视角。本书第二章将归纳整合从人类学视角开展翻译研究的理论资源。在充分吸收人类学理论的基础之上,本书提炼人类学可为翻译研究提供借鉴的部分,并梳理翻译研究的人类学视角,从而为此后尝试拓展翻译人类学这一学科分支打下坚实基础。具体而言,翻译研究人类学视角首先可被用于根据研究对象适当地拓宽原文或译文的范畴,以全面分析翻译活动或现象。其次,翻译研究人类学视角有助于深入探讨译者自身在建构他者时所采用的翻译策略,如明确译者是否充分展现词汇所处的语境等问题。最后,翻译研究人类学视角有助于探察各种中心主义等文化立场及主位视角或客位视角对译文的影响,并深入探讨译者自身关于他者的观念、译者自我与其所译介的他者之间的关系、译文与他者真实情形之间的差距等问题。人类学视角关于自我与他者关系的观念可启发翻译研究在分析译文如何建构他者文化时不仅注重自我与他者之间的差异,而且留意自我对他者的操纵或干预。鉴于源语文化与译语文化、原文与译文、原文作者与译文读者之间未必仅是单向的从译出到译入的关系,而是同人类学视角下的自我与他者一样互为交织,翻译研究应当力争辨明译者自我与所译他者之间的关联。换言之,翻译研究可尝试分析译者自身是否于译文中流露自身的文化立场及观念态度,从而在建构他者的同时建构自我。

第二个理论创新点则在于通过将英文期刊《中国丛报》的部分内容定义为民族志翻译,夯实人类学的文化文本化理念及民族志翻译概念在翻译研究中的地位。文化文本化理念可有效扩充翻译的内涵，明确翻译的原文不仅可以是传统意义上的原文文本，而且可以是原文对应的文化。此外，本书将通过分析《中国丛报》的民族志翻译，探讨何种文本可被视为民族志翻译、民族志翻译的特征及影响，以及影响民族志译者译介他者的文本内外因素。相关分析一方面可以加深对于民族志翻译的认识，将《中国丛报》关于晚清中国的内容视为民族志翻译，另一方面可以通过人类学视角探究民族志翻译如何建构他者文化，及相关译介凸显自我建构他者的何种特征。鉴于翻译常在跨文化交际中扮演将某一民族的社会文化情形介绍给其他民族的重要角色，翻译研究应注重人类学的文化文本化理念及民族志翻译概念，从而在相关研究中借助上述概念适当地拓宽翻译原文或译文的范畴，并全面分析跨文化活动或现象的翻译属性及译者自身如何建构他者文化。

本书的应用创新点则在于从人类学视角研究《中国丛报》的民族志翻译。结合同文化与翻译相关的人类学概念与方法，本书将翻译研究的人类学视角应用于《中国丛报》民族志翻译的研究，从而针对《中国丛报》民族志翻译这一研究对象生成与人类学视角相关的认识。相比于之前对《中国丛报》的研究，本书不仅力争内容系统全面，而且希望通过人类学视角深入分析译本，探讨《中国丛报》的民族志译者选择翻译对象的原则及具体译介的特征。基于人类学视角，本书将关注《中国丛报》的民族志译者自身如何建构晚清中国这一他者，以及相关内容体现的译者身份、文化立场、民族志翻译与真实情形之间的差距等问题。按此思路，其他将某一民族的文化译为译者自身所用语言的翻译亦可被视为民族志翻译，并可在人类学文化文本化等理念的观照下，从翻译研究的人类学视角加以研究。

本章业已说明鉴于《中国丛报》的编撰目的与所刊内容，可将《中国丛报》中与晚清中国相关的内容视为民族志翻译，并以与民族志翻译密切相关的人类学视角分析相关内容。相比于此前诸多学科及翻译领域对《中国丛报》开展的研究，本书以民族志翻译这一涵盖描述某一民族各方面情形的概念统摄其中译介中国的内容。由于《中国丛报》民族志翻译体量庞大，本书仅选取其中的典型案例加以分析，并根据民族志翻译本身所涉及的内容将相关民族志翻译划分为官方层面、民间层面及文化科技层面。在人类学视角下，本书不仅通过案例分析法、历史考据法与跨学科研究法分析不同类别民族志翻译的特征及民族志译者的特点,而且通过归纳整合法与比较分析法比较官方、民间及文化科技三个层面的民族志翻译的异同,以深入探讨《中国丛报》民族志译者具备哪些特点,如其自身建构晚清中国这一他者的特征。整体而言,本书希望通过系统运用翻译研究的人类学视角深化对于《中国丛报》民族志翻译的认识,并拓宽翻译研究分析自我与他者之间的关系及译者自我如何建构他者等问题的路径。

# 第2章

翻译研究的人类学视角

为彰显人类学视角于研究《中国丛报》民族志翻译而言的理论效力,并说明如何在现有翻译研究与人类学理论结合的成果基础上进一步融合翻译研究与人类学视角,以丰富研究《中国丛报》民族志翻译的理论资源,本章将系统梳理翻译研究的人类学视角。本章首先阐明人类学视角与翻译研究结合的契合性,并综述翻译研究与人类学理论结合的现有成果。基于人类学与翻译研究的契合性,为弥补现有人类学与翻译研究结合的成果相对零散等不足,本章广泛吸收人类学有益于翻译研究的理念,以初步建构系统全面的人类学视角。马林诺夫斯基曾言,人类学所有分支的交汇之处在于对文化的科学研究(Wyn-Davis,2002:75),且人类学潜藏着关于文化的丰富研究成果。人类学对自我与他者的关注,对欧洲中心主义、种族中心主义与民族中心主义的看法,以及其关于文化与翻译的观念,均是梳理翻译研究人类学视角的理论来源。

## 2.1　人类学视角与翻译研究的契合性

21 世纪初,谭载喜教授指出将翻译学归属于语言学未免狭隘,而是应当将翻译学视为一门与符号学、文艺学、社会学、心理学、信息论、数控论、语言学等学科联系密切,但又相对独立的综合性学科(谭载喜,2005:12)。基于诸多社会文化要素的参与,翻译活动同人类学、社会学、生态学、地理学、经济学等学科多有重叠,且重叠部分衍生出翻译研究与其他学科融合的可能性。作为翻译研究与人类学结合的产物,人类学视角为翻译研究提供来自人类学的视野和观点,从而拓宽翻译研究的路径。同时,为响应当下提倡建设新文科并打破学科专业壁垒的号召,本书亦希望借助人类学视角探索翻译领域开展跨学科研究的可能性。

翻译研究同人类学均综合性较强,且二者之间契合性较高,可为对方提供借鉴以开展互相融合的跨学科研究。人类学对应英文单词 anthropology,其词源为希腊词 anthropos 和 logos，前者对应英文 man，后者对应英文 study，二者合为 man-study，亦即关于人的研究（Keesing，1966：2）。人类学作为学科在美国始于弗朗兹·博厄斯（Franz Boas）1896 年在哥伦比亚大学讲授人类学，在英国则始于牛津大学 1906 年设立人类学学位（Wyn-Davis，2002：21）。同翻译研究于 20 世纪 70 年代成为学科相比，人类学的学科史起点早了半个多世纪，但时间差距并未抹杀二者在研究对象和研究方法等方面相互借鉴的可能性。由于以人及与人相关的事物为研究对象，人类学是关于人的文化的学科。翻译研究亦是关于人的文化的研究。学科属性的一致性意味着人类学与翻译研究有望在文化层面相辅相成。若把文化视作一张网，文化远不止象征主义和语言等范畴，而是潜藏着无穷的想象力（Preston，1991：102）。正因为文化复杂且充满想象，翻译研究方能发掘更多文化价值，并通过人类学视角深入分析翻译现象与活动。

此外，人类学同翻译活动均曾在历史上被卷入殖民主义风波。人类学家塔拉勒·阿萨德（Talal Asad）指出，人类学曾是殖民主义的女仆，供帝国主义意识形态从人类学知识中汲取营养（Wyn-Davis，2002：48）。人类学研究也因此被诟病为殖民主义的帮凶。由于帝国扩张及殖民活动均需要翻译，以实现殖民者与被殖民者之间的交流，翻译也曾一度被视为帝国主义和殖民主义的帮凶。后殖民主义理论此后亦被挪用于翻译研究，形成后殖民主义翻译理论，以探讨翻译与帝国之间的关系，以及与翻译相关的文化及权力等问题。人类学与翻译同被诟病的发展历程绝非巧合，而是与二者涉及文化之间的相遇与冲突有关。帝国主义殖民的过程是不同文化交锋的过程，而译者和人类学家则是该过程依赖的角色。殖民主义终结后，全球依然不断上演不同文化的交融场景，且译者与人类学依旧扮演重要角色。人类学与翻译研究自始至终均思索不同文化交流的问题，因此在研究问题与内容层面多有相似之处。

然而，诸多相似之处并不意味着双方所有内容均可供对方借鉴。人类学包括体质人类学或生物人类学、考古学、人类学的语言学、社会或文化人类学四大分支，且绝大部分人类学家研究社会人类学（Wyn-Davis，2002：80）。人类学在学科发展过程中曾一度兼具自然科学与人文社会科学属性。在中国打通人类学与文学研究的学者叶舒宪亦认为文化人类学是全部西学中最能体现跨文化取向的一个学科（叶舒宪，2018b：3）。但是，不少人类学家亦反思人类学的学科属性,质疑人类学是否是一门科学。英国社会人类学家爱德华·埃文斯-普里查德(Edward Evans-Pritchard)曾将其系列广播讲座于 1951 年结集为《社会人类学》(*Social Anthropology*),公然质疑人类学是一门科学的假设。他认为人类学的研究对象应当是道德和象征系统,因此人类学不是自然科学的任何分支。人类学家更像历史学家,而人类学也因此更接近人文科学(Wyn-Davis,2002:279)。体质人类学与人种学在研究人类起源等问题上固然曾为人类了解自身作出贡献,但本书因隶属于人文学科范畴,主要采用同社会人类学及文化人类学相关的内容。挪威奥斯陆大学社会人类学系教授托马斯·海兰·埃里克森(Thomas Hyland Eriksen)指出文化人类学和社会人类学之间的差异较模糊。文化人类学是美国等国家常用的术语,而社会人类学则源于英国和法国(Eriksen,2004:9)。社会或文化人类学涉及文化多样性及普遍性、社会类型与社会结构研究、象征主义等内容(Wyn-Davis,2002:97)。相关研究成果可供翻译研究梳理人类学视角。相比之下,其他人类学分支的研究成果可供翻译研究参考之处有限。本书希望通过吸收人类学有助于开展翻译研究的观点来梳理翻译研究的人类学视角,从而助力翻译研究成为名副其实的综合性学科。从人类学视角开展综合性的翻译研究,并非形式化地为跨学科而跨学科,而是基于以下三点考虑:

第一,同其他学科相比,翻译研究与人类学皆为跨学科性质明显的学科。翻译研究从研究对象到研究范式均具有跨学科属性,而人类学的跨学科性质则源于其既涉及生物学等自然科学,又涉及文化研究等人文社科研究的学科发展历程。虽然人类学的自然科学属性因其曾为种族主义者效力的过往而备受诟病,但其在人文社科层面涉及社会学、经济学、地理学、语言学、文学等多种学科的性质使其研究视野与方法颇具启发性。翻译研究与人类学均具有跨学科性质,本书将二者结合,不仅可在借用人类学视角开展翻译研究的过程中为开展跨学科研究提供更多可能性,更可丰富翻译研究的视野与理路。

第二,相比于人类学家对翻译研究的关注,翻译研究对人类学的关注与借鉴相对不足。人类学因领域内的经典著作翻译而同翻译研究相关,其研究涉及的主体民族志本身亦涉及翻译过程。在面对使用其他语种的人群时(之前主要指原始部落人群),人类学家须学习其他语言。倘若田野调研的对象自身不具备书面语言,人类学家应先记音,再将相关内容译成自身语言。同翻译相关的研究过程致使人类学学者对翻译问题业已有所思考。但是，翻译研究对人类学视角的应用相对而言局限于引申美国人类学家克利福德·格尔茨提出的厚描（亦被译为"深描"）方法。人类学对翻译研究有启发性的其他理论相对而言鲜为人知。然而，人类学对自我与他者的关注，以及其同文化相关的探讨均可为翻译研究提供理论资源与方法。

第三，目前学界虽已出现将翻译研究与人类学相结合的学术成果，但是专门以此为主题的著作寥寥无几，已有成果在学理层面尚较薄弱。因此，有必要进一步梳理将人类学与翻译研究相结合的理论框架。由于人类学和翻译研究均具备跨学科性质，梳理翻译研究的人类学视角不仅可为翻译研究提供审视翻译的新视角，而且有望使翻译研究与人类学之间的学科关联更为密切，从而提升翻译研究的学术影响力。

人类学视角与翻译研究之间的契合同翻译研究与人类学均综合性较强的学科性质有关。翻译活动是人类生产实践的重要部分。自古以来，口译及笔译活动是人类社会物质生产和精神生产的重要组成部分，对建设人类物质文明和精神文明起到不可或缺的作用。正因如此，翻译活动作为人类活动的一部分亦受人类学关注。翻译研究与人类学在学科性质上均具有较强的综合性。翻译研究因译本几乎涉及人类所有学科而体现出综合性，人类学也因与人类生产生活的各个方面相关而呈现出综合性。综合性的学科性质促使翻译研究与人类学得以共同探索人类活动的性质与影响，而人类学和翻译研究认识和分析对象的不同方式亦多有可供对方借鉴之处。面对他者的语言与文化，人类学家在研究过程中需要将他者的语言与文化译介为自身语言，因而提出不少于翻译研究而言颇具启发性的观点。下节将具体说明翻译研究受人类学启发并通过运用人类学理论而得来的现有成果。

## 2.2　翻译研究与人类学理论结合的现有成果

目前，将人类学理论和视角运用于翻译研究的学术成果大多为论文，而较少以专著或编著的形式呈现。人类学的厚描理念当前在翻译研究领域已衍生出厚描翻译，并被成熟地运用于翻译研究。然而，翻译研究与人类学理论结合的现有成果从人类学中汲取的理论资源相对有限,依然有许多可供翻译研究建构人类学视角的理论观念尚未得到重视。

国内外以翻译和人类学为主题开展研究的专著屈指可数,其中之一是哥伦比亚大学人类学教授葆拉·鲁贝尔(Paula Rubel)和亚伯拉罕·罗斯曼(Abraham Rosman)2003 年出版的《翻译文化:翻译与人类学视角》(*Translating Cultures: Perspectives on Translation and Anthropology*)。该书包括"翻译的普遍问题"与"具体应用"两部分,所收录的 11 篇论文均来自哥伦比亚大学巴纳德学院 1998 年以翻译和人类学为主题的会议。[①] 该会议关注的基本问题是如何翻译与自身不同的文化(Rubel & Rosman,2003:vii)。"翻译的普遍问题"部分的 3 篇文章或是受让-弗朗索瓦·利奥塔尔(Jean-François Lyotard)和路德维希·约瑟夫·约翰·维特根斯坦(Ludwig Josef Johann Wittgenstein)启发探讨翻译性质,或是从符号学视角看待翻译问题。"具体应用"部分的 8 篇文章则探讨民族志如何应对不可译性、民族志如何翻译口头表演等民俗内容、田野调查中的音译和记音、民族志撰写者类似于大祭司的角色、原始部落艺术品的翻译、与亲属概念相关的术语的可译性等问题。上述论文均与人类学和翻译问题相关,具体讨论多有洞见,但美中不足的是该书是关注点不同的论文拼凑而成的编著作品,因而不能被称为系统阐释翻译与人类学问题、厘清二者关系并搭建理论框架的专著。而且,该书强调翻译于民族志撰写者而言的重要性,却忽视人类学对翻译研究者的意义(Du Pont,2005:468)。本书则将强调人类学于翻译研究者而言的重要性,并尝试梳理翻译研究的人类学视角。

除《翻译文化:翻译与人类学视角》外,国外另一本关注翻译与人类学的著作是冰岛大学人类学教授吉斯利·保尔松(Gísli Pálsson)1993 年初版、2020 年再版的《超越边界:理解、翻译与人类学话语》(*Beyond Boundaries: Understanding, Translation and Anthropological Discourse*)。该书同样是会议论文集,针对翻译与人类学话语展开论述。该书共收录 9 篇来自 1990 年第

---

① 撰文的 12 位学者中有 9 位来自人类学系,其他 3 位则来自哲学系、社会学系和宗教学系。参会人员所属系别的多样性印证了人类学本身的跨学科性与综合性。

十四届北欧人类学会议的文章。[①]此次会议的主题为"理解与翻译"。保尔松认为，人类学家如同符号层面的导游，陪伴不熟悉他者的读者了解他者符号（Pálsson，2020:1）。人类学家正是通过翻译帮助读者了解他者符号的意义的。

　　人类学对翻译跨文化属性的关注同翻译研究自身关于如何跨文化的思考相契合。正如翻译理论家苏珊·巴斯尼特（Susan Bassnett）与安德烈·勒菲弗尔所强调的，相比于跨语言，译者应当更加关注跨文化的问题（Bassnett & Lefevere，1995:11）。虽然论述翻译与人类学的专著有限[②]，且尚无从整体上对人类学理念加以系统借鉴的翻译研究成果，但以翻译与人类学为主题的论文与书籍章节不在少数，如卢茜与何克勇的《翻译研究与文化人类学的共同视域》聚焦翻译研究与文化人类学在学科属性上的跨文化意识，以及阐释、深描与深度翻译等方法（卢茜、何克勇，2017:118）。受篇幅所限，该文呈现的多是翻译研究与文化人类学各自的观点，所用参考文献也均是中文版本。因此，应当如何融合翻译研究与人类学仍须进一步思考，研究者也应当多从原文中汲取理论资源。[③]

　　如今，厚描翻译作为人类学与翻译研究结合的成果，业已在翻译研究领域占据一席之地。翻译研究较为广泛地运用人类学提出的厚描概念，并以论文或书籍章节的形式呈现相关研究。美国人类学家克利福德·格尔茨从英国牛津日常语言学派代表人物吉尔伯特·赖尔（Gilbert Ryle）的思想中借用"厚描"（thick description）一词，深入阐释其中的隐含意义，并使厚描成为影响力巨大

---

① 此次会议于冰岛首都雷克雅未克召开。

② 国内尚无将人类学与翻译理论相结合的著作，但有著作探讨人类学译作的质量问题。民俗学教授谢国先2013年出版的《人类学翻译批评初编》主要探讨埃文斯-普里查德的《努尔人》（*The Nuer*）、艾伦·巴纳德（Alan Barnard）的《人类学历史与理论》（*History and Theory in Anthropology*）及马林诺夫斯基的《西太平洋上的航海者》（*Argonauts of the Western Pacific*）汉译本中存在的问题。谢国先在该书中发出中国人类学应该进入后翻译时代的倡议，但其提出人类学后翻译时代的说法仅为总结翻译质量存在的问题，并希冀译者在恪守翻译道德的前提下严肃对待翻译活动，在承认翻译学术价值的同时开展翻译批评，以彻底改变人类学名著汉译质量普遍不高的情况。参见谢国先：《人类学翻译批评初编》，广州：世界图书出版广东有限公司，2013年，第1+6页。

③ 此处并不是否认译本向中国介绍人类学的重要性，而是希望更严谨地开展相关学术研究，尽量直接从原文中汲取观点，以避免因受转述或误译的影响而误读人类学理论。另外，本书在研究中也参考人类学译作所用术语等内容，以保证本书所涉及的人类学概念及方法与人类学学科自身所用说法的一致性。

且广为其他学科采用的概念。格尔茨认为,厚描是民族志学者记录自身对他者文化的观察、了解、诠释、描写和刻画的书写原则,强调在观察理解他者文化的基础上作出有根据的推论(张佩瑶,2012:44)。虽然格尔茨直至 1973 年方在《文化的解释:论文选》(*The Interpretation of Cultures: Selected Essays*)中提出厚描这一民族志书写的方法,但马林诺夫斯基与费孝通等人类学家此前撰写人类学著作时均是在对他者扎实了解的基础上动笔,展现他者社会文化的细枝末节的。厚描内化于人类学研究,而其对诠释的细致追求亦成为其他学科争相采纳的圭臬。

美国学者夸梅·A.阿皮亚(Kwame A. Appiah)将格尔茨提出的厚描原则引入翻译研究领域,厚描翻译(thick translation)概念由此衍生。阿皮亚认为厚描翻译力求把文本置于宏大文化氛围与语言环境中,根据不同读者制定翻译策略,以便译文读者更全面深入地了解他者文化(Appiah,2000:427)。厚描翻译对文化与语境的注重使翻译不再囿于语际沟通的范畴,转而化身为再现文化的载体。厚描翻译若运用得当,可塑造复杂多变且有深度的文化身份(张佩瑶,2012:53)。张佩瑶将 thick translation 译为“丰厚翻译”,透露其希望通过译文丰富而厚实地描写和诠释文化的想法。但是,“丰厚翻译”相比“厚描翻译”一词缺失重要的“描”字,故本书所用术语为“厚描翻译”(中国学界较为通用的说法为“深度翻译”)。

厚描翻译自问世起便在翻译领域颇受欢迎,被应用于研究分析史诗、典籍、文学作品、地方志等各类文本的翻译问题。现有的厚描翻译研究大多着重于注释等释义内容在翻译中的作用及翻译的语境问题。厚描翻译凭借添加脚注、注释或评论的方法再现历史文化语境,并彰显译者的主体性(孙宁宁,2010:17)。此处以张媛的著作《民族身份与诗人情结——中国当代人类学诗学之翻译研究》说明同厚描翻译相关的研究。该文借鉴格尔茨的厚描理论(张媛所用的译法为“深描”)和人类学诗学理论①分析原始印第安诗歌、当代印第安诗歌和以

---

① 人类学诗学的代表作是美国学者伊万·布雷迪(Ivan Brady)1991 年编写的《人类学诗学》(*Anthropological Poetics*)。该书收录 14 篇探讨如何将诗学与人类学相结合的文章,对想象、叙事、话语等诗学问题多有论述。人类学诗学试图从诗学角度重新定义人类学,既是因为诗学赋予人的诗性可被看作人的天性的一部分,也是因为人类学家撰写民族志等著作时不仅用客观冷静的语言,而且用带有诗意的语言。有些人类学家甚至直(转下页)

印第安文化为题材的长篇史诗的英译与汉译情况，考察译者是否发现隐藏于诗歌深处的民族性特征并再现原诗的人类学诗学特征，并探究译者所采取的翻译方法是否类似于人类学家对其他文化的阐释方法，从而形成对中国当代民族诗歌创作与翻译研究的重要参照（张媛，2020：528）。人类学诗学主要用诗学和美学的思维方法"处理主体性感觉、想象、体验的文化蕴涵"（习传进，2007：227）。人类学诗学因而注重思索人性与审美，将人视为研究的重心。张媛将对诗人和原诗的探析视为人类学诗学对他者文化一度阐释的研究，将对相关翻译情况的探究视为对他者文化二度阐释的研究，并认为人类学诗学作为一种社会科学研究方法为民族诗歌创作与翻译研究提供新的研究思路（张媛，2020：15）。此处的一度阐释和二度阐释主要强调先有对诗人和原文人类学诗学特征的研究，再有对译文的研究，亦即译文研究建立于充分了解原文的基础上。

　　另外，厚描力图避免受前理解和主观性影响，以免过多地遮蔽或扭曲他者。因此，厚描易与后殖民主义翻译研究产生共鸣，而翻译作为一种特殊的人类学文本再现的亦不仅是原文的语文学意义，还包含对原文所属文化语境的阐释（张媛，2020：474）。厚描翻译通过按语与注释等内容构建文本产生时的历史语境，因此被视为译者理解原文和阐释原文的一种手段（段峰，2006：93）。由此，厚描翻译作为翻译策略亦带有译者鲜明的主观意图（段峰，2008：181）。厚描关注文化语境阐释于翻译研究方法而言多有启发，促使研究者在呈现翻译事件涉及的作者、原文、译者、译文和社会历史背景的基础上进一步厚描，以作出深层次的分析和阐释，彰显译者主体性，理解译者在特定社会历史语境中呈现的译本特征，并反思译者在翻译活动中的局限性（张媛，2020：478-480）。厚描方法通过对翻译活动参与主体及文本全方位的描述和阐释，能够全面揭示文化语境。但所谓厚描仅是涉及范围广，具体研究要想到位则需研究者切实领会并阐

---

　　（接上页）接写诗，相关作品也被部分学者用作人类学诗学的研究对象。文化人类学领域的斯坦利·戴蒙德（Stanley Diamond）等学者自 20 世纪 80 年代起对诗学和诗歌兴趣渐浓，戴蒙德 1982 年于美国人类学协会年会首次组织人类学学者朗读自创诗歌。参见 Brady, Ivan: *Anthropological Poetics*, Maryland: Rowman & Littlefield Publishers, Inc, 1991, p. x. 自 20 世纪 80 年代西方人类学诗学理论被引入中国起，中国文学领域涌现出叶舒宪、乐黛云、方克强、萧兵等建构文学人类学的学者，其中叶舒宪曾运用人类学诗学的研究方法系统解读中国文化典籍中的神话传说等原始文化文本。参见张媛：《民族身份与诗人情结：中国当代人类学诗学之翻译研究》，北京：民族出版社，2020 年，第 16 页。

释译本及其文化语境。张媛的书作为国内将人类学视角运用于翻译研究的初步探索具备开创性意义,但其将视角聚焦于人类学诗学,无暇顾及人类学的其他理论资源。另外,人类学诗学目前亦大多被应用于分析诗歌或史诗译文等人类学性质浓厚的作品,而未涉及其他类型的译文。

　　人类学诗学将人类学与诗学相结合的研究范式于翻译研究而言亦颇具启发性,被其他翻译研究学者应用于个案研究。王宏印的著作《〈阿诗玛〉英译与回译:一个人类学诗学的回译个案》以回译戴乃迭英译的《阿诗玛》译本为个案,追溯彝族撒尼人的历史、习俗与文化,全面研究其中的人类恋爱婚姻史,并在原有基础上重新创作民族叙事诗《阿诗玛》(王宏印,2020:2)。该书侧重从文本中探寻人类学知识,并探讨译本如何保留原文的人类学与诗学特征等问题。萌生于 20 世纪 60 年代的人类学诗学与文学研究紧密相关,注重探讨人类学作品及带有人类学性质作品的诗学特征。作为受后现代主义影响的人类学理论流派,人类学诗学对学科本位最直接的观照体现在民族诗学领域的研究中。该领域主要关注他者文化的原始口头文学,探讨原始口头诗歌的翻译技巧,以及人类学对诗歌研究的影响(张媛,2020:10 - 11)。然而,人类学诗学本身的定义尚未明确。相关研究方法与框架亦有待进一步完善,从而体现以诗学入手的人类学研究同传统的人类学研究相比究竟在何处产生分野,又有何创新之处。人类学诗学在某种程度上是将人类学的文本看作传统诗学所研究的文学文本,与本书将译自源语文化的文本视为译本的做法在学理上有契合之处,这种做法旨在打破先前为文本划定的固有界限,转而从新视角看待文本。

　　除上述与厚描翻译及人类学诗学相关的著述外,部分学者亦在论文或书籍章节中探讨如何运用人类学方法开展民族志与翻译研究。英国翻译理论研究学者彼得・布朗钦斯基(Piotr Blumczynski)于《无处不在的翻译》(*Ubiquitous Translation*)第五章以“人类学:作为他者与自我相遇的翻译”(“Anthropology: Translation as an Encounter with Others and Oneself”)为题论述民族志、自我和他者等问题。布朗钦斯基认为,尽管将人类学等同于民族志不确切,但人类学与民族志大体是近义词,前者指向学科,后者则指向方法(Blumczynski, 2016:136)。基于民族志在人类学中的重要地位,本书沿用此处将人类学与民族志视为近义词的思路。布朗钦斯基主要关注译者与作者关系的伦理问题、翻译中的信任问题、翻译价值的多样性问题和翻译与身份的问题,且其论述偏向社会层面。本书则希望与之互为参照，更多地梳理翻译研究人类学视角的文化层面。贵州师范大学学者龙吉星的论文《当代西方翻译研究中的人类学方法初探》则探讨人类学方法在西方翻译研究中的应用。她指出，民族志实为一种文化翻译，且民族志与翻译研究的目的均为表征他者。此外，该文提及厚描作为阐释人类学的方法在翻译研究中的运用，特别是厚描翻译增加注释的方法及其对原文语境的还原。该文强调人类学的文化相对主义是韦努蒂提倡异化翻译的理论来源之一，而人类学的身份认同与文化认同等理念亦对涉及民族身份的翻译研究有影响（龙吉星，2013：5－8）。龙吉星自述其文所选取的仅为西方学者将人类学与翻译研究相结合的几个侧面，但其陈述已较早地向国内呈现西方翻译领域同人类学相关的现有研究成果。龙吉星的《人类学视阈下的民族志与翻译研究》探讨翻译对民族志写作的影响与人类学家对翻译的反思，旨在分析民族志与翻译研究之间的关系，并为翻译的跨学科研究提供新的视角与方法（龙吉星，2017：98）。龙吉星在文中说明翻译于民族志资料收集与田野调查而言的重要性、民族志的可信度问题，以及人类学对翻译问题的反思。她强调，翻译研究可借鉴人类学对文化模式与差异的研究（龙吉星，2017：103），但其引用的人类学观点集中于《翻译文化：翻译与人类学视角》等著述，而未系统参考其他人类学理论资源。因此，本书将系统梳理人类学可应用于翻译研究的理论资源，特别是人类学同文化问题相关的内容。

　　翻译研究领域不仅如上所述关注民族志，而且业已出现数篇关于民族志翻译的论文。然而相关研究大多从被翻译的民族志文本入手，并将此类文本视为民族志翻译，不同于本书主体论述的民族志翻译概念。如王治国的《彝族诗歌的跨语际书写与民族志翻译——以阿库乌雾〈凯欧蒂神迹〉为例》着重探讨的实为少数民族文学的翻译问题，其民族志翻译概念亦为民族志的翻译，而非人类学家提出的民族志翻译概念。王治国针对阿库乌雾将彝族文化和印第安文化意象并置的跨语际书写和民族志翻译话语实践开展个案研究，探析少数民族族裔文学在走向世界文学进程中的文化对话与民族志翻译等特点（王治国，2019：37）。此外，部分学者将国外作者创作的关于中国的文学作品视为民族志翻译并对其开展研究。朱骅和原芳的《民族志文化翻译与赛珍珠的中国知识体系建构》将赛珍珠创作的关于中国的小说视为民族志文化翻译，进而分析赛珍珠如何通过小说建构关于中国的知识体系和地方性知识（朱骅、原芳，2022：114）。

上述两篇文章虽然题目均涉及民族志翻译字样,但在研究对象层面存在根本差异,王治国探讨的是传统意义上经翻译而成的文本,因其原文是民族志文本而被视为民族志翻译,而朱骅和原芳分析的则是基于源语文化撰写的民族志翻译,并无特定的原文作为翻译依据。后者所述更加接近本书上述的民族志翻译概念。相比于前文,张佩瑶注重厚描翻译与民族志和民族志翻译之间的关联。张佩瑶在《传统与现代之间:中国译学研究新途径》中指出:"丰厚描写立论的根本,是描写源于诠释,本身就是一种诠释行为,因此不可能是完全抽离的、绝对客观的、巨细无遗的。"(张佩瑶,2012:45)张佩瑶凸显厚描是一种诠释行为的本质。民族志或民族志翻译的本质正是对文化的诠释,因此从人类学视角研究翻译的重点之一是体察文化是如何被诠释的。正如张佩瑶所言,厚描作为诠释行为不可能完全客观,必然有所偏颇,而偏颇正是从人类学视角研究民族志诠释的入手处之一。偏颇或是源自民族志译者的立场,或是因为民族志译者的田野观察不够深入。翻译研究从人类学视角分析偏颇程度可进一步解答文化如何通过翻译旅行,又在另一种文化中发生怎样的变形等问题。由于厚描翻译在翻译研究中的应用相对成熟,本书旨在凸显翻译研究与人类学相结合的其他可能性,因此厚描翻译不再作为本书的主体部分加以借鉴。与此相关,厚描翻译聚焦于语际翻译以某一篇或数篇文本作原文的翻译研究,而本书所分析的是拓宽原文边界的民族志翻译,不再局限于仅将文本视为原文的做法。因此,本书在下文分析《中国丛报》民族志翻译时较少使用厚描翻译的理念。

除探讨如何在翻译领域应用人类学视域外,以翻译与人类学为主题的论文亦关注同认知与心理学相关的内容。凯瑟琳·麦克唐纳(Kathleen Macdonald)的论文《翻译、人类学与认知》("Translation, Anthropology and Cognition")主要从人类学视角分析翻译与认知的关联,探讨文化心理、可译性、时空感知等问题(Macdonald,2021:106-107)。认知在麦克唐纳的文章中占据中心地位,但人类学视角的应用相对有限。与此类似,法国学者雅内·伊丽莎白·威廉(Jane Elisabeth Wilhelm)的访谈文章《让-勒内·拉德米拉尔:跨学科的翻译人类学》("Jean-René Ladmiral—Une Anthropologie Interdisciplinaire de la Traduction")介绍翻译研究学者拉德米拉尔从社会科学的认识论角度出发对翻译的认识(Wilhelm,2012:546)。由于主要以心理学为理论来源,该文似乎更应被视为对翻译心理学的建构。

　　基于前文梳理人类学视角与翻译研究契合性的内容,翻译研究引入人类学视角兼具可行性与有效性。[①] 翻译研究与人类学理论结合的现有成果亦充分表明从人类学视角开展翻译研究不仅可行,而且有望通过系统化建构深入认识翻译现象与活动。在梳理翻译研究人类学视角的基础上,本书将运用该视角分析《中国丛报》的民族志翻译。如上所述,《中国丛报》作为史料的价值已体现在多个学科中,而本书从翻译研究的人类学视角入手则是希冀从中发掘更多的历史与文化价值。中国学者可借用人类学的理论方法重新审视并整合中国历史文献,以作出新的解读与分析(章立明,2016:282 - 283)。在翻译研究的人类学视角下,本书将重审并分析《中国丛报》的民族志翻译,从而深化关于相关民族志翻译的认识与研究。本章以下两节将具体说明系统吸收人类学的理论资源与方法,以及本书提炼出的可应用于《中国丛报》民族志翻译研究的人类学视角。

## 2.3　人类学视角下的翻译及其基本问题

　　人类学视角有利于翻译研究重新审视翻译及其基本问题。翻译与人类活动的关联使人类学视角成为开展翻译研究可行的视角之一。人类学视角可被用于探讨各类翻译活动与翻译现象,以审视翻译及其基本问题,有望成为重写翻译史的一大视角。翻译研究应当充分吸收人类学可供借鉴的理论资源,并在构建人类学视角时加深翻译研究对翻译的原文与译文及可译性的认识。

### 2.3.1　重审原文与译文

　　通过人类学视角,翻译研究可重审何为翻译的原文与译文。翻译通常被视

---

① 本书尝试展望翻译研究在文化转向之后或可迎来一次人类学转向,并将以《中国丛报》民族志翻译研究辅助论证。在此提出人类学转向不是要否定文化转向,而是希望翻译研究在文化层面拥有更丰富有效的理论支撑。

为将一种语言的文本译为另一种语言的过程。但是,美国比较文学学者桑德拉·伯曼(Sandra Bermann)指出,一种语言内以其他媒介形式呈现书面文本以及与此相反的过程均为翻译(Bermann,2009:439)。翻译亦因文化转向而被视为一种文化转换的模式,而非仅仅是语言符号的转换(郭建中,1998:12)。究其根本,翻译不仅发生在不同语言之间,而且可以跨越不同的媒介形式。对此,早在 20 世纪 50 年代,罗曼·雅各布森(Roman Jakobson)就已将翻译分为语内翻译、语际翻译和符际翻译,其中语际翻译对应通常所指的翻译①,符际翻译则指以非语言符号解读语言符号(Jakobson,2016:9)。尽管雅各布森将符际翻译的原文框定为语言符号,但结合伯曼"翻译可用书面文本译介其他媒介形式"的观点,以语言符号解读非语言符号亦应是一种符际翻译。此时,翻译的译文依然是由语言符号组成的书面文本,但原文则是非语言符号。

　　根据人类学家文化文本化(cultures as text)的理念,文化本身可被视为作为文本的非语言符号。文化文本化的理念由人类学家经研究文化提出。法国人类学家克洛德·莱维-斯特劳斯提出修补(bricolage)概念,并在文化研究中应用语言学概念②,为提出文化文本化理念打下基础(Mascia-Lees & Sharpe,1992:678-679)。修补是针对文化生产过程提出的概念,意指修补匠作为文化生产者在表达意义时虽然手上的工具和材料有限,但却可创造对所有成员有意义的文化(Sharman,1997:186)。③ 修补匠所使用的有限工具与材料源于自身所处的文化,且其文化生产的产物亦是文化。虽则所用文化有限,但却可进一步生产有意义的文化,这体现出文化部分与整体之间的关联。在莱维-斯特劳斯的基础上,人类学家克利福德·格尔茨 1972 年的《深层游戏:关于巴厘人斗鸡的记录》("Deep Play:Notes on the Balinese Cockfight")一文较早

---

① 翻译通常而言指将一种语言译为另一种语言的过程。与此对应,翻译研究大多集中于语际翻译,而较少关注语际翻译之外的语内翻译和符际翻译。

② 莱维-斯特劳斯的结构人类学建基于索绪尔和布拉格学派的罗曼·雅各布森的语言学观点。

③ 修补对应英文单词 bricolage,而修补匠对应的则是法语单词 bricoleur。莱维-斯特劳斯提出修补概念,并将文化生产者比作修补匠。根据他的解释,修补匠是万金油(jack of all trades)般的杂活工,象征社会意义的生产者。参见 Sharman, Russell:"The Anthropology of Aesthetics: A Cross-Cultural Approach," *Journal of the Anthropological Society of Oxford*, vol.28,no.2(1997), pp.177-192。

将文本概念拓宽至书面之外的范畴，并在论述何以将文化视为文本时以亚里士多德所言"就什么说点什么"（"Saying Something of Something"）作为小节标题（Geertz，1972：26）。[1] 文化作为文本意味着社会生活是一系列表现与阐释的符号与象征，且社会实践在此时亦可被视为文本（Bachmann-Medick，2012：99）。因此，社会生活与社会实践均是文化的有机组成部分，并在文化作为文本的理念下被文本化。人类学通过将文化文本化的理念深入文化分析，既拓宽文本概念的外延，又将文化解读为一种文本，赋予文化研究新的可能性。

格尔茨引领的文化作为文本的理念使观察者可同民族志撰写者一样通过阅读的形式解读象征符号（Marcus & Fischer，1999：26）。这意味着观察者可将文化文本化，即以阅读文本的方式解读文化。然而，阅读文本的方式并不是要将文化局限于文本范畴进行解读。人类学提出文化作为文本的理念也不是要将文化的意义禁锢在文本层面（Krasniewicz，1992：14）。人类学所追寻的是多样化的文化意义，提倡文化作为文本的理念必然不是将人类学解读的文化意义局限为某一种。

格尔茨等学者关于民族志的探讨进一步丰富了文化作为文本的理念。格尔茨指出，民族志是褪色、不连贯且满是省略、可疑的修改和有争议的评论的手稿，民族志的阅读是带有建设性的（Geertz，1973：10）。格尔茨在此凸显文化文本化理念，建设性地阅读分析他者文化，从而深入分析文化的优势。此外，人类学家亦揭示民族志背后潜藏的暗流。朱莉·马库斯（Julie Marcus）认为民族志文本作为文化产品处于各种权力的交织之中（Marcus，1990：7）。因此，民族志存在受西方主导的问题。尽管民族志企图将自身建构为真实内容，但权力交织致使其难以掩盖自身的虚构性（Marcus，1990：9）。该观点剑指以西方立场书写的民族志受权力影响过重的弊病。西方中心主义等偏颇立场致使部分民族志掺杂大量虚构内容。

基于民族志与文化翻译的关联，文化作为文本的理念亦与人类学研究特征相符。文化作为文本的理念点明人类学家将他者文化译至自身语言、了解他者

---

[1] 该小节标题译名参考韩莉2014年的汉译本。参见格尔茨：《文化的解释》，韩莉译，南京：译林出版社，2014年，第528页。

生活方式的任务(Asad,1986:160)。虽然人类学家在通过田野调查撰写民族志时未将固定的文本视为原文,但其翻译的原文是在与他者接触的过程中目睹的他者文化。人类学家借助记音、音译等方法记录同他者文化接触的一手资料,继而结合关于他者文化的记录,将他者文化译为以自身语言书写的民族志,实现从他者文化到民族志的跨语际和跨文化翻译。伴随文学人类学的发展,民族志形式亦逐渐丰富,凸显人类以艺术形式表现文化要素的努力,如林耀华用诗性手法写成人类学文本《金翼》。① 以文学模式撰写民族志或人类学知识的先例表明作为译文的民族志本身可呈现多样化的文本形式。

　　翻译领域的学者在 21 世纪亦纷纷以文化文本化理念为基础,提出无根回译、无本回译、无本译写等概念。王宏印是最早提出无根回译概念的学者。他指出,林语堂的英文小说《京华烟云》(*Moment in Peking*)原文虽以英语写作,但却是以中国文化为题材。因此,《京华烟云》译成汉语仅为文化上的返回,而不是语言上的返回,可被定义为无根回译(rootless back translation),即"语言上不存在以原作为根据的回译"(王宏印,2015:2)。此后,王宏印发现无根回译表述不尽准确。尽管缺少文本根据,但回译却有文化之根,因此他将无根回译修订为无本回译(textless back translation)。此外,他指出无本回译的原始创作,亦即原文(对应上例英文小说《京华烟云》),在本质上是潜在的翻译,在逻辑上则是异语写作(王宏印,2015:3)。② 无本回译概念成立的逻辑在于从中国文化到英语原文的过程在本质上是潜在翻译,其"无本"的说法亦表明翻译未必有

---

① 《金翼》以小说文体写成,混淆了民族志与文学小说的界限,以展现运用社会人类学调查研究方法得到的结果。虽然《金翼》不是严格意义上的民族志作品,但其以小说式写法表现的却是东林和芬洲两家人在福建乡村的家族兴衰史。该作品展现了当时农业、商业、风俗、社会团体等方面的特点。参见林耀华:《金翼:中国家族制度的社会学研究》,北京:商务印书馆,庄孔韶、林宗成译,2015 年,第 2 页。

② 异语写作指语言能指与文化所指不一致的作品,而无本回译则是指异语写作作品回归其文化所对应的本族语的翻译现象。参见江慧敏、王宏印:《"异语写作"与"无本回译"理论的提出及其发展:兼与周永涛博士商榷》,《中国翻译》2021 年第 2 期,第 131 - 138 页。此外,异语写作作品用本族语翻译回来并返销给本族语读者,实际上是一种文化反哺。参见江慧敏、王宏印:《狄公案系列小说的汉英翻译、异语创作与无本回译:汉学家高罗佩个案研究》,《中国翻译》2017 年第 2 期,第 35 - 42 页。无本回译概念目前在学界引发诸多讨论,但其在定义、原则策略与评价标准等理论层面依然有发展空间。参见黎昌抱、屠清音:《无本回译研究纵览》,《中国翻译》2019 年第 3 期,第 130 - 140 页。

一个固定的文本作为原文,而是可以将文化视为文本加以翻译。与此相关,王宏印指出异语写作存在翻译过程或机制,相对于明显的翻译,异语写作可被称为潜势翻译(王宏印,2016:8)。上述潜在翻译与潜势翻译均指从原文文化到译语文本的翻译过程,突出原文文化可被视为翻译的原文的理念。受无本回译概念启发,孔艳坤指出黑格尔所撰的与中国文化相关的内容虽然没有固定的原文文本,但其作为有关中国的民族志翻译可被称为无本翻译(孔艳坤,2021:54)。无本翻译对其他民族的记录具有与民族志高度类似的形式及内在属性,无本翻译指译者从一个外来观察者的视角翻译其他民族的文化。与无本翻译类似,刘晓峰提出无本译写概念,指出无本译写是没有某一固定原文底本的译写掺杂的语言活动,是相对于"有本翻译"而言的(刘晓峰,2023:88)。无本译写同时涉及翻译与写作,将"译"与"写"两个概念交织在一起。刘晓峰在区别异语写作与无本译写概念时指出,一个文本倘若存在"无本译"的痕迹,即属于无本译写(刘晓峰,2023:91)。① 因此,异语写作的部分乃至全部均可被纳入无本译写的范畴。虽然翻译与写作是两个概念,但当写作如同异语写作、无本翻译或无本译写般将某种文化视为原文并译介至另一种语言时,写作过程天然地带有翻译性质,因而可被视为以文化为原文的翻译。

　　基于雅各布森所提的符际翻译概念及伯曼认为翻译可跨越不同媒介形式的观点,翻译研究通过人类学家提倡的文化文本化理念拓宽原文与译文的范畴,不再拘泥于将原文或译文框定为某个文本。翻译的原文可以是某种文化,而翻译的译文亦可以非文本的多模态形式呈现。因此,以民族志形式撰写的作品天然地带有翻译的属性,可被视为以自身语言呈现他者文化的翻译作品。《中国丛报》关于晚清中国的内容正是在华西人以自身语言呈现他者文化的作品,其本身亦带有民族志与翻译的属性。本书故而通过人类学视角重新审视翻译的原文与译文,将《中国丛报》译介晚清中国的译文视为民族志翻译。

## 2.3.2　再审可译性等翻译的基本问题

　　人类学家除思考翻译涉及的原文与译文是什么外,亦思考能不能翻译,即

---

① "无本译写"是刘晓峰文章中的说法,具体指译文没有某个固定的原文底本。

可译性等问题。在人类学的发展过程中,由于田野调查和民族志撰写均涉及翻译,人类学家对翻译的可译性等基本问题多有探讨。人类学家关于可译性等问题的思考构成再审翻译的基本问题的基础。如普里查德认为语义层面的困难不容小觑,且无法完全克服(Evans-Pritchard,1965:13)。该观点认为完美的翻译不可能存在,但他者文化依然可译。美国布兰迪斯大学人类学荣誉教授本森·塞勒(Benson Saler)则认为翻译语言层面的困难总将被解决至令大多数人满意的程度(Saler,2003:211)。塞勒的观点是对不可译论的反驳,其认为文化因素衍生出的翻译困难是社会自身困难的放大版,这一观点不无道理。语际沟通固然因语言不同而面临困难,但语内沟通亦存在误解与沟通不畅的情况。翻译的困难在本质上是人与人相互理解固有的困难,语言文化不同仅是将困难放大而已。但是,翻译即便无法完全克服语言不通等障碍,亦可译出接受度较高的译本。《中国丛报》民族志翻译涉及的内容庞杂,其中不乏诗歌与典籍等可译性较低的内容。本书将基于人类学视角探讨《中国丛报》不同民族志翻译案例的可译性问题,以阐明翻译作为跨文化交流手段的困难所在及可能的克服方式。

除上述可译性问题外,人类学学者亦关注翻译学者较少留意的其他翻译的基本问题。由于将重心置于日常生活与对话中,斯坦福大学人类学学者米歇尔·Z. 罗萨尔多(Michelle Z. Rosaldo)注重不同文化的思维方式与情绪(Rosaldo,1980:23)。北卡罗来纳大学人类学教授凯瑟琳·A. 卢茨(Catherine A. Lutz)亦认为翻译的首要任务在于理解并译出日常对话中与情绪相关的词汇意义(Lutz,1998:8)。人们对翻译过程的看法由此看来早已超越翻译是将一种语言的概念对应至另一种语言中的观念。上述翻译情绪的问题在《中国丛报》民族志翻译中亦有所涉及,本书将分析相关译者是否真正理解他者的情绪活动。

同翻译研究一样,人类学家亦重视翻译的语境问题。马林诺夫斯基在《珊瑚园艺与巫术:特罗布里恩群岛耕地方式及农业仪式研究》(*Coral Gardens and Their Magic:A Study of the Methods of Tilling the Soil and of Agricultural Rites in the Trobriand Islands*)中多次强调语境对翻译而言的重要性。马林诺夫斯基认为翻译始终是对全部语境的翻译(Malinowski,1978:11-12)。基于词语独特的文化内涵,翻译术语远没有表面简单(Malinowski,

1978:11)。编写《翻译文化：翻译与人类学视角》的葆拉·鲁贝尔和亚伯拉罕·罗斯曼亦认为翻译涉及的文化背景必须呈现于译文中（Rubel & Rosman，2003:8）。葆拉·鲁贝尔和亚伯拉罕·罗斯曼提及的文化背景即为语境，且该语境不局限于文本层面。受文化人类学同语境相关的理论启发，翻译理论家尤金·A. 奈达（Eugene A. Nida）已将文化人类学知识融汇于自身的翻译理念并运用于《圣经》等文本的翻译实践中。① 他不仅在翻译文化的过程中同当地人交流，而且鼓励译员阅读《实用人类学》（*Practical Anthropology*）期刊以增强译员的文化意识（杨司桂，2022:72）。② 本书在研究《中国丛报》民族志翻译时亦将探讨译者自身如何建构词汇所隶属的语境，以深入分析词语的文化内涵是否在《中国丛报》的译文中得到呈现。

在注重翻译的语境问题之余，人类学家亦对翻译策略提出建议。鲁贝尔和罗斯曼认为若非顾及译本可读性，译者不应为让译文更符合译文读者期待，或为提高译文可接受度而作出让译文远离原文的让步（Rubel & Rosman，2003:9）。二人同韦努蒂的观点类似，倾向于异化翻译策略，希望让读者走向作者，以尽可能多地保留原文特征。本书亦将考察《中国丛报》使用异化翻译策略或归化翻译策略的情况，并从人类学视角探讨译者自身对他者文化情形予以何种程度的保留。

针对具体的翻译过程，普里查德认为翻译他者文化时不仅需要考虑词语对使用该词语的当地人本身的意义，而且应当考虑相应的词语对译者和译文读者而言的意义。普里查德强调他者文化的词汇在翻译中拥有双重意义（Evans-Pritchard，1965:13）。普里查德提及的被翻译的他者词汇的双重意义同时指向词语对他者一方及译者自身与译文读者一方的意义，体现他者词汇经翻译与译者自身所属群体相遇的过程，恰好为人类学视角下的译本研究提供切入点。因此，本书在分析《中国丛报》民族志翻译时亦将研究他者词汇

---

① 奈达曾自述其主要的三个研究领域为语言学、文化人类学和《圣经》翻译。参见 Nida, Eugene A.: *Fascinated by Languages*, Amsterdam, Philadelphia: John Benjamins Publishing Company, 2003, p.140。

② 《实用人类学》期刊由奈达创建，旨在帮助译员更好地应对跨文化问题。参见 Shaw, R. Daniel: "The Legacy of Eugene A. Nida: A Contribution to Anthropological Theory and Missionary Practice," *Anthropos*, vol.102, no.2(2007), p.580。

的双重意义。

## 2.4　人类学视角下的翻译与文化

除上述同翻译直接相关的人类学观念外,人类学有关文化的观念亦为翻译研究的人类学视角提供丰富的理论资源。翻译身处文化之中,不仅以文化为翻译对象,而且亦受文化影响。人类学关于文化的理论资源可以拓宽翻译研究对文化的认知,并深化对翻译涉及的文化因素的分析。

### 2.4.1　翻译与文化立场

在将源语文化译入目标语文化的过程中,翻译必然涉及文化立场问题。欧洲中心主义、种族中心主义与民族中心主义不仅影响翻译活动,也曾一度影响人类学研究。各种中心主义的偏见对人类学研究以及社会和文化现实造成冲击。辨明上述各种中心主义不仅有助于梳理人类学视角的文化立场,亦有益于翻译研究者在具体研究过程中秉持客观公正的立场。

具体而言,欧洲中心主义又被称为西方中心主义,于人类学而言并不是陌生概念。爱德华·B. 泰勒(Edward B. Tylor)站在欧洲中心立场上提出文明发展三阶段论,将欧洲视为文明的顶端(Tylor et al.,1896:438)。他认为发明文字是人类从野蛮阶段发展到文明阶段的重要标志。书面文字可被视为文明和野蛮的分界线(Tylor et al.,1896:179 - 180)。泰勒的观点强调书写技术于人类文明而言的关键意义。虽然泰勒的观点表面上与雅克·德里达(Jacques Derrida)对书写的强调具有相似性①,但其实质上是将是否拥有书写技术作为划分文明与野蛮的基准,从而建立起其文明三段论关于文明与野蛮的对立。泰勒的划分方法在本质上是欧洲中心主义的方法,以自身划定的标准丈量其他

---

① 如德里达在《书写与差异》一书中阐释书写可将意义在某一个新场所展开等特征。参见德里达:《书写与差异(上、下册)》,张宁译,北京:生活·读书·新知三联书店,2001 年,第391 页。

文明。

　　欧洲中心主义将欧洲文明视为先进和科学的代名词，排斥欧洲以外的其他文明。文化人类学学者在人类学研究中率先打破欧洲中心主义的僵局，于20世纪70年代至20世纪90年代发展出反思人类学一派，该学派致力于打破西方传统的欧洲中心主义价值观，并摆脱社会达尔文主义的单一进化模式。反思人类学提出重新认识所谓原始人和原始文化的时代课题，从而彰显纠正西方文化偏向并克服现代性危机的文化价值（叶舒宪、彭兆荣、纳日碧力戈，2018：62）。反思人类学的此番努力不仅为人类学正了名，摆脱了人类学研究曾因陷入狭隘的人种学研究泥潭而成为殖民主义帮凶的恶名，而且有利于人类学研究在当代更好地开展客观研究，为人类发展寻得更多的可能性。

　　人类学在被诟病的阶段不仅带有欧洲中心主义色彩，而且涉及种族中心主义立场。20世纪30年代曾遭纳粹迫害的马格努斯·希施费尔德（Magnus Hirschfeld）等学者认为种族中心主义是为雅利安种族优越论证明的伪科学理论产物，而种族中心主义的表现形式包括肤色偏见、反犹太主义、殖民种族主义等（达波洛尼亚，2015：3-4）。种族中心主义立场认为本民族的行为习惯总是天然的、好的、美丽的或重要的，而生活方式不同的异国他乡的人的行为习惯则是野蛮的且令人厌恶和恼怒的（Harris & Johnson，2000：10）。种族中心主义在自身所处民族与他者民族之间建立固化的二元对立关系，且注重民族或族群自身的生理特征等内容。基于文化相对主义等观念，人类学亦曾尝试摆脱种族中心主义的枷锁，了解种族中心主义扭曲真相的弊端，从而客观看待人类行为以及人与自然的关系。

　　然而，完全客观的态度于人类学和翻译研究而言均不可能。上述种族中心主义立场较为少见，但所有人均无法避免受民族中心主义影响。① 1906年，美国学者威廉·格雷厄姆·萨姆纳（William Graham Sumner）在其著作《民俗：一项关于用途、礼仪、习俗、传统与道德观念的社会学重要性研究》》（*Folkways: A Study of the Sociological Importance of Usages, Manners, Customs,*

---

① 相比于民族中心主义，种族中心主义更加极端，且带有严重的歧视意味。

*Mores, and Morals*）中首次提出民族中心主义概念。<sup>①</sup> 萨姆纳将民族中心主义
定义为人们将自身民族视为中心的观念。该观念将他者视为次要的,将自我视
为优越的。难以避免的民族中心主义是造成误解的原因,其建立在进化论的假
设之上,认为他者在进化的阶梯上低于自我(Eriksen,2004:54)。此种进化阶
梯的误区在于将人类发展理解为单一的线性进程,从而人为地区分所谓的文明
优劣。但是,任何社会文化都不应被绝对地划入文明或野蛮的行列,实际上亦
不存在纯粹由所谓的野蛮或文明因素组成的体系(石川荣吉,1988:220)。文明
与野蛮二元对立的划分方法简单粗暴地将人类文明丰富多彩的样态撕裂至两
个阵营。所谓的文明和野蛮仅以其中一方采用的尺度丈量,而所谓野蛮的一方
未必不及文明的一方可取。所谓文明与野蛮仅是充当观察者的一方以自身为
尺度量出的分野,错误地以进化论假设为基础看待不同文化。

　　民族中心主义不仅同进化论假设有关,而且同人类倾向于以自我为准绳衡
量他者有关。在面对他者时,即使研究者极力克服前理解和母国文化的影响,
民族中心主义亦难以在研究者心中被根除。每个文化群体均倾向于带着民族
中心主义评价他者文化(Keesing,1966:46)。虽然人类无法完全摆脱民族中
心主义造成的偏见,但是人类学家与翻译研究者应当尽力保持客观,避免因受
民族中心主义影响而蔑视他者文化,草率地将他者视为落后的对象。

　　为减少偏见及各种中心主义的干扰,人类学家马文·哈里斯(Marven
Harris)提出人类学应当秉持"客位"与"主位"相结合的研究方法。客位视角衡
量事物的标准源自外部,因而其描述分析于研究对象而言是陌生的。相对而
言,主位视角衡量事物的标准源自内部,因而其描述分析是从研究对象的视角
出发的,于研究对象而言是熟悉的(Pike,1967:38)。哈里斯在将肯尼思·派
克(Kenneth Pike)的客位与主位视角引入人类学领域时对其语言学渊源亦有

---

① 定义原文为"Ethnocentrism is the technical name for this view of things in which one's
own group is the center of everything, and all others are scaled and rated with reference to
it...Each group nourishes its own pride and vanity, boasts itself superior, exalts its own
divinities, and looks with contempt on outsiders."。参见 Sumner, William Graham:
*Folkways: A Study of the Sociological Importance of Usages, Manners, Customs,
Mores, and Morals*, Boston, New York, Chicago, London, Atlanta, Dallas, Columbus,
San Francisco: Ginn and Company, 1906, p.13。

所探讨。他指出，phonetic(语音的)重视语音的发声方式和不同音素之间的区别，而母语使用者不会留意相关区别(Harris，1979：34)。因此，phonetic 后缀对应的 etic 是人类学的客位研究。与派克类似，哈里斯指出人类学的客位研究重视观察者描述和分析概念的作用，且衡量客位研究是否恰当的标准是观察者能否生成解释社会文化存在差异及共性的科学理论。

翻译研究虽不曾强调主位或客位理念，但亦有与其类似的想法。诸多翻译研究者向来提倡译者既要站在原文作者的一边思考原文含义，也要站在译文读者的一边考虑译本的接受效果。当译者向原文作者靠近时，其所采用的视角类似于主位视角，试图理解原文的意图；而当译者向译本读者靠近时，其所采用的视角则类似于客位视角，希冀更好地将原文译入目标语。另外，当译者站在客位视角审视原文时，译者须从自身熟悉的语言文化出发衡量原文特征，进而判断采取何种翻译策略，以及通过译介原文达到何种目的或产生何种影响。人类学主位与客位相结合的视角及方法可帮助译者明确自身既要熟悉原文，对原文作者负责，也要心系读者的职责。

马林诺夫斯基曾指出白人行政官员、传教士和商人一度易对他者怀有偏见(Malinowski，2002：4)。此种偏见由来已久且难以根除，翻译研究因而需要厘清译文中引发偏见的欧洲中心主义或西方中心主义、民族中心主义及种族中心主义问题，并通过主位与客位视角分析其体现的文化立场与社会文化因素。基于上述人类学文化观，本书在分析《中国丛报》民族志翻译时将尽力秉持客观公正的立场，以尽量减少各种中心主义的干扰。

## 2.4.2　翻译与他者文化的建构

人类学家关于文化的观念不仅可为翻译研究秉持何种文化立场提供借鉴，而且可深化对翻译如何建构他者文化的研究。费孝通认为文化由物质材料和各种知识组成，且人以相关物质材料和知识为生(Fei，1980：2)。该定义着重于文化的物质层面与知识层面。美国人类学家艾尔弗雷德·克罗伯(Alfred Kroeber)则将文化和社会比作一张纸的正反面，原因在于文化是人类社会的产物，且文化传承始于早期社会(Kroeber，1948：267)。克罗伯的定义彰显文化与社会相辅相成的紧密关联。人类社会无处不是文化，而部分人类学家亦强调文化与行为的关系。费利克斯·M. 基辛(Felix M. Keesing)的《文化人类学：关于习俗的学科》(Cultural Anthropology：The Science of Custom)聚焦习俗与文化行为(cultural behavior)的不同体系，尝试解释习俗的起源与发展及不同习俗之间的异同，以进一步解读文化价值以及群体文化与个体性格之间的关系(Keesing，1966：v)。文化相应地被基辛定义为习得的行为和被社会影响的行为的总和(Keesing，1966：427)，这一概念强调社会行为对文化的影响，体现文化受社会动态影响的观念。与此对应，王明珂认为文化作为人类生态的表象不仅促使人们不自觉地产生规律化行为，以对相关行为作出价值判断，而且在人们心中或多或少被美化(王明珂，2021：81)。王明珂的观点弥补了基辛的定义未顾及的另一面。基辛强调社会行为对文化的单方面影响，而王明珂的上述观点则表明文化亦潜移默化地形塑社会行为。王明珂与基辛的观点共同反映文化与社会行为影响彼此的特点。另外，王明珂在此坦言人类会美化文化，但此种美化大多发生在自身所属的文化圈之中。人类学家对文化的定义侧重点不同，表明文化的复杂性与多样性，而这也正是文化研究绵延不绝的原因。人类学关于文化的定义亦可深化翻译研究对文化内涵的认识，并帮助分析译本折射的社会文化因素。

　　基于对文化的不同定义，人类学家研究文化问题的对象不同，而这亦可为翻译研究建构他者文化应涉及何种对象提供启发。人类学家往往从细微之处入手，逐渐扩展到对他者文化的整体描述与展现。马林诺夫斯基的《珊瑚园艺与巫术：特罗布里恩群岛耕地方式及农业仪式研究》便是从研究特罗布里恩人的农业生产活动入手研究人类的经济本能、原始的经济组织方式、政治秩序和家庭生活等内容的，因而是一本较为全面地展示他者社会与文化的人类学作品。翻译研究建构他者文化亦应兼顾文化整体与局部，既呈现他者文化的整体面貌，又分析他者文化的局部特征。由于文化涉及社会的各个方面，因此人类学在建构他者文化时常触及其他学科，如法律、宗教、文学、音乐等学科，从而催生民族音乐学等交叉学科(Peoples & Bailey，2000：4)。同人类学相似，翻译研究因翻译活动涉及不同学科，在具体分析中亦需借鉴其他学科的内容，以呈现翻译涉及的物质或精神层面的文化要素。

　　面对种种文化要素，人类学功能学派提倡整体文化观。作为功能学派的代表人物，马林诺夫斯基和艾尔弗雷德·拉德克利夫-布朗(Alfred Radcliffe-

Brown)被并称为英国现代社会人类学的创始人。功能学派把文化作为一个整体来理解，倡导分析文化的功能。基于对文化要素功能的重视，功能学派注重文化的整体性，认为各部分功能有机地聚合为文化的整体功能。功能学派的文化整体观适用于翻译研究。此时，源语文化与译语文化均为有机整体，具体分析译文时应注重翻译在何种程度上建构出他者文化的整体功能，并注重以整体观念联系文化的各个要素。

　　人类学家不仅从整体看待文化，而且关注文化与其成员之间的关系。约安·M. 刘易斯(Ioan M. Lewis)提到文化在传统意义上标志着人类和其他动物之间的分野，且不同的人类社会往往拥有不同的文化。文化因此成为一个共同体的保护壳，而迥异的文化特征则在不同程度上成为社会身份的印记(Lewis，1976：16)。刘易斯将文化比作保护壳，体现文化对其内部成员的凝聚力。文化为其成员提供归属感和联结感，将个体凝聚在共享的文化圈之中。当某种文化的成员走出其所属的文化圈时，其所展现的原有文化圈的特征便化作其社会身份的一部分。翻译涉及的源语文化与译语文化分别赋予其成员社会身份，而译文亦受译者文化身份影响。因此，源语文化进入译语文化须突破译语文化的保护壳，将源语文化特征挪移至译语之中。

　　人类学研究往往涉足两种文化，且跨文化经历使得人类学家发觉自身所做的田野调查和民族志撰写工作与翻译密切相关。自20世纪50年代起，社会人类学研究首先在英国学界被视为一种翻译(Pym，2014：148)。英国社会人类学家戈弗雷·林哈德(Godfrey Lienhardt)1954年发表的论文《思维模式》("Modes of Thought")可能是最早明确使用翻译概念描述社会人类学中心任务的范例(Asad，1986：142)。面对没有书面语言的原住民，人类学家的重要任务之一则是记录他者语言的语音并音译(Rubel & Rosman，2003：17)。人类学家在音译后依然需要意译，且音译和意译均为翻译。① 人类学家翻译的原文

---

① 音译文本的呈现在人类学范畴并非一直被重视。马林诺夫斯基在1934年撰写的《珊瑚园艺与巫术：特罗布里恩群岛耕地方式及农业仪式研究》前言中提到这是他第一次得以从语言学视角记录人类学研究成果，原因在于在此前的职业生涯中，他并不被允许出版像该书一样完整的语言学记录。参见 Malinowski, Bronislaw: *Coral Gardens and Their Magic: A Study of the Methods of Tilling the Soil and of Agricultural Rites in the Trobriand Islands*, New York: Dover Publications, Inc, 1978, p.1。

是在与他者的接触中目睹的他者文化。《中国丛报》民族志译者所翻译的则为其所接触的晚清中国文化。

基于对文化的客观审视,部分人类学家将他者文化视为另一种生活的可能性。将他者的生活视为生活的另一种可能性,源于人类心同理同的观念。萨曼·拉什迪(Salman Rushdie)在《想象的家园:散文与评论(1981—1991)》(*Imaginary Homelands: Essays and Criticism, 1981-1991*)中表示我们都是被翻译的人,既在翻译中有所失,也有所得(Rushdie,1991:17)。人类生活经翻译亦有得有失,其关键在于通过翻译展现更多的可能性。

翻译与文化和生活之间的密切关联促使人类学家将翻译视为对文化的建构。德国学者多里斯·巴赫曼-梅迪克(Doris Bachmann-Medick)将文化自身理解为翻译过程(Hermans,2014a:33),且其认为翻译文化本质上即为对文化的建构。文化可被视为翻译一是因为文化能被翻译建构,二是因为文化自身具备可译性。由于翻译在广义上可被视为跨文化理解(Rubel & Rosman,2003:1),小到词汇,大到思维方式,均须以跨文化理解为基础实现对他者文化的建构。因此,本书在分析《中国丛报》民族志翻译时将分析词汇及思维方式等内容的文化建构。

作为翻译建构文化不可回避的话题,自我与他者之间的关系是建构翻译研究人类学视角的重点之一。自我与他者亦会互换身份,因视角变换,时而是他者,时而是自我。保罗·里克尔(Paul Ricoeur)指出,任何自我均是诸多他者中的一种他者。人类整体似乎拥有一个虚拟的博物馆,而翻译行为好比在这个虚拟博物馆中无目的之旅行,于不同文明间漫游(Ricoeur,1965:278)。里克尔在此将翻译比作无目的之旅行是从整体上看待翻译,但具体的翻译过程仍是从译出语文化到译入语文化的有目的之旅行。如果不存在他者,便不会存在自我。因此,翻译不仅是自我向外看的过程,也是自我通过他者向内看的途径。如上所述,由于面临两种文化相遇的问题,人类学研究须处理自我与他者之间的关系,而这一关系亦是关乎文化相遇的翻译研究无法回避的。翻译的译出语文化对应人类学所观察并翻译记录的他者文化,译入语文化则对应人类学家自身所处的文化。人类学关于自我与他者之间关系的看法或可为翻译研究提供重新审视源语文化与目标语文化、原文与译文、原文作者与译文读者之间关系的新思路。

　　受自身学科发展及社会思潮影响，人类学对自我与他者的认识并非一成不变。法国人类学家克洛德·莱维-斯特劳斯指出，但凡对他者的思维方式和行为迷惑不解，人类学便可从差异出发开展研究（Lévi-Strauss，1967：138）。翻译研究亦关注源语文化与目标语文化存在的差异，小至探讨如何翻译带有独特文化含义的术语，大至同人类学般思索如何将一种文化译介至另一种文化。早期人类学研究倾向于凸显自我与他者之间的差异性，但后现代思潮下的人类学越发认识到自我与他者之间的交互性。起初，人类学研究对象完全是他者，但后期自我也被纳入人类学研究。人类学当前的研究对象有时即为自身。当下，人类学主张能动地创造自身文化并表述自身权力，因而自我与他者便处在此种新环境中（赵恩洁、蔡晏霖，2019：107）。人类学研究的主要动机相应地成为对自我和他者无穷尽的求知欲（Rapport & Wright，1967：ix）。从威廉·狄尔泰（Wilhelm Dilthey）、保罗·里克尔到马丁·海德格尔（Martin Heidegger），阐释学学者亦点明即便是最简单的文化描述也带有目的，且阐释者不断通过研究他者建构自我（Clifford & Marcus，1986：10）。建构他者实质上亦是建构自我。同理，译者通过翻译建构他者的同时亦建构自我。译介内容与策略均折射译者所处社会的诗学与意识形态等因素，而翻译亦可能对译入语社会产生一定的影响。

　　人类学关于自我与他者关系看法的演变提示翻译研究者在分析译者如何建构他者文化时不仅应注重自我与他者的差异，而且应当注意自我对他者的操纵或干预。自我与他者相遇的翻译过程被部分人类学家称为文化转译。台湾大学人类学系吕欣怡提到人类学者的身份标签赋予她文化转译的专业职责（赵恩洁、蔡晏霖，2019：64）。人类学家承担文化转译的角色是由其研究内容决定的。人类学家通过翻译活动既同身份不同的他者相遇，也同其自我相遇（Blumczynski，2016：136）。英国社会人类学家埃文斯-普里查德认为文化转译须尽可能理解所研究民族的集体心智和思想，再将这种文化的异质思想转化为西方文化内部的对等思想，而这亦是历史学家所做的工作（Wyn-Davis，2002：13）。普里查德认为被转译的主要是心智和思想层面的文化，且转译试图以归化的方式将他者文化囊括入自身的文化体系。此处问题在于文化的异质性使所谓"对等思想"成为一个伪命题。文化之间可寻求最大公约数，但难以画等号，因而所谓"对等思想"必然并非完全相同。鉴于《中国丛报》民族志翻译本身亦涉及翻译思想的问题,本书将探讨相关思想是否被顺利地转译至另一种文化。

聚焦于翻译文化过程,人类学家埃里克森认为所有翻译均需解释与简化。他认为注释、压缩与编辑是文化转译的必要组成部分,而且"无论一个人类学家怎样的杰出,作为田野工作者、作家和分析者,文本总是代表着一种选择,或多或少都会打上翻译者主观的烙印"(Eriksen,2004:33)。这种"主观的烙印"正是译者主体性的存在之处,且翻译无法避免带有译者的主观烙印。埃里克森要求译本必须囊括评论性注释的做法未免过当,倘若原文并不存在需要注释之处,则不必强求。此外,埃里克森认为人类学家不应与研究对象保持太近或太远的距离:太近可能导致人类学家忽视对社会本质特征的观察,太远则可能使其无法了解他者的观点。因此,他认为翻译的艺术在于在远近之间、个人概念和他者观念之间来回摆动,从而使陌生的变熟悉、熟悉的变陌生(Eriksen,2004:34)。埃里克森在此强调翻译需要在他者和自我的文化之间寻找一个平衡点,从而在两种文化之间保持适当的距离,避免过于靠近其中一方。自我与他者之间的距离或许亦是从人类学视角分析翻译活动及现象的入手点。下文分析《中国丛报》民族志翻译时亦将尝试探讨自我与他者之间的距离问题。

基于人类学视角,翻译研究应当体察并分析翻译与文化之间的关联。上述人类学观念可丰富翻译研究对翻译与文化的认识。人类学关于文化的定义与看法启示翻译研究者在分析译文时注重文化的整体功能,并以整体观念关联文化的组成部分。当两种文化相遇时,翻译研究可从人类学视角出发分析自我与他者之间呈现何种关系,并在分析译者建构他者形象时不仅注重自我与他者的差异或距离,也留意自我对他者的操纵或干预。基于对欧洲中心主义、种族中心主义和民族中心主义的分析,翻译研究者应在具体研究中借鉴人类学主位与客位相结合的概念,秉持客观公正的立场。此外,翻译研究应当平等看待各种文化,而中国的翻译研究也应注重以文化自觉的姿态弘扬中国文化。

上述从人类学视角出发分析翻译与文化的观点业已说明人类学视角对《中国丛报》民族志翻译研究的启发,并证明建构翻译研究人类学视角的合理性。翻译研究的人类学视角主要借鉴人类学中有关翻译与文化的理论资源。翻译研究与人类学理论结合的现有成果对人类学观念的运用有限,且现有成果数量和质量均有待提高。因此,本书希望系统探索将人类学视角引入翻译研究的可行性与有效性。人类学对翻译的原文与译文的边界、可译性等翻译的基本问题多有论述。人类学为翻译下的定义及其文化文本化的理念极大地拓宽翻译研究视野,启发翻译研究重审何为翻译的原文与译文,并将翻译视为对文化的建构。探索该文化建构涉及的自我与他者之间的关系等问题,可加深对翻译现象与活动的认识。人类学对如何翻译给出的建议亦启发翻译研究深入关注翻译的语境问题、他者词汇的双重意义及作为文本的他者文化,促使翻译研究将翻译放置于更宏大的视野之中审视。前文所述民族志与民族志翻译的研究对象、作用及其面临的困境等问题则表明人类学视角的研究对象并不必局限于原始部落,且民族志翻译应发挥好促进不同语言文化对话的作用。面对发明文化而非再现文化等困境,本书应正确对待翻译造成的文化差异。本书亦将探讨《中国丛报》的民族志翻译是否在自我与他者之间保持平衡,并客观准确地展现他者文化。另外,本书将对《中国丛报》民族志翻译的内容真实性加以甄别。由于视角不同,民族志翻译所译他者难免在译本中发生变形。但是,变形恰好是翻译研究可行的入手点之一,本书从人类学视角探究《中国丛报》民族志翻译的变形缘何发生及其有何影响等问题。在归纳整合翻译研究人类学视角的基础上,本书将在下文分析《中国丛报》不同层面的民族志翻译时应用该视角。

# 第3章

《中国丛报》关于晚清中国官方层面的
民族志翻译

依据前文梳理的翻译研究的人类学视角,本章聚焦《中国丛报》关于晚清中国官方层面的民族志翻译,涉及政治制度、内部治理、对外贸易与交往等有关内容,从而探讨此类民族志译者将晚清中国官方层面建构为何种面貌及其如何塑造他者等问题。鉴于《中国丛报》民族志译者大多为新教传教士,在鸦片战争之前鲜少同清朝官员直接交往,相关译者关于晚清中国官方政治制度与内部治理的了解相对受限。但是,凭借《中国丛报》民族志译者的在地优势,相关民族志翻译得以呈现晚清科举考场之外的情形及大清衙门前的刻字等内容。加之《中国丛报》译者中不乏直接参与中外贸易与交往的人士,《中国丛报》建构晚清中国官方层面的民族志翻译亦体现出相关译者以利益为出发点的译介目的。

## 3.1 再现他者政治制度面貌

《中国丛报》民族志译者对晚清政治制度中由上及下的皇帝制度、官僚制度和科举选官制度均有所译介。这不仅展现了译者自身对晚清封建政治制度的认识与评价,也揭示了涉及制度的《中国丛报》民族志翻译特征。相关民族志翻译将晚清中国在政治制度层面塑造为专制集权的他者。由于译者对晚清政治制度的了解程度不同,相关民族志翻译既有客观的部分,也存有偏颇之处。

### 3.1.1 从皇帝称谓到皇权范围——皇帝制度

皇权在清朝达到中央集权制的顶峰,而《中国丛报》民族志译者译介晚清中国政治制度时亦着重介绍同皇帝制度有关的内容。《中国丛报》第 2 卷第 7 期"杂记专栏"(Miscellanies)译者以《中国皇帝称呼》("Titles of Chinese Emperors")为题译介中国称呼皇帝的"皇""帝""王""天子"4 个名称,将其分别音译为 Hwang、Te、Wang 和 Teen-tsze。译者指出,"皇""帝"和"天子"通常被

欧洲人意译为 emperor，而"王"则被意译为 king（Bridgman，1833 - 1834，2
(7)：309）。译者不仅译介与上述 4 个名称相关的说法，亦根据自身对中国文化
的了解作出解读。译者按照"皇"的字形结构解释"皇"的含义。他认为"皇"字
是由表示王或统治者含义的"王"字与其上的"白"字组成的，并将"白"译为
clear 或 manifest，从而将"白"字解读为"纯净的"或"明显的"的意思。此处拆
字表明译者对中国汉字这一他者较为了解，但亦表明其存在基于自身了解猜测
他者文化含义的倾向。译者认为"白"与"自"仅差一横，因此"皇"字是由表示
self 的"自"与"王"组成的，亦即 self-ruling，是"自己统治"的意思（Bridgman，
1833 - 1834，2(7)：309）。这一理解体现出"皇帝自己统治全国"之意，误打误撞
地符合现实。① 此处对"皇"字的解读虽无误，但此种望文生义式的理解易出现
问题。"皇"字在《说文解字》中虽也被拆分为"自"和"王"两部分（原文为"从自
王"），却并无"自己统治"的意思，而"自"字的解释为"始也"（许慎，2015：15），也
不是"自己"的意思。上述译文对"皇"字的译介存在较多主观臆断之处，表明译
者在翻译晚清中国情形时融入了自身理解。然而，主观臆断易导致民族志翻译
出现误读，继而影响译文读者关于他者的看法。该译者对"王"的解释同样从字
形构造出发，"王"字原文与译文见表 3.1。

表 3.1  "王"字原文与译文

| 《说文解字》原文 | 《中国丛报》译文 |
| --- | --- |
| 古之造文者，三画而连其中谓之王。三者，天地人也。而参通之者，王也。（许慎，2015：14） | Of *Wang*, one says, "the inventor of writing, by drawing a link of union through three strokes, 三 represented a king 王, *wang*. The three are heaven, earth, and man; and he who combines them in equal union is the *wang*." (Bridgman, 1833 - 1834, 2(7)：310) |

译者此处的介绍似乎参考了《说文解字》的说法，指出"王"字的三条横代表
天、地、人三者，而能够连接三者的是王，这同《说文解字》"而参通之者，王也"的
说法如出一辙。原文与译文均强调王是能够连通天、地、人的角色。译者对
"王"字的译介与中国典籍内容吻合，可见其对中国典籍有所了解。《中国丛报》民
族志译者以上两处从字形构造解读汉字含义的做法亦呈现其对汉字象形的理解。

———————————

① 当下中国作品外译亦应保证译者透彻了解原文内容，避免因不了解原文造成误译。

　　《中国丛报》民族志译者不仅解读"王"这一对皇帝的称呼,还曾译介同皇帝相关的说法"王命"。《中国丛报》第 2 卷第 3 期曾以《王命》("The King's Order")为题翻译相关内容。该文译者将"王命"音译为 wang ming,意译为 the king's order,但其错误地将"王命"限定为 death warrant(死刑执行令)(Bridgman,1833 - 1834,2(3):134)。这同该译者是在"官员死刑须得皇上批准"的消息中见到"王命"一词有关,因而其将"王命"的含义局限于"皇帝决定是否执行死刑"的语境中。虽然译者在此如马林诺夫斯基所言留意词汇出现的语境,但忽视该词汇可能出现的其他语境。因此,民族志译者解读他者词汇时应尽可能全面考虑词汇出现的所有语境。此外,该译者还探讨了"王命"一词出现的时间。① 该译者认为"王命"一词应当源于 high antiquity,亦即远古时代,早于"皇"字的使用。他指出,尽管中国君王两千多年间均被称为皇上,中国人依然保留"王命"这一古代词语代指君王的死刑执行令。译者理解"王命"的局限性亦体现出其对中国文化理解的局限性。由于对中国文化缺少整体且深入的了解,译者面对"王命"等陌生词汇时难免被局限于单一的语境。

　　除译介皇帝称谓外,《中国丛报》民族志译者亦介绍皇帝制度在晚清中国的地位及其适用的权利范围。《中国丛报》第 1 卷第 12 期曾具体译介中国皇帝的地位。② 该译者将晚清中国的政治、道德和宗教原则简要总结为 obedience to parents and to government(对父母和政府的顺从),并推论晚清国人普遍认为皇帝对民众的权力高于一切。在其译文中,所有公共法律和风俗、宗教信仰和

---

① 《中国丛报》译文为"The phrase *wang ming* is supposed to be derived from high antiquity, before the use of the word *hwang*, or *emperor*; and although the sovereigns of China have been called emperors for twenty centuries, they still retain the ancient term king's order, for a death warrant."。参见 Bridgman, Elijah Coleman: *The Chinese Repository*,1833 - 1834,2(3):135。

② 《中国丛报》译文为"The policy, the morality and the religion of China may be 'summarily comprehended' in obedience to parents and to government... It may perhaps be designated as the popular and practical belief of China, that there *is no authority binding on man, which is superior to the emperor's*. All public laws and customs, all religious faith and ceremonies, all social duties and private life, all the words and works of men, are within his rightful sway, and indisputably subject to his will. Their parental and political education powerfully tends to the formation of such a public sentiment."。参见 Bridgman, Elijah Coleman: *The Chinese Repository*,1832 - 1833,1(12):485。

仪式、社会职责和个人生活、个人言论和行为均受皇帝掌控，并遵循皇帝意愿，由此可见清代皇权涉及范围之广。该译者用 indisputably 一词呈现皇权不容置疑的最高地位。他犀利地指出，晚清父系体制和教育均在有力地催生并酝酿皇权至上的公共情感。这一洞察表明《中国丛报》民族志译者对晚清政治体制和教育体系的了解较为深入，因此得以识破二者之间的联系。正如马林诺夫斯基提倡的文化整体观，《中国丛报》民族志译者并未孤立地看待晚清政治制度等内容，而是有机地将行政体制与教育体系联系在一起。整体看待他者文化使相关译者得以更加透彻地理解他者文化，从而完成更加客观完备的民族志翻译。

由于《中国丛报》民族志译者在华期间手握皇权的是道光帝，《中国丛报》对道光帝亦有所译介。《中国丛报》第 2 卷第 11 期"时事报道专栏"译者认为中国臣民大多对清朝评价较高，但自道光帝登基以来，中国却屡遭不幸。译者将道光帝登基形象地译为 filled "the dragon seat"（坐龙椅），表明其对中国文化了解颇多。该译者直言道光帝登基后没有任何一年民众能顺遂度过，民众频频面对水涝、干旱、饥荒等灾难（Bridgman，1833 - 1834，2(11)：527）。译者虽未直接评价道光作为皇帝的作为，但对其统治期间民不聊生的侧面描写似乎意在说明道光并不是一位合格的皇帝，从而质疑其皇权。《中国丛报》译者因在华传教与经商屡遭清政府限制而与清政府形成对立关系，进而质疑包括皇权在内的晚清中国官方层面。此外，《中国丛报》民族志译者曾描绘道光作为皇帝的处境。《中国丛报》第 1 卷第 9 期"时事报道专栏"曾译介 1832 年 9 月 4 日仪亲王永璇（Etsin-wang Yung-tseun）①去世令道光帝痛苦的消息。彼时道光帝不仅需面对国内叛乱并处理南部地区海盗猖獗的问题，而且需要应对欧洲船只靠近北部海岸线的情况。因而该译者用 caused in the imperial mind considerable anxiety（致使皇帝满心焦虑）推测道光帝如今必然焦虑万分（Bridgman，1832 - 1833，1(9)：380）。道光帝的处境在《中国丛报》民族志翻译中不堪至此种境地，亦折射晚清中国面临的内忧外患之重。

在介绍清政府皇帝制度的基础上，《中国丛报》民族志译者对清政府的皇帝制度亦有评价。《中国丛报》第 2 卷评价中国古代政治的译者认为民众除非感

---

① 该译者采用音译的方式呈现仪亲王的封号与名字，而未意译。如此译介可能同"亲王"等具备文化特色的称谓不易译入英语有关。

到被严重地压迫,否则很少关心谁拥有皇位(Bridgman,1833 - 1834,2(3):
126)。这体现出民众不关心皇帝制度的态度。由于清朝留存至今的史料鲜少
论及民众对皇帝制度的态度,本书无法通过历史考据法核实《中国丛报》中的该
说法是否确切。然而,此处声称清朝民众不关心皇帝制度的民族志翻译于译文
读者而言却是对皇帝制度的批判,似乎意在表明皇帝制度在晚清中国并未深入
民心且不合理。如此译介同《中国丛报》民族志译者自身服务于西方国家的立
场有关。基于当时中西之间存在的对立与矛盾,作为《中国丛报》译者的在华西
人在将矛头对准清政府官方层面的同时,在民族志翻译中借机对清政府加以批
判。此外,《中国丛报》译者认为晚清时期的中国人不知何为正义,且种种约束
和暴力是维护皇帝威严的必要手段(Bridgman,1832 - 1833,1(1):12)。尽管
如该译者所言皇帝制度在某种程度上是由约束和暴力手段巩固的,但其以偏概
全地认为晚清国人不知何为正义,将他者简单化为不及自我,甚至不知正义为
何物的对象,背离民族志译者应客观公正地审视他者文化的原则。

## 3.1.2 从行政区划到人员构成——官僚制度

皇权固然在清代至高无上,但清政府的运作有赖于官僚制度。《中国丛报》
民族志译者将清政府的官僚制度定义为对晚清中国起重要作用的文人机制。
文人机制的说法同官僚经科举选官制度选拔有关。《中国丛报》第 2 卷第 6 期
译者将晚清中国的文人机制译为 literary institutions,并将其视为维持政府稳
定的支柱(Bridgman,1833 - 1834,2(6):241)。以皇权为核心的中央集权制通
过行政区划将帝王权力分散至各地,由地方官员根据行政区划实施管理。因
此,本节将首先分析《中国丛报》如何译介同官僚制度相关的行政区划。《中国
丛报》第 1 卷第 10 期以广东省为例译介清代中国的行政区划。① 该译者直接

---

① 《中国丛报》译文为"Canton province is divided, first into thirteen *foo and chow*; these are
subdivided into seventy-two *heën*; from the hëen the division is carried down to the *keä*,
which consists of only *ten families*. Ten *keä* make a *paou*, or neighborhood of one
hundred families."。参见 Bridgman, Elijah Coleman: *The Chinese Repository*, 1832 -
1833,1(10):388 - 389。《中国丛报》中"甲"有时译为 keä,有时译为 keä,本书在引用时与
原文保持一致。

用英文 province 对应中文中的"省"，并解释广东省被划分为 13 个"府"和"州"，并将"府"和"州"音译为 foo 与 chow。"府"和"州"又被划分为 72 个"县"，译者同样是采用音译法把"县"译为 heën。"县"之下便是 keä（甲）和 paou（保）。译者采用音译法介绍省以下的行政区划单位，保留其中文发音的原有特色，清晰呈现他者文化和自我文化之间的距离感。《中国丛报》民族志译者并未同翻译其他专有名词一样意译"府""州""县""保""甲"等词，可能是因为该部分词汇归中国独有，在英语中难以找到与之对应的词汇。[1]

由于《京报》刊登同官员相关的信息，《中国丛报》时常编译关于清朝各级官员的信息。《中国丛报》第 1 卷第 1 期"时事报道专栏"提及刑部尚书陈若霖因年老体弱被皇上安排返乡的消息，并略述陈若霖以乞讨为起点的人生经历（Bridgman，1832 - 1833，1(1)：32）。此外，同期专栏亦提到浙闽总督孙尔准因病退休后去世的消息。《中国丛报》民族志译者亦关注清政府的官员任免消息。《中国丛报》第 1 卷第 8 期"时事报道专栏"提及广东官员任免的信息，其中包括卢坤担任两广总督的任命通知（Bridgman，1832 - 1833，1(8)：342 - 343）。官员任免等信息作为他者官僚制度的一部分可能对晚清时局产生影响，故而《中国丛报》民族志译者身为外来者对此颇为关注。除官员任免及去世的消息外，《中国丛报》亦选译同官员工作有关的信息。《中国丛报》第 1 卷第 4 期"时事报道专栏"曾翻译由于户部尚书向皇帝报告国库一年半内亏空超过 2 800 万两，皇帝颁布谕令要求各省巡抚管理好各省收入的消息。该译者另提及甘肃省被拨付 100 万两军费（Bridgman，1832 - 1833，1(4)：159）。由此看来，《中国丛报》译者关注清政府的财政收支状况，并通过《京报》等渠道收集相关情报信息。财政收支等信息可反映清政府的内政情形及国力，以便外国人调整对华举措，因此《中国丛报》民族志翻译成为西方了解中国信息的重要媒介。

除译介清政府官员的相关事宜外，官僚制度下地方官员的错误在《中国丛报》中亦有所体现。《中国丛报》第 1 卷第 4 期"时事报道专栏"曾选译《京报》关于一名高官因应对叛乱过晚而被弹劾，最终戴上木枷并被判终身为奴的消息（Bridgman，1832 - 1833，1(4)：159），强调清朝官员若执政出现问题将面临严

---

[1]　翻译等跨文化交际活动难以避免一方词汇在对方文化中不存在对应词汇的情况。因此，译者可采用音译加注释的方式阐明词汇含义，并根据具体情况决定是否给出意译名称。

重后果。此外,《中国丛报》第 1 卷第 12 期"时事报道专栏"曾译出一名云南地方官员打算宣判种植罂粟的人无罪并隐瞒上级,因此被剥夺官职并上报至皇上的消息(Bridgman,1832 - 1833,1(12):511)。上述民族志翻译表明清朝地方官员为官不仅受皇帝和同僚等多方监管,且若出错将被惩罚。《中国丛报》民族志译者身为外国人对晚清官僚制度的具体运行情况亦有所译介,呈现了地方官员的执政错误及下场,可见其凭借《京报》等消息渠道对晚清官僚制度较为了解。

　　此外,《中国丛报》民族志译者亦译介清代官僚制度下官员的人员构成。《中国丛报》第 2 卷第 7 期"杂记专栏"译者详细列举清政府各级官员中满族、蒙古族和汉族官员的数量,发现汉族官员所占比例超过三分之二。但是,清代中国汉族人口和满族人口的比例却约为二十比一或三十比一(Bridgman,1833 - 1834,2(7):313)。译者通过两个比例说明满族官员的数量相对于满族人口占中国人口的比例而言并不少。如其所言,清代中枢机关中的满族官员明显多于汉族官员,且满族官员独占权力要津(薛伟强,2012:19 - 20)。该译者敏锐地发现满族官员在清朝官员中的比例问题,而这同清政府统治阶层是满族不无关系。由于《中国丛报》民族志译者大多对清政府统治不满,此处应当是译者通过对官员数量的民族志翻译暗讽清政府官员组成过于偏向满族。清朝满汉官员之间的关系固然存在微妙的一面,但《中国丛报》译者在民族志翻译中刻意强调该问题似乎意在批判清政府官员构成的不合理性,从而为相关译者质疑清政府政权的正当性作铺垫。

### 3.1.3　从参考人数到科举放榜——科举选官制度

　　由于关注晚清官僚制度,《中国丛报》民族志译者曾目睹科举放榜等情形并译介中国科举选官制度的相关内容。《中国丛报》民族志译者不仅了解科举考场陈设,而且对参加科考的考生人数、考试日期等事宜亦有所了解。《中国丛报》第 2 卷第 1 期"时事报道专栏"曾以《科举考试》("Literary Examinations")为题译介同广州当年 5 月 24 日科举相关的内容。该译者将科举考试意译为 literary examinations,其中的 literary 一词凸显中国科举考试主要考察文字内容的特征。译文表明该场考试吸引超过 2.5 万名考生参加,年龄最小的仅 15

岁,最年长的超过 70 岁(Bridgman,1833 - 1834,2(1):47)。晚清时期国人对科举的热情由此可见一斑。

　　该译者同时指出科举于考生而言的艰难及民众对科举的普遍关注。① 译者连用三个形容词将科举过程描述为 long, patient, and successful endeavor (时间跨度长、需要耐心且成功通过历次考试的努力过程)。中国各地区民众对科举均持有较高兴趣。译者用 high honors, rich emoluments(崇高荣誉,丰厚收入)对应中国高官俸禄的说法,指出此乃年轻的有志者和无数家族所希冀得到的。为了科举,考生需要忍受漫长的准备过程,并付出高昂的费用,而科举更被译者在此比作 decisive hour,亦即决定考生命运的关键时刻。《中国丛报》第2 卷第 2 期"时事报道专栏"曾以《科举中榜者》("Literary Graduates")为题报道同科举中榜者有关的消息,其中的 graduates 一词反映译者认为科举中榜是获得相应学位的观点。民族志译者在此是将晚清科举选官制度这一他者同自身所处的西方教育体系作对比,且使用归化的译法帮助译文读者快速了解同科举中榜相关的内容。

　　科举考试的艰难致使徇私舞弊事件时有发生,而《中国丛报》的民族志翻译亦介绍科举考试存在不公的问题。② 译者指出两名商行商人的儿子在科举中考中举人,得以参加选拔进士的考试。但二人均未考中进士,他们能够成为举

---

① 《中国丛报》译文为"... the privilege is not gained without long, patient, and successful endeavor... These examinations are of incomparable interest to great multitudes of the people in every department and district of the empire. High honors, rich emoluments, and, in a word, everything that the young aspirant and his numerous kindred most esteem, are at stake. A long season of preparation has been endured; heavy expenses incurred; and now the decisive hour approaches."。参见 Bridgman, Elijah Coleman: *The Chinese Repository*, 1833 - 1834,2(6):243 - 244。

② 《中国丛报》译文为"One of the sons of the senior hong-merchant Howqua, and one of Tingqua's, have been promoted to the literary rank of keujin with permission to pass trials for the higher degree of tsinsze, at the immediately ensuing examinations. In this trial they have both failed. The cause of their promotion was their having paid largely to the expenses of the Lcënchow rebellion. —We have beard a Chinese compare the honorary gift of a peacock's feather, so often conferred by his imperial majesty, to a broom, —made, he said, to sweep the iron money chest. We fear this may be said of most of the honorary gifts and titles in China."。参见 Bridgman, Elijah Coleman: *The Chinese Repository*, 1833 - 1834,2(2):96。

人则是因为其家庭为平定叛乱提供大量资金。该译者紧接着译出其曾听一个中国人讲的比喻,具体是将皇帝赏赐的代表荣耀的孔雀羽毛(即"花翎")比作在铁钱柜里到处打扫的扫帚,意在讽刺受皇帝赏识的官员不过是在四处搜刮钱财而已。译者并未音译"花翎",而是将其意译为 the honorary gift of a peacock's feather(作为荣誉赐予的孔雀羽毛),直截了当地展现"花翎"为何物。此处未音译"花翎"名称可能是因为"花翎"并非译者在此着重强调的他者事物,因此仅略有提及。该译者在此担心中国大多数代表荣耀的恩赐和头衔均是通过钱财换取的,因而质疑科举选官制度在清代中国的公正性。《中国丛报》民族志译者对卖官鬻爵及搜刮民脂民膏持批判态度,其对相关阴暗面的描写亦将晚清中国的负面形象越描越黑。译者自我在建构他者文化时面临选择何种译介对象的问题,且其所选取的译介对象亦对建构他者文化产生影响。《中国丛报》民族志译者倘若在译介时倾向于刻画负面内容,则必然会将他者建构为以负面为主的形象。

　　《中国丛报》民族志译者不仅如上所述关注科举中榜者,亦因科举考试的低通过率对科举落榜者颇为关注。《中国丛报》第 3 卷第 3 期《中国读书人;读书动机;大量的科举落榜者;对一个落榜者的描述》("The profession of letters in China; motives to engage in it; great number of unsuccessful candidates; portrait of an unsuccessful one")提到中国读书人,即科举考生以走向仕途为目的。译者将"读书人"音译为 tuh shoo jin,意译为 book-reading men(亦即"读书人"的直译)。他发现中国科举考生数不胜数,但仅有少数人能谋得一官半职,而没有考中的人倘若家中有财产尚可,家庭贫困则会成为亲友负担。有些人落榜后成为私塾或学校教师,但科举常让他们无心教书,为参加科举考试而放弃其他职业和追求(Bridgman,1834 - 1835,3(3):119)。上述民族志翻译大体展现清代读书人参加科举考试落榜的结果,且该译者曾与一位 50 岁的福建落榜者交往,因而得以在民族志翻译中呈现科举落榜个体的情况。由于在居所常看到衣着破烂的落榜者向屋内张望,译者将其请到屋内并得知其落榜后不得不卖书画谋生的经历。译者为他出资购买衣服,并与其攀谈关于台湾、宁波、苏州和北京的事情(Bridgman,1834 - 1835,3(3):119 - 120)。该译者通过与落榜者聊天得知其认为自己科举不成功是命不好的缘故。因此,译者对科举落榜者作出批评。① 译者指出，这位落榜者自傲且自负。他提到这些读书人从不责怪自己，将自身不幸全部归咎于命运。因此，译者将这位举人视为不幸的清代读书人的典型代表——拥有古雅学问，但却不具备实用知识。该批评同《中国丛报》民族志译者基于西方立场重视实用知识，因而轻视中国古代学问的特征有关。译者在此提到，落榜者问他倘若大地和海洋处在一个水平面上的假说成立，航行至英国外时会在越来越远的地方看到什么。这一关乎地理学的问题似乎意在表现中国读书人对实用知识的渴求，而这些实用知识也正是传教士希望带给中国人的。此处不排除译者为在华传播实用知识而假设此番情形存在，以令人信服地向中国人传播实用知识。译者在此强调中国若将自身隔绝于其他国家之外，便会保持无知和自负的状态。此处民族志翻译将晚清国人的无知和自负归因于晚清中国的封闭性，而封闭性亦是《中国丛报》民族志译者批评清政府的着力点之一。

　　科举制度在被废除前是清政府选官的重要依据，与之相关的教育体系亦受《中国丛报》民族志译者关注。基于对中国教育体系的兴趣，《中国丛报》民族志译者曾前往晚清中国开设的学堂。《中国丛报》第 2 卷第 6 期曾译介学堂室内往往悬挂着用于称颂孔子的"万世师表"牌匾。译者将"万世师表"译为 the teacher and pattern for myriads of ages（Bridgman，1833 - 1834，2(6)：250）。他将牌匾中的"师表"二字分开理解，凸显孔子是世世代代老师的典范与表率。此外，译者具体译介晚清孩童在学堂上学的经历。他提到学生进学堂时先拜孔子牌匾，再拜老师。学生均为男孩，通常在学堂里从早 6 点待到晚 6 点，中间有两三个小时吃饭。他指出，学生在学堂里大声朗读，懒惰或不听话的学生会被

---

① 《中国丛报》译文为"Like most of the Confucianists, he is intellectually a proud, self-sufficient fatalist... For these men never take blame to themselves, but charge all the ills that befall them to their destiny. Such is a specimen of an unfortunate Chinese literary adventurer. He has classical learning, but not much useful knowledge... He asked me, when we sail beyond England, and go as far as it was possible for us to go, what it is we at last find—on the supposition that earth and ocean are a plane surface! As long as China secludes itself from the rest of mankind, it must remain ignorant and conceited. If men were merely brute animals, the present policy might be a wise one; but since a rational nature is characteristic of men, the Chinese certainly injure themselves by their exclusiveness."。参见 Bridgman, Elijah Coleman: *The Chinese Repository*, 1834 - 1835, 3(3)：120。

老师用藤条打。学生必须熟记所学内容,若背不过便要受惩罚(Bridgman,1833 – 1834,2(6):250 – 251)。此外,该译者注意到晚清中国教育体系重视背诵的特点。① 这正是部分译者批评晚清中国教育体系的着力点,他们指责背诵被摆在首位的教育方式。对此,有学者认为清中叶以降西方外交使节和传教士是基于猎奇心态观察中国学塾的教读的,他们先是将反复记背视为野蛮的做法,又建立起"中学主记性""西学重悟性"的对立(陆胤,2022:63)。包括《中国丛报》民族志译者在内的西方人士对中国教育方法的批评过于强调中西之间的对立,其对中国记诵方式的批判亦是受西方中心主义影响的结果。相关译者在建构晚清中国教育方式时过多地被自身熟悉的教育观念所操纵。清代学校教育从内容到形式均受限于科举制度,到了清末走向无法满足国家需要的绝境,最终被废除(刘镰力,1999:67)。但是,译者在此错误地将他者情形简单化,一味地放大科举制度与晚清教育的负面问题。

虽然《中国丛报》民族志译者针对晚清包括皇帝制度、官僚制度与科举选官制度在内的政治制度作出诸多负面评价,但其译介的科举考生人数等事实与史实并无过多出入,较为客观全面地呈现不涉及评价的内容。由此看来,《中国丛报》民族志译者作评价时易受各种中心主义影响,片面地将他者塑造为落后的一方。然而,译者的负面评价往往源于其对晚清中国认识的局限性。《中国丛报》民族志译者在塑造他者时既存在一定局限性,也凭借身处中国等优势呈现相对客观全面的内容。

## 3.2 刻画他者内部治理情形

在译介晚清政治制度的基础上,《中国丛报》民族志译者在晚清内部治理方面着重介绍清廷的民生治理、司法治理和军事治安,并对其译介的清廷内部治

---

① 其他译者亦对清代学堂的教育内容有所关注。《中国丛报》第 3 卷第 3 期译者指出,中国男孩自上学起便要在不理解内容的前提下用心背诵四书五经。老师在学生背诵后才会告知他们所记内容的含义。有意通过科举做官的人会加倍学习典籍,以便在科举时写出四书五经中的内容。参见 Bridgman, Elijah Coleman:*The Chinese Repository*,1834 – 1835,3(3):97 – 98。

理事宜作出评价。整体而言，有关晚清内部治理的评价毁誉参半，展现清廷内部治理的不同侧面。

### 3.2.1　从劝诫告示到捐纳制度——民生治理

《中国丛报》民族志翻译涉及清廷开展民生治理的劝诫告示与赈灾措施等事宜，体现清政府官员为治理民生而采取的措施及其对民众的态度。《中国丛报》第 2 卷第 2 期曾译出广州关于粮食的告示，该告示劝诫商贩切勿囤积居奇、哄抬物价、牟取暴利，其译文用语有趣。① 译文 with a mother's tenderness（以母亲的柔情）表明官员爱民如子的态度，他们如同母亲一样劝告民众。该告示指出，倘若囤积粮食的商贩按照要求将粮食卖出，那便是做善事，官府不会追究其之前囤积粮食的不当做法。但是，若商贩不听劝告继续囤积粮食，便是为利益藐视法规，将被官府严加惩治。该译者将官府派出惩治人员的做法比作 descend on his hoard like a falling star，亦即如同坠落的星星一般掉到囤积的粮食上，使得译文文风幽默。该告示的汉文版本暂不可考，因此无法确定此部分原文是否也如此幽默。但是，该比喻呈现民族志译者善用富有表现力的修辞手法的特点。该公告的英文译文使读者得以了解清政府如何处理商贩囤积粮食的问题——清政府在具体执行过程中并未完全从严治理，而是保有一定灵活性。此处译文表明清政府为商贩提供自我纠正的机会，允许商贩通过立马售出的做法来避免惩罚，从而缓解市场缺少粮食的问题。该做法宽严得当，凸显清政府地方官员治理的智慧。

除通过译介劝诫告示反映清廷开展民生治理的方式外，部分《中国丛报》民族志译者从清朝官员称呼民众的方式推论其对民众的态度。《中国丛报》第 1

---

① 《中国丛报》译文为"If the grain-hoarder will but listen to our exhortations given with a mother's tenderness, and sell his corn, it will be an act of beneficence, just the same as if he had done it for goodness' sake. His past misconduct in hoarding it will not at all be inquired into. But if he disobeys, and still shuts up his hoard, he despises the law for the sake of gain, and we will secretly send officers, who will descend on his hoard like a falling star, confiscate it to government, sell it to the people, and severely punish him as he deserves."。参见 Bridgman, Elijah Coleman: *The Chinese Repository*, 1833 - 1834, 2(2): 92。

卷第 9 期曾将代指中国百姓的"民"字音译为 min,意译为 unprivileged people,亦即没有特权的人。该译者指出,"民"字在中国往往都以温和的口吻讲出,且英语中称呼民众的蔑称 swinish multitude(粗鲁的民众)和 rabble(贱民)在晚清中国几乎找不到对应词汇来进行翻译。[1] 他认为这同中国官员对待民众的态度有关。[2] 该译者指出晚清中国官方文书总是带着亲切的口吻称呼民众,并将民众视为 rational creatures,亦即理性的创造物,而不是同英语 swinish multitude 般贬低民众。此处民族志翻译是相关译者鲜见地指出晚清中国优于自身所处的西方之处,译者译介该内容可能同在华西人群体彼时与自身所处国家政府之间的关系有关。

在译介清政府对民众的态度之余,《中国丛报》民族志译者亦译出清政府具体治理民生的保甲制度。《圣谕广训》书评撰写人在解释第十五条"联保甲以弭盗贼"时曾译介保甲制度,保甲制度原文与译文如表 3.2 所示。

表 3.2 保甲制度原文与译文

| 《圣谕广训》原文 | 《中国丛报》译文 |
| --- | --- |
| 从来安民在于弭盗,摘发守御之法,必当先事而为之备,故缉捕有赏,疏纵有罚,讳盗有禁,违限有条,而最善者莫如保甲。十家为甲,十甲为保,甲有长、保有正,设立簿册,交察互警。(周振鹤,2006:150) | No method of suppressing these evils is equal to "the law of the paou and the keă." Ten families form a keă, and ten keă constitute a paou. Every kea has its elder, and every paou its chief. A register is prepared, and the names of all are enrolled. (Bridgman, 1832 - 1833, 1(8):313) |

该译者将保甲理解为一种治理法则,因而在音译"保"和"甲"两个字的基础上将"保甲"译为 the law of the paou and the keă。此处对"甲有长"的翻译存在错误,译者将"长"误解为"长者",因而将其误译为 elder,但甲长实为负责管理

---

[1] 此处译文亦表明《中国丛报》民族志译者对晚清中国官方层面的了解存在局限。译者自身未在官方文书中发现贬低民众的称呼,不代表晚清中国不存在"贱民"等说法。

[2] 《中国丛报》译文为"In all Chinese official documents, the people are spoken of, and addressed with kindness, and as rational creatures."。参见 Bridgman, Elijah Coleman: *The Chinese Repository*, 1832 - 1833, 1(9):382。

甲的人。① 该误译是《中国丛报》民族志译者因不熟悉中国文化而望文生义造成的。此外，原文"交察互警"被省译，因而译文未能展现保甲制度希望民众能够互相监督的内容。该省译可能是因为译者未理解"交察互警"的含义，只能略去不译。该译者认为晚上9点实施宵禁和保甲制度等防范罪行出现的措施作用不大，偷窃和抢劫事件依然让民众不得安宁。他认为其中原因有三点：一是地方官员的不忠诚，二是地方乡绅的不良影响，三是百姓对保甲制度实际上并不在意的心态(Bridgman，1832-1833，1(8)：313)。《中国丛报》民族志译者在此推测保甲制度在治理方面作用不大的原因，体现出其对保甲制度的理解。但该译者列举的三个原因却近乎全方位地呈现地方官员、乡绅及百姓三个同保甲制度相关的主体或是妨碍该制度的执行，或是不认可该制度的弊端。该译介方式将保甲制度塑造为徒有形式且成效不佳的内部治理模式，进而否认清廷民生治理的切实有效性。然而，保甲制度在相关译者笔下亦曾成为特殊社会背景下强化民生治理的举措。《中国丛报》第1卷第9期"时事报道专栏"曾以《保甲制度》("Tithing System")为题报道清政府1833年前后面临秘密结社和造反事件的冲击，因此下令严格执行保甲制度，以加强民众之间的互相监督与连带责任的消息(Bridgman，1832-1833，1(9)：382)。译者以tithing system翻译"保甲制度"，一是将中国的保甲同欧洲的tithing(英国部分地区的十户区这一行政单位)联系在了一起，二是通过system一词将保甲理解为一种需要执行的制度。该译者将保甲类比于欧洲的十户区，既是为了利于英文读者理解，也体现其用读者自身熟悉的事物类比他者陌生事物的民族志翻译策略。

　　《中国丛报》亦涉及清朝官员关于税收的民生治理情况。晚清中国公共收入主要由对土地、盐、茶叶、丝绸等征收的税组成。清政府不征收人头税，而是根据土地收税(Bridgman，1832-1833，1(1)：12)。在具体的税收工作中，《中国丛报》第3卷第3期曾译出江苏10年灾害导致该省难以上交赋税，江苏府尹向朝廷申请延缓当年上税时间，但因遭拒绝再度给皇上写信请命的消息(Bridgman，1834-1835，3(3)：169)。该译者的报道使皇帝呈现出一副不近人

---

① 清代存在甲长由甲内住户轮流担任的情况。参见胡谦：《清代乡土社会民事纠纷民间调处机制研究：以诉讼档案、契约文书为中心的考察》，西安：陕西科学技术出版社，2013年，第57页。

情的样子,但江苏府尹则是一副为民请命且体察民情的好官形象。此处似乎旨在批评皇帝权力过大,其对地方颁发的命令可能不利于当地的发展。但是,译者对江苏府尹的译介也展现了清朝官员在民生治理上的尽心表现,较为立体地呈现了晚清中国这一他者如何开展民生治理。

《中国丛报》民族志译者不仅译介清廷的税收治理,亦曾介绍清政府官员为应对洪灾和饥荒等民生问题所采取的治理措施。《中国丛报》第 2 卷第 5 期"杂记专栏"曾译介地方官员治理民生的正面做法。某位广州官员在布告中将洪灾归咎于自身的治理问题,并号召富人为救灾捐赠财物(Bridgman,1833-1834,2(5):232-233)。但是,该译者认为将天灾归咎于自身可能仅是官员的空话。译者不认可官员怪罪自己的说法与其对清政府官民之间的关系缺乏了解有关,说明其不熟悉中国古代官员将自己视为百姓的衣食父母,并对百姓负责的传统观念。然而,译者认为布告内容是不可信的空话亦是基于自身视角对相关情形作出的判断。受西方文化观念影响,《中国丛报》民族志译者自然难以接受天灾由官员治理不善导致的说法。

面对各种灾荒,《中国丛报》第 2 卷第 9 期"杂记专栏"译者根据《京报》得知清政府并非不为灾民做任何事,但强调仅能用中国俗语"有名无实"来形容清政府对赈灾的投入。该译者特意将"有名无实"译为 the name without the reality,凸显清政府的投入若有似无。由于为灾民提供的救助略显微薄,许多行动不便的人甚至纠结是否前往领取(Bridgman,1833-1834,2(9):425)。但是,清政府的赈灾措施存在不足更可能是译者的评价,而不是清政府在《京报》中对自身所作的评价。此外,其他译者译出清政府救济灾民较好的情况。《中国丛报》第 1 卷第 4 期"时事报道专栏"曾译出清政府提督学政巡视惠州科举考场时发现当地有灾,因而捐款 800 两赈灾的消息。惠州当地富人以提督学政为榜样纷纷捐款达 2.2 万银圆,而当地官员在劝说下亦开仓赈灾(Bridgman,1832-1833,1(4):137)。与此类似,《中国丛报》第 1 卷第 6 期"杂记专栏"译者提到旱灾期间清政府低价售卖谷物,但一些生意人却因此雇穷苦老人和妇女从官府处买得便宜的优质谷物,囤积后以更高价格卖出(Bridgman,1832-1833,1(6):239)。清代生意人投机倒把并发国难财的行为竟被在华西人记录于民族志翻译中,足见当时民生之多艰以及清政府面临的治理困境。灾荒之余,清政府在平日也为弱势群体提供一定的物质保障。《中国丛报》第 1 卷第 7 期"时事报道专栏"曾译出番禺知县为他管理范围内的 2 394 名盲人每月提供少量补贴的内容。该知县怀疑发给盲人用于领取补贴的券被人冒领(Bridgman,1832 - 1833,1(7):295)。由此看来,清政府为弱势群体提供补贴在具体落实过程中亦面临冒领等负面问题。如上所述,《中国丛报》译者翻译清政府官员为解决民生疾苦付出的努力,而没有一味地渲染民不聊生的场景,可见其民族志翻译较为客观全面。

《中国丛报》民族志翻译亦指出清政府民生治理过程中的腐败问题。清政府腐败行为涉及官场内外,且官员搜刮民脂民膏的事情亦被《中国丛报》译者译出。《中国丛报》第 1 卷第 12 期"杂记专栏"曾译介官员阳奉阴违并损害百姓利益的问题。为确保百姓自给自足且不做鸡鸣狗盗之事,皇帝下诏允许百姓开荒。皇帝要求地方官员及其下属不得向开荒者勒索钱财,但该译者指出,此种禁令实际上并无作用(Bridgman,1832 - 1833,1(12):503)。此处关于地方官员勒索钱财的民族志翻译涉及清廷民生治理的具体情形,难能可贵地以客位视角呈现清政府内部治理的弊端。地方官员向开荒者收取费用的情形亦确实存在,有时甚至导致民众因费用过高而不愿开荒(郭蕴静,1984:43)。《中国丛报》民族志翻译表明清廷民生治理中搜刮民脂民膏的问题同卖官鬻爵的捐纳制度有关。卖官鬻爵是清政府腐败的典型表现之一,且《中国丛报》译者无法容忍清代卖官的捐纳制度。①《中国丛报》第 2 卷第 9 期"时事报道专栏"译介 1833 年10 月 11 日发行的《京报》关于清政府计划增加收入的决定。由于叛乱和旱涝时有发生,国库亏空达 300 万两白银,当时募集钱款的方式之一便是卖官鬻爵。译者认为该方式贻害无穷,不仅使许多从前买官的人无事可做还想升官,而且使许多掌管实权的买官人以搜刮民脂民膏的方式为官(Bridgman,1833 - 1834,2(9):1)。该译者通过《京报》发现清廷的腐败问题,并批评相关做法对民众的伤害。与《中国丛报》译者一样,晚清改良派思想家同样批判清廷祸国殃民的捐纳制度(陈鹏鸣,2018:181)。《中国丛报》民族志译者对上述腐败信息的译介固然是对清政府负面形象的刻画,但同时也是关于当时官场情状的重要

---

① 捐纳指捐钱纳粟以得官,不经考试便获得官位,而清朝自康熙朝开始下诏准许捐纳,中期以后尤见盛行。参见陈捷先:《蒋良骐及其〈东华录〉研究》,北京:中华书局,2008 年,第 57 页。

记录。

### 3.2.2　从《大清律例》到司法过程——司法治理

　　《中国丛报》关于晚清内部治理的民族志翻译不仅如上所述关注民生治理，而且关注司法治理，相关内容聚焦于法律与司法过程。《中国丛报》关于晚清法律的民族志翻译主要基于对《大清律例》英译本的书评展开。① 相关书评撰写人表明他不仅评介小斯当东（George Thomas Staunton）1810 年出版的《大清律例》英译本，而且将其与道光十年（1830 年）印制的 28 卷 8 开本《大清律例》中文版本相对照（Bridgman，1833 - 1834，2(1)：11）。该译者仅用 in terrorem 这一意指威胁或恐吓的拉丁文暗示中国法条似乎只起警示作用，并以"法条规定打 50 下，实际仅打 20 下；法条规定打 90 下，实际仅打 35 下"为例说明《大清律例》规定的惩罚在实践中往往从轻发落。② 《中国丛报》民族志译者认为清朝法律严苛残暴。第 2 卷第 12 期"杂记专栏"译者通过译介有人因向皇帝谏言而被罚株连九族的消息抨击清朝法律。③ 该译者认为清朝法律最残忍的地方是诛杀叛逆者的所有男性亲戚，从祖父到孙子、从妻子的男性亲戚到女儿的夫君均被杀，而家族中所有女性则发落为奴。译者认为如此残忍的做法虽可震慑众人，但是也可激怒人。清朝法律在该译者眼中残忍无用，终归无法被称为好的法律。

---

① 《中国丛报》第 2 卷第 1 期"书评专栏"刊载关于《大清律例》(*Ta Tsing Leuh-le*；*Being the Fundamental Laws，and a Selection from the Supplementary Statutes of the Penal Code of China*)英译本的书评。

② 《中国丛报》译文为"... many of the laws and edicts of the Chinese, as well as many of their words and actions, seem designed to operate solely in terrorem; hence for 50 blows, 20 only are to be inflicted; for 90 blows, only 35 are to be inflicted; and so on."。参见 Bridgman, Elijah Coleman: *The Chinese Repository*, 1833 - 1834, 2(1)：12。

③ 《中国丛报》译文为"The most cruel thing in Chinese law, as it appears to us, is the putting to death all the male kindred of a rebel leader, from his grandfather to his grandchildren, his wife's male kindred and his daughters' husbands; whilst all the females are doomed to be slaves. Of course this severity is intended to deter men from rebellion; but legal cruelty perhaps enrages more than it intimidates."。参见 Bridgman, Elijah Coleman: *The Chinese Repository*, 1833 - 1834, 2(12)：568。

　　清朝法律令《中国丛报》民族志译者作出如此评价同中西法律观的交锋有关，双方之间的法律观念差异致使民族志译者难以认可晚清法律的部分规定。由于英美国家使用习惯法（common law），《中国丛报》第 2 卷第 3 期读者来信提出中国是否有习惯法的疑问，且来信人认为中国应无习惯法。他曾听说中国地方官员虽然有时未严格按照成文法规行事，但当法律中无相关规定时也是找最为相似的法条解释（Bridgman，1833 - 1834，2(3)：133）。对于习惯英美法系以先例为主的判案原则的民族志译者而言，清代仅按照成文法规断案体现出中西双方法系的不同。具体而言，双方的法律规定亦有不同。此处以《中国丛报》第 3 卷第 1 期对《大清律例》"六杀"的译介为例。① 该译者将"六杀"音译为 luh shă，意译为 the six mode of killing man，亦即杀人的六种形式。② 译者音译六杀名称，将"谋杀""故杀""斗杀""戏杀""误杀"和"过失杀"分别音译为 mow shă、koo shă、gow shă、he shă、woo shă 和 kwoshih shă。译者强调谋杀是通过 previous design（个人或同伙提前谋划）而实施的杀人行为，而故杀则是通过 instant design（临时起意且未提前谋划）而实施的杀人行为。译者认为清朝法律对故杀的定义对应英国法律中的 wilful murder，亦即故意杀人，但在英国法律中与临时起意的杀人过程对应的却是 manslaughter，亦即过失杀人。对于杀人过程的不同看法凸显中国和英国法律对杀人的不同认识。但是，二者对杀人

---

① 由于小斯当东翻译《大清律例》是采用编译的方式。因此，"六杀"一词据笔者所见应当是小斯当东根据《大清律例》中的《刑律》部分总结而来的。《大清律例》原文中确如英译本所言有"谋杀""戏杀""误杀""过失杀"字样。参见阿桂等：《大清律例：3》，北京：中华书局，2015 年，第 461 - 462 页。

② 《中国丛报》译文为"1. Mow shă, by previous design, whether an individual plots with his own heart, or with companions. 2. Koo shă, by instant design; wilful at the moment, though unpremeditated. This is Chinese "wilful murder," but English "manslaughter." 3. Gow shă, by fighting in an affray; chance-medley. 4. He shă, by dangerous sports; such as boxing, cudgeling, &c. Dueling would of course be included, as a rather dangerous "gentlemanly" play. 5. Woo shă, by mishap, hitting and killing the wrong person; one with whom you had no quarrel, and to whom you intended no hurt. The persons found guilty of any of these crimes, are by law, punished with "death"; some immediate; others after imprisonment; a respite which raises hopes, often not fulfilled. 6. Kwoshih shă, killing by misadventure, by pure accident; as a hatchet flying off from its haft. This is censured as carelessness, but not considered a capital crime."。参见 Bridgman, Elijah Coleman: *The Chinese Repository*, 1834 - 1835, 3(1)：39。

亦存在看法相似之处,如中国的斗杀便被译者划入英语中的 chance-medley(偶然杀人)的范围内,而西方的 dueling,亦即决斗致人死亡,可被划分到中国的戏杀一类。相比于前四种,译者对误杀和过失杀的译介更为详细。误杀是犯人意外杀害本无意要杀害的人,且并未同被害人吵架。误杀他人的犯人根据清朝法律应被处死,有的是立即处死,有的则是收监后处死,其间的缓刑可能令犯人有望免死。同误杀相比,过失杀是纯粹的意外。译者以短柄斧头飞出斧柄为例说明其意外性。过失杀被视为由疏忽导致的杀人,且不是死罪。该译者对《大清律例》"六杀"的逐条翻译较为详细,且"六杀"与英国法律的对比凸显了中西法律对具体犯罪过程的不同认识。

《中国丛报》民族志译者既译介晚清法律的具体内容,亦评价晚清法律。《中国丛报》第 3 卷第 3 期论及对华交往的文章《同中国的自由交往》("Free Intercourse with China")在展现晚清中国现状时亦对清朝法律作出评价。① 该译者认为清朝法律固然有可取之处,但违反自然法则,亦即上帝的法则,原因在于清朝法律剥夺人成为自由主体的权利,妨碍个人尽最大可能追求个人幸福。译者在此对清朝法律作出如此评价的原因在于《大清律例》禁止民众信仰天主教,而信仰天主教则正是译者等西方传教士眼中追求个人幸福的最好方式。此处批判由清政府为维护自身而禁教与西方传教士企图在华传教之间的对立造成。该译者在此存在西方中心主义与基督教中心主义的立场,在评价他者法律时以自身立场为中心。译者批判清朝法律仅允许中国民众崇拜木头和石头制作的偶像,而对信仰天主教的中国民众处以监禁或死刑等刑罚。《大清律例》中确有条例规定在传习天主教、煽惑众人的过程中为首且私立名号的人将被立即判处绞刑,而传教人数不多且没有名号的人虽被判处绞刑,但须先监禁再等候处理。然而,《大清律例》亦存在包容信教问题的地方,允许民众"如能悔悟赴官

① 《中国丛报》译文为"In many respects the laws are good; but in others they infringe the laws of nature—the laws of God; for they deprive men of those rights which render him a free agent and contribute in the highest possible degree to personal happiness. If the people will bow down and worship wood and stone, and their rulers too, well and good; but if they presume to worship heaven, or as they ought to do, Him that dwelleth therein, they violate the laws of the land and incur the heavy penalties of chastisements, imprisonment, or death."。参见 Bridgman, Elijah Coleman: *The Chinese Repository*, 1834 - 1835, 3(3): 129。

首明出教，及被获到官情愿出教，当堂跨越十字木架真心改悔者，概免治罪"（张荣铮等，1993：282），并没有苛待所有同天主教沾边的民众。但是，《中国丛报》民族志译者仅译出清政府对民众信教严苛的一面，却未全面反映其允许民众悔悟的一面。该译者固然可能因了解不透彻等原因忽视《大清律例》对信教民众从宽处理的一面，但是上述关于《大清律例》的评价表明《中国丛报》民族志译者着重突出晚清法律的严苛与残酷之处，通过抨击清政府的做法来将其刻画为野蛮的一方。

《中国丛报》关于晚清司法治理的民族志翻译不仅涉及上述同晚清法律有关的内容，也对晚清的司法过程有所涉及。《大清律例》英译本书评撰写人认为尽管清代法律在他们眼中存在诸多缺陷，但中国本土民众却颇为认可《大清律例》。该译者强调中国人亦希望执法公正，以免肆意妄为的做法和腐败行径干扰官府断案（Bridgman，1833－1834，2（3）：111）。但是，根据《中国丛报》的民族志翻译，晚清国人要经历公正的司法过程并非易事。《中国丛报》译者认为晚清中国审判形式简单，既没有陪审团，又不用诉状。官员根据证词断案，并将犯人送到牢房或行刑的地方。倘若没有证人，被告人有时被折磨至认罪（Bridgman，1833－1834，2（5）：211）。以上关于晚清司法审判程序的译介已然将晚清司法制度定性为"不公正"。译者上述评价亦涉及中西司法审判的对比，并将中国审判形式不同于西方之处（如缺少陪审团等）视为晚清司法的弊端。《中国丛报》民族志译者指出晚清司法不公正不仅同司法程序有关，而且同涉案人员身份有关。《中国丛报》第3卷第1期指出，清政府处理死刑案件时考虑原告和被告的社会地位。主人杀死奴仆和奴仆杀死主人的后果不同，甚至有关正当防卫的判决也会考虑涉案人的社会地位。译者在此提及同妇女相关的案件。倘若妇女杀死企图侵犯她的男性，可算作正当防卫。但若企图侵犯她的人是按照古代"三纲五常"理应敬重的人，妇女便将被处死。此类女性在译者眼中是被法律杀死的（murdered by the law）（Bridgman，1834－1835，3（1）：39）。译者在此将晚清司法拟人化为残酷无情且不公正的形象，强烈批判晚清司法。相关译文的拟人手法亦凸显《中国丛报》民族志翻译使用修辞化语言，以引发译文读者共情并渲染原文氛围。

译者在批判晚清法律与司法的同时似乎有意回避《大清律例》相较于西方法律更具人性化之处。《大清律例》规定抵押人可在到期前将土地赎回的条文令译者感到奇特（Bridgman，1834－1835，3（3）：121），原因在于《大清律例》此条规定与英美法系相比更宽容。同时期的英国债务人倘若无法在一年内赎回土地,便将永久丧失被典卖的土地,而清代债务人则拥有更有利的回赎权(孙笑侠,2016:344)。但是,译者并未在民族志翻译中具体说明其感到奇特的原因,因而《大清律例》比英美法系更具人性之处未被译者强调。

基于对晚清司法治理的批判,《中国丛报》译者亦通过译介清朝内部种种案件说明晚清司法治理的弊病。《中国丛报》第 1 卷第 2 期"时事报道专栏"提及广州近期偷窃和抢劫案件频发。在官兵逮捕的过程中,嫌疑人因溺水等原因死亡。为推脱责任,官兵谎称嫌疑人用刀剑反抗。该消息的译者借此批评晚清官府判案荒谬,有时甚至导致无辜的人被处以极刑(Bridgman,1832 - 1833,1(2):79 - 80)。无辜之人受牵连同清朝审案过程允许动刑有关,如《中国丛报》第 1 卷第 7 期"时事报道专栏"提及清朝官府在处理一桩因通奸毒杀亲夫的案子时通过刑罚逼迫相关证人和嫌犯认罪(Bridgman,1832 - 1833,1(7):295)。屈打成招确为晚清司法治理存在的弊病之一。民族志译者选译相关内容表明其关注晚清司法治理存在的不足,而其对晚清司法治理的批判亦将他者塑造为野蛮的一方。

为展现晚清司法治理中刑罚的残忍,《中国丛报》第 1 卷第 7 期提到晚清刑罚囊括砍头、绞刑以及将犯人碎尸万段等做法。该译者特意将译文中的"ten thousand pieces"(一万片)用引号圈注,强调刑罚的残忍程度。译者指出,当时最为常见的惩罚是用棍棒击打背部。即便译者对晚清司法治理主要持批判态度,但其依然客观译介司法治理中相对而言不被自身批判的事物。译文表明犯人受刑后须在主审官面前叩头跪谢三下,以感谢主审官对其的惩戒(Bridgman,1832 - 1833,1(7):265)。该译者对犯人受刑后行礼的译介体现了晚清中国司法治理的惩戒作用,并折射出清代官民之间的服从关系。译者并未仅批判晚清刑罚之残忍,而是对受刑后的行礼亦有所关注,使得关于司法治理的民族志翻译有较为客观全面之处。

在概述刑罚种类的基础上,《中国丛报》其他译者亦译介具体的行刑过程。《中国丛报》第 2 卷第 4 期"时事报道专栏"译者在译介 32 人因做海盗而被砍头的消息时提及其作为外来旁观者感到震惊。① 译者不仅对数量众多的人被刽

---

① 《中国丛报》译文为"It is truly shocking to hear of men being cut off by tens and scores, by the hands of the executioner; and without exciting among the people the least horror or commiseration."。参见 Bridgman, Elijah Coleman: *The Chinese Repository*, 1833 - 1834,2(4):192。

子手砍头感到震惊，更对其他民众对砍头的反应感到震惊。他认为砍头并未让民众感到一丝恐惧或同情，这种描写将民众塑造成冷血且麻木不仁的形象，似乎他们对砍头之类的事早已司空见惯。然而，民众在译者眼中的冷血纯属主观臆断。基于中西双方表达情绪的差距，译者作为外来人一是难以透彻了解晚清国人表达感情的方式，二是即便未误解其亲眼所见的表情，也可能未能察觉冷血与麻木不仁背后隐藏的其他情感。上述译文草率地将民众译介为冷血且麻木不仁的他者，致使《中国丛报》民族志翻译成为丑化晚清国民形象的文本。类似于前例，《中国丛报》第 1 卷第 2 期"时事报道专栏"曾报道广州以斩首示众形式处决 17 名罪犯的消息，详细记录了示众地点不仅包括广州城南的市场，还包括 17 名罪犯的家乡。该译者在描述广州城内情形后以一句"Here we supposed was an end of the tragedy."（我们以为这会是这场悲剧的终点）转入后续对示众情形的描写（Bridgman，1832 - 1833，1(2):80），其中的 tragedy（悲剧）等词于字里行间透露出译者认为斩首示众过于残忍，因而难以认可这一刑罚。译者极力将斩首示众的场景描述得惨绝人寰，似乎意在带动译文读者的情绪，从而强化晚清司法治理在民族志翻译中的负面形象。另外，《中国丛报》第 19 卷第 1 期译者提及广州 1848 年斩首近 400 名罪犯，并详细译介广州斩首地点及斩首过程（Williams，1850，19(1):55 - 56）。翻译数字、地点及过程等细节无不是相关译者将晚清司法治理刻画得野蛮残忍的方式或手段。《中国丛报》第 1 卷第 7 期"时事报道专栏"则指出清廷砍头示众的目的是震慑有邪念的人，但译者质疑这一目的是否能达到。该专栏译者认为此类残忍行径影响人心灵中美好的部分，并可能让铁石心肠的人更无情，而凶残的人则依旧残忍（Bridgman，1832 - 1833，1(7):291）。以上民族志翻译不仅批评晚清刑罚的残忍，而且通过暗讽晚清民众的冷漠表明清政府的残酷刑罚并不能起到任何警戒作用，从而进一步否认晚清司法治理的有效性与合理性。

由于晚清惩治罪行的工具于译文读者而言亦是陌生的，《中国丛报》民族志译者曾具体介绍竹子制成的刑具。《中国丛报》第 3 卷第 6 期译介竹子相关内容的文章提到清政府将竹制品用作维护秩序并迫使民众顺从的有效工具之一，根据犯人所犯罪行的严重程度用不同尺寸的竹制品责打其背部。译者特意提到由于竹制刑具在中国使用时间长，bambooing 一词在中文里有犯轻罪之意（Bridgman，1834 - 1835，3(6):267）。此处 bambooing 对应的中文应当是"笞刑"，而"笞"在《康熙字典》中的解释恰为"笞之为言耻也,凡过之小者,捶挞以耻之"(张玉书、陈廷敬等,1947:3),与《中国丛报》译者的解释相吻合。该译者对"笞"字的译介表明其对晚清司法了解较为深入,知晓同晚清司法相关的古代文化。

除直接批评晚清司法治理不公外,《中国丛报》民族志译者亦借助清朝官员之口控诉其不公。《中国丛报》第 1 卷第 6 期"杂记专栏"译者曾记录涉及刑部的相关内容。皇帝因求雨不成让大臣陈述近期听闻的不公之事。一名监察御史因此提到刑部在执法过程中的残酷与不公,涉及折磨、长期监禁、残害无辜等问题。监察御史以两名被告为例说明此事,其中一名被告在长达 40 天的审讯中一直受刑。一名被告最终被证实是无辜的,而另一名被告则死在狱中(Bridgman,1832 - 1833,1(6):236)。译者此处的民族志翻译表明他者自身亦认为晚清司法治理存在弊病,借他者之口使其相关译介内容更具可信性,从而将晚清司法治理不公塑造为更易被译文读者认可的事实。

基于对晚清司法治理现状的了解,《中国丛报》的民族志译者亦曾介绍晚清时期民众上诉的途径。《中国丛报》第 1 卷第 7 期"时事报道专栏"译者提及中国古代皇宫门前设有一鼓,供人向皇上击鼓鸣冤。晚清国人则可直接向都察院上诉,并由都察院决定是否传达至皇上(Bridgman,1832 - 1833,1(7):294)。《中国丛报》译介的内容表明清朝民众面对司法不公采取罢市等措施反抗,如《中国丛报》第 2 卷第 9 期"时事报道专栏"曾译介一桩抢劫案导致商户罢市的消息。1834 年 1 月 10 日,一对父子的服装店被公然抢劫,但地方长官希望按照偷盗处理该案。父子因坚持按照抢劫处理而被关押,其他商户为抗议地方长官做法关店罢市。译者特意将"罢市"音译为 pa she(Bridgman,1833 - 1834,2(9):431)。《中国丛报》民族志译者通常仅音译其认为需着重向译文读者介绍的中文概念,可见"罢市"是译者希望读者了解的他者行为。① 罢市之所以被译者关注可能是由于该现象表明清政府司法治理不合理至引发民众停止营业、进行抗议的程度。因此,译介罢市于译者而言有利于在民族志翻译中凸显晚清司法治理的弊病。此外,由于 19 世纪 30 年代至 19 世纪 50 年代的《京报》已不易

---

① 为凸显中国文化特色,音译部分译名或许是促进中华文化传播的有效方法。译名的区分有利于直观呈现文化特色,但也存在不便于理解传播的弊端。因此,译者须根据具体情境衡量。

获得，上述翻译内容不仅是对晚清上诉及民众罢市以求公正的珍贵记录，而且亦有助于今人大致了解清政府官报《京报》的内容。

《中国丛报》民族志翻译中的具体案例不仅如上所述反映晚清司法的治理情形，而且也向读者介绍中国值得探讨的案例。《中国丛报》第 2 卷第 11 期"时事报道专栏"译者曾提到一桩值得讨论的关于小偷致失主死亡的案例（Bridgman，1833 - 1834，2(11)：528）。① 该案件案情复杂，哪怕是放置在当下也易引起争议。类似案例的译介表明《中国丛报》民族志翻译中有关晚清司法治理的具体案例丰富，彰显民族志译者对他者社会内部案件的好奇，以及自我与他者对司法治理的共同关注。相比于其他批判晚清司法治理状况的民族志翻译，该案例的译介亦表明《中国丛报》民族志译者在面对晚清中国的司法案例时也注重案例本身的法理层面，而非总以批判为目的译介晚清中国的司法治理情形。

《中国丛报》民族志译者不仅了解晚清司法治理的相关案例，而且可能曾参观清朝衙门。② 《中国丛报》第 1 卷第 9 期"文艺通告专栏"曾翻译中国衙门常铭刻的 16 个字，这 16 个字的原文与译文如表 3.3 所示。

**表 3.3　清朝衙门铭刻的 16 个字的原文与译文**

| 原文 | 《中国丛报》译文 |
| --- | --- |
| 尔俸尔禄，民膏民脂，下民易虐，上天难欺。（洪迈，2018：66） | Urk fung urk luk; /min kaou min che; /Heă min e neok; /shang teën nan te. /Your emoluments and your rewards, /Flow from the people's marrow & fat; /Low people you may easily oppress, /But high heaven you cannot deceive. (Bridgman, 1832 - 1833, 1(9)：380) |

该译者误以为上述 16 个字由雍正创作，因而将其归入同雍正有关的译介

① 根据该译者的翻译，案情大致如下：湖南一名小偷在被物主发现行窃时落荒而逃，中途丢下财物以脱身。但物主因天色昏暗未留意被抛下的财物，追到小偷时对其拳打脚踢。小偷在反击时用头撞向物主肚子，致其死亡。当地官员判处小偷死刑，但随后有人告御状，为小偷辩护称他并无杀人意愿，属于过失杀人，从而希望皇帝免除小偷死刑。道光帝则认为免其一死有违清律，小偷应当被处死。

② 此处无法确认该译者是否曾前往衙门，原因在于根据其他学者的说法，此 16 个字在清朝前期通常是刻在衙署大堂之前正中的戒石碑上的，后期又改成刻在牌坊上。参见李密珍：《遗迹文物中的国学》，北京：中国广播电视出版社，2013 年，第 105 页。译者指出清代衙门铭刻此 16 个字，但现已无法确认译者具体的信息来源。

中,表明其对中国文化的了解难免存在缺漏之处。这 16 个字实则是由宋太宗赐给各郡官员的箴言,而宋太宗又是从五代蜀主孟昶的《颁令箴》中摘选出的它们(洪迈,2018:66)。译者先是音译这 16 个字,再对其进行意译。译者用 flow 这一带有"流出"含义的词作为译文第二句的开头,生动形象地体现官员俸禄取之于民的事实。此处译者将"下民"译为 low people,将"上天"译为 high heaven,该译法保留原文中上下之间的对立,而 but 一词更在强调转折意味的同时表明这 16 个字是在警醒官员秉持正道。但是译文中的 cannot 将原文"难欺"的含义绝对化,"难以欺骗"变成"无法欺骗",译文在程度方面重于原文。该译者对上述 16 个字从音译到意译的翻译过程同百余年后人类学家在田野调查中翻译他者语言的过程并无二致,两者均先以音译的方式记录他者语言的发音,再将音译的内容意译为自身语言。此过程的一致性进一步说明将《中国丛报》撰稿人视为民族志译者是合理的。

虽然《中国丛报》民族志译者在译介晚清司法治理时大多持批判态度,但其对晚清法律与司法过程的认识亦有较为客观全面之处。相关《中国丛报》民族志翻译之所以出现关于晚清司法治理的负面内容,是因为中西法律观念从体系到具体内容均存在对立,且相关译者似乎有意将晚清中国在司法治理方面刻画为野蛮残酷的形象,以将清政府这一妨碍自身在华利益的主体牢牢地置于西方自身的对立面。由于《中国丛报》民族志译者以自身为准绳批判晚清司法治理残忍不公并过度渲染晚清中国的负面形象,晚清中国这一他者在司法治理层面被刻画为野蛮无情且残酷的主体。

### 3.2.3 从军备兵力到作战态度——军事治安

《中国丛报》民族志译者不仅关注晚清司法治理,而且在民族志翻译中译介同晚清军事治安相关的内容。整体而言,晚清军备与兵力在其眼中较弱。部分译者直言中国难以抗衡欧洲国家的军事力量,其并不希望中国陷入与欧洲国家作战的境地(Bridgman,1833 - 1834,2(1):5)。此外,本节将介绍《中国丛报》中与中外军事对比有关的内容,以进一步探讨《中国丛报》民族志译者对自身与晚清中国这一他者之间关系走向的思索。

《中国丛报》不乏关于晚清军备与兵力的民族志翻译。郭士立对相关情况的译介基于其沿海航行北上所见的清军港口、堡垒和士兵。他在游记中曾提到一个叫作 Namoh 的港口，并详细记录该港口的经纬度为北纬 36°28′、东经 116°39′①，且该港口建有清军堡垒。该港口同时用于广州人和福建人的贸易往来。郭士立记录称该港口宽广而水深，但入口较为难进且危险（Bridgman，1832 - 1833,1(3):93）。郭士立对港口的译介细致入微，不亚于一张翔实的军事地图，有助于西人为在华作战做准备。此外，郭士立注意到白河②附近的堡垒近乎方形，其周围是单层墙体，几乎没有设防（Bridgman，1832 - 1833,1(4):132）。郭士立此番译介无疑可帮助译文读者借此知晓晚清中国军事设施的不堪一击之处。他在游记中亦提及英国船只在中国能否顺利航行的问题。他指出，清政府为防备英方攻击，往往在英国船只抵达白河流域时派出由步兵和骑兵组成的士兵小分队。此外，当时中国人认为白河浅到不足以让战船经过，但郭士立特意指出事实并非如此。他发现当南风盛行时，最大的战船也可经过，而白河河道平时的流速却快得让英国船只难以驶入（Bridgman，1832 - 1833,1(4):133）。由此看来，郭士立有意在其民族志翻译中透露英国船只如何在中国航行的情报，其撰写民族志翻译的目的是为自身所隶属的西方群体服务。基于此目的，郭士立不仅关注中国的水路交通，还关注其陆路交通。他发现晚清中国道路较少，有些地方几乎找不到可供一人通行的路（Bridgman，1832 - 1833,1(4):137）。郭士立关于清兵堡垒等军备设施和道路交通的民族志翻译既为 19 世纪上半叶的西方译文读者提供相关情报，又可能影响时局，使清政府被迫陷入自己身在明处而西方势力身在暗处的困境。

除郭士立关于清朝军事情况的记录外，《中国丛报》"时事报道专栏"大多刊出从《京报》等信息渠道获取的军备与兵力信息。《中国丛报》第 1 卷第 12 期"时事报道专栏"曾译出约 20 名从前线退役的清兵前往广州培训士兵作战的消息。该译者特别提及一种 8 英尺～9 英尺（约 2.44 米～2.74 米）长，适用于山地地区的火器（Bridgman，1832 - 1833,1(12):511），可见《中国丛报》民族志译者对晚清的军事训练方式与所用武器较为关注。此外，相关译者亦留意晚清的

---

① 该地点对应今山东西部地区，可见郭士立当时给出的经纬度并不精确。当时精准定位经纬度仍是全球尚未解决的问题。然而，该信息仍是对西方有利的军事情报。

② 此处白河应当是指流经河北省和北京市北部的潮白河的上游之一。参见辞海编辑委员会：《辞海·地理分册·中国地理》，上海：上海辞书出版社，1981 年，第 330 页。

军费支出情况。《中国丛报》第 1 卷第 5 期"时事报道专栏"指出,广州在 5 个月中为军队拨付超过 200 万两白银用于购买武器弹药(Bridgman,1832 - 1833,1(5):207)。《京报》等信息渠道使《中国丛报》民族志译者得以获取晚清官方内部的军费等信息,而这些信息亦如上所述迫使清军在与此后抵达的西方列强的交锋中更为被动。19 世纪 30 年代初,晚清中国距离 1840 年第一次鸦片战争仅有不到 10 年光景,而道光帝及清廷官员亦觉察到危险的迫近。《中国丛报》民族志译者译出道光帝 1832 年 9 月 29 日下令要求沿海省份官员维修堡垒和战船,以不时出海巡查并驱逐海岸线边所有欧洲船只的消息(Bridgman,1832 - 1833,1(7):296)。但是,类似的民族志翻译在欧美读者眼中越发凸显清政府排外的弊病,且《中国丛报》民族志译者亦反感清政府排外的做法。

整体而言,清军兵力根据《中国丛报》民族志译者的观察不堪一击。《中国丛报》第 1 卷第 4 期"杂记专栏"译者直言晚清中国在军事方面存在短板。他指出中国沿海城市和贸易未受海军保护,难以抵抗海盗劫掠。中国内陆用于向京城运送各省贡品的皇家运河对其敌人而言亦唾手可得(Bridgman,1832 - 1833,1(4):145)。在该译者笔下,中国沿海地区和运河地区均军力有限。《中国丛报》第 2 卷第 6 期则提及清兵在组织纪律层面和作战实力上的短板,而清兵除人数优势外似乎在军事方面毫无令人畏惧之处(Bridgman,1833 - 1834,2(6):241)。该译者认为清政府在军事上无疑是软弱的,而上述关于军备和兵力的民族志翻译亦揭示晚清军事实力各方面的欠缺。

与此相关,《中国丛报》部分民族志译者认为清军兵力不及自身,为实现扩大在华利益目标而对比中外军事实力。[①] 由于中国和欧洲的军事实力悬殊,《中国丛报》第 2 卷第 8 期译介对华贸易问题的译者直言难以找到词汇充分描述二者之间的差距。欧洲小型的横帆双桅船足以抵得上中国当时最强的军用

---

① 《中国丛报》译文为"It is difficult to find terms to express adequately the disparity between what is Chinese and what is European with regard to the military and to the navy. One small brig of war may be considered equal to the mightiest of their junks of war; one battalion as equal to any 10,000 men they could produce."。参见 Bridgman, Elijah Coleman: *The Chinese Repository*,1833 - 1834,2(8):368。

帆船,且欧洲的一个营便可与一万名清兵抗衡。① 由此可见,在华西人对自身军事实力颇为自信,认为晚清国人无法抵抗欧洲兵力。此外,该译者在军事战略层面认为占领中国的一个岛相当于打开潘多拉的魔盒,不能觅得任何好处,中国人还将因此深感不满,并拒绝外国人在华获取任何利益。该译者点明外国人迫使清廷妥协最为有效的方法是派军队攻入中国首都或中国中部地带。此举影响将远超占据中国的一个小岛(Bridgman,1833-1834,2(8):369)。该方法正是此后第一次鸦片战争和八国联军侵华战争中列强所用战略:在第一次鸦片战争中,英军最北一度攻入天津;而在八国联军侵华战争中,列强更是直抵紫禁城,逼迫清政府就范并签订一系列丧权辱国的条约。《中国丛报》刊登的相关民族志翻译如同西方侵华的军事指南,而这既是因为《中国丛报》本身是西方获取中国情报的重要渠道,亦是因为《中国丛报》撰稿人因了解中国而成为制定对华政策的重要成员。

　　在作战态度方面,《中国丛报》亦有其他持主战观点的译者,如《中国丛报》第3卷第5期译介匈奴人相关内容的译者于文首提到,尽管清政府自诩能影响所有国家,但其却未产生任何实质性影响。该译者明言中国沉睡的状态令其成为任何胆大的冒险者均可轻易拿下的猎物(Bridgman,1834-1835,3(5):1)。具体如何轻易拿下可参考《中国丛报》第1卷第4期"杂记专栏"译者为控制晚清中国提出的两个方案:一是通过切断物资供应逼迫皇室就范,二是西方各国共同向清政府表达自身诉求,从而在不牺牲一兵一卒的情况下影响清政府政策(Bridgman,1832-1833,1(4):145)。相比于较为温和的第二个方案,第一个方案需军事力量介入,以实现西方扩大在华利益的目的。《中国丛报》民族志译者在此直接为侵华提供作战方案,毫不掩饰自身希望掌控晚清中国这一他者的意图。

　　但是,并非所有《中国丛报》译者均认为西方应当对华作战。《中国丛报》第3卷第1期译者坦言其不希望美国同中国对战(Bridgman,1834-1835,3(1):11-12)。② 他希望以和平方式实现对华自由贸易与交往的目的。此外,《中国

---

① 此处人数可参考英国如今一个营的人数,通常在500人到800人之间。参见"British Army Strength", http://www.armedforces.co.uk/army/listings/l0086.html, accessed 2023/10/20。

② 该译者在此篇文章中主要译介中国汉语。

丛报》第 1 卷第 4 期"杂记专栏"译者亦认为西方人不应用铁骑摧毁中国的风俗,也不应用佩剑斩断中国的傲慢。但他不禁发问中国和西方国家究竟该以何种方式相处。虽然该译者否认西方对华作战的可能性,但其猜测中国傲慢的姿态可能是用于掩饰自身的虚弱,并且一旦弱点暴露于光天化日之下,清廷可能不再傲慢(Bridgman,1832 - 1833,1(4):145)。尽管该译者不主张以发动战争的形式扩大自身利益,但其依然将晚清中国视为衰弱的一方。

结合上文关于晚清军备与兵力的民族志翻译,晚清军事实力弱于西方。清廷不得不担忧外国人可能发动战争。《中国丛报》民族志翻译如同军事指南一般为西方提供中国军事等方面的情报,加之部分译者持有主战观点,迫使清廷随后陷入战争。① 上述关于晚清官方层面内部治理的民族志翻译将晚清中国塑造为野蛮衰弱的他者。面对自我与他者的观念冲突,相关民族志译者以自身熟悉的观念为准绳,进而批判清政府包括民生治理、司法治理和军事治安在内的内部治理。同时,《中国丛报》民族志翻译亦反映清政府内部治理的腐败等问题,其关于公告等内容的译介亦成为记载晚清中国官方内部治理情况的珍贵史料。

## 3.3 抨击他者对外贸易与交往状况

如上所述,《中国丛报》民族志翻译反映西方 19 世纪 30 年代为扩大在华利益所酝酿的对华作战氛围,其中不乏对晚清对外贸易与交往情形的不满。对此,《中国丛报》民族志译者对晚清中国的对外贸易与交往亦有所译介,体现了译者扩大西方在华利益的意图,表明了以《中国丛报》译者为代表的在华西人是关注自身利益的自我,并为实现自身获利的目的将晚清中国塑造为封闭保守的他者。

### 3.3.1 从贸易产品到贸易政策——对外贸易

《中国丛报》关于晚清中国对外贸易的民族志翻译既关注中国对外贸易涉

---

① 历史不容假设。然而,倘若晚清国人能够及时阅读《中国丛报》的上述信息,或许能够更加清醒地意识到自身处境并适时作出调整。

及的商品种类与机构等内容，也关注清政府保守的对外贸易政策。《中国丛报》第 2 卷第 10 期译介中国对外贸易的译者曾按英文单词首字母顺序详细介绍广州的进出口产品，其中既有龙涎香、八角、安息香、豆蔻、肉桂、土茯苓、丁香、麝香等香料和药材，又有海参、燕窝、鱼肚等食材，还有琥珀、珊瑚、龙血树树脂、黑檀、象牙和中国出口的瓷器、漆器等产品。该译者亦格外关注大米的进口情况。清政府采取各种措施鼓励大米进口，包括允许仅装载大米的外国船只于广州免缴相应税款(Bridgman，1833-1834，2(10)：469)。清政府对大米免税的政策表明其对大米进口持积极态度，希望提升大米进口量。该做法同晚清中国各地时有因粮食产量不足发生的饥荒有关。《中国丛报》民族志译者译介晚清中国对外贸易的商品种类有利于不熟悉相关情形的译文读者了解彼时中国的对外贸易特点，从而起到类似于在华经商指南的作用。

《中国丛报》民族志翻译不仅如上所述客观呈现晚清中国对外贸易涉及的商品种类，以及清政府鼓励大米进口的措施，而且涉及清政府管理外国商人的机构。为便于管理外国人在华经商的相关事宜，清政府专门设立广州十三行机构。《中国丛报》第 2 卷第 7 期曾介绍广州十三行的相关情况。该译者将"十三行"音译为 shih-san hang，意译为 the thirteen factories，并具体译介十三行各行名称。译者认为各行名称大多蕴含希冀得到好运的含义，如最东边的"怡和行"(被音译为 E-ho hang，意译为 the factory of Justice and Peace)寄托了晚清国人的和美期盼，但被外国人称为 the Greek factory(Bridgman，1833-1834，2(7)：304)。此处译者将"行"字译为 factory，但 factory 并不是指从事生产活动的工厂，而是东印度公司称呼代理商居所的方式(卫裴列，2004：18)。与此类似，王树槐指出 factory 为"夷馆"，亦即当时在华传教士与外商的居住地(王树槐，1964：18-19)。另外，译文对"怡"字的意译(justice)同该字本身表示愉悦的含义有出入，可见译者对汉字了解有限。译者此处对十三行名称的翻译展现中国人和外国人对各行不同的命名方式。中国为十三行所起的带有各种吉祥寓意的名称于外国人而言不便于记忆，因而外国人用 the Greek factory、the Dutch factory、the British factory、the Old English factory、the Swedish factory、the American factory 等外国国家名代指各个商行。广州十三行被双方以不同方式称呼彰显中外不同的命名习惯。由于当时外国商人对中国文化普遍了解有限，因此难以适应清政府对广州十三行文化意味浓重的命名方式。

带有当地文化特色的词汇亦是令民族志译者感到不易翻译的内容,因而出现上述 justice 等误译。

基于中外开展贸易的需要,买办作为促进对外贸易的群体应运而生。《中国丛报》第 2 卷第 7 期曾翻译买办在外国人眼中的面貌。① 该译者沿用"买办"在英语中 comprador 的译法,并介绍买办是外国人在广州经商需首先雇佣的人。译者称买办经特殊许可方可担任外国人的 head servant,亦即男管家,表明买办在外国人眼中仅为高级仆人的定位。此处特殊许可是清政府授予为外商采买物品的中国人的腰牌印照(吕铁贞,2008:179)。译者对此特殊许可并未明言,而是强调买办是负责外国人居所家庭事务的总管,负责按照雇主意愿雇佣其他仆人并采购物品。但是,该译者对买办高级仆人的定位与清政府不同。清政府主要是将买办视为外国商人和中国商人之间的中间人与代理人。19 世纪 30 年代时,买办主要负责管理洋行内的事务(陈旭麓等,1982:274),译者对买办的定位可能与此有关。双方对买办的不同定位亦体现自身与他者的不同认知。

《中国丛报》第 1 卷第 5 期译者在《中国丛报》上刊登了《美国百科全书》关于中国与美国 1821 年至 1827 年间经广州的进出口数据(见图 3.1)。

| Years. | Imports. | Dom. Exp. | For. Exp. |
| --- | --- | --- | --- |
| 1821 | $3,111,951 | $388,535 | $3,902,025 |
| 1822 | 5,242,536 | 429,230 | 5,506,138 |
| 1823 | 6,511,425 | 298,375 | 4,347,696 |
| 1824 | 5,618,502 | 330,466 | 4,970,705 |
| 1825 | 7,573,115 | 160,059 | 5,410,456 |
| 1826 | 7,422,186 | 242,451 | 2,324,193 |
| 1827 | 3,617,183 | 290,862 | 3,573,543 |

图 3.1 中国与美国 1821 年至 1827 年间经广州的进出口数据

图 3.1 中,进口(imports)指美国从广州进口的货物,出口分为 Dom. Exp

---

① 《中国丛报》译文为"A gentleman, fitting up an establishment in Canton, must first obtain a comprador: this is an individual who is permitted by special license to act as head servant; he has the general superintendence of the domestic affairs of the house; procures other servants, purchases provisions, &c., according to the wishes of his employer."。参见 Bridgman, Elijah Coleman: *The Chinese Repository*, 1833 - 1834, 2(7):305。

和 For. Exp 两类,分别是美国国内产品的出口量和从美国出口到广州的外国
产品的出口量(Bridgman,1832-1833,1(5):165)。图 3.1 的数据表明美国
更多是向广州出口外国产品,且美国和广州的进出口总量除 1826 年外大
体保持平衡,但 1827 年美国的进口量相对从前出现较为明显的下滑。《中
国丛报》民族志翻译呈现的与进出口相关的数据体现出译者对中国对外贸
易的关注,成为当下研究早期中美贸易问题的珍贵史料。与此相关,《中国
丛报》第 1 卷第 6 期译介美国海员之友俱乐部(American Seamen's Friend
Society)已增加在广州港的船舶和船员数量的消息(Bridgman,1832-
1833,1(6):243),似乎旨在说明美国扩大对华贸易的趋势。但是,清政府
对开展贸易的想法与此相悖,从下述有关清政府对外贸易政策的译介中可
见一斑。

　　清政府并不想扩大对外贸易规模,但包括《中国丛报》民族志译者在内的西
方人士大多希望清政府扩大对外开放的程度。《中国丛报》译者强调自由贸易
的重要性。在创刊词中,他们指出中外双方均能通过贸易往来获利,且禁止贸
易往来的做法侵犯人不可剥夺的权利(Bridgman,1832-1833,1(1):1)。译者
将清政府限制贸易的保守做法视为侵犯人权,体现中西双方对人的权利的不同
认识。对此,蒋廷黻指出,工业革命促进自由贸易理念发展,致使英国人在 19
世纪将阻碍贸易发展的中国视为野蛮、黑暗且须打倒的对象。他进一步认为,
在广州的传教士对于中国各种禁令的愤慨在商人之上(蒋廷黻,1934:811)。
《中国丛报》部分民族志译者便是身处广州的传教士,且他们反对清政府对通商
设立的诸多限制,如《中国丛报》第 3 卷第 8 期"时事报道专栏"译者在 1834 年
11 月 15 日清政府颁布的禁止行商挑唆外国人的公告译文前特意撰写附注,表
明对该公告不认可的态度。该译者指责公告直接用 barbarians(野蛮人)这一
称呼,反对这份在其看来带有污蔑性质且不公的公告(Bridgman,1834-1835,
3(8):391)。该译者对上述公告的不满折射出其对清政府贸易管理措施的否定
态度。

　　《中国丛报》第 3 卷第 3 期亦引用其他西方人士的观点证明清政府的对外
贸易政策存在不足。该译者不仅引用小斯当东①、马治平(Charles

① 上文《大清律例》英译本译者。

Majoribanks)和奥贝尔(Auber)的说法,而且参考英国《威斯敏斯特评论报》
(*Westminster Reviews*)、《旁观者》(*Spectator*)和《亚历山大东印度杂志》
(*Alexander's East India Magazine*)等报刊的说法。译者直接引用小斯当东
认为广州并不是中国最利于开展进出口贸易的港口的观点。小斯当东认为,
清代中国对外贸易既不受条约限制,亦不受北京官员管理,而是完全由广州
地方官任意处置,其将中国对外贸易的种种弊端归罪于清政府(Bridgman,
1834 - 1835,3(3):130)。然而,小斯当东的观点半真半假,晚清中国对外贸
易虽然由广州官员直接处理,但依然受制于清廷的中央行政机构,广州官员
并不可任意处置相关事宜。此外,小斯当东在此提及广州并不是最有利的地
点,其实亦是希望扩大在华开展贸易与对外交往的范围。与此相关,该译者
引用 1819 年至 1820 年在华经商的 J. B. 厄姆斯顿(J. B. Urmston)关于外国
人在华情形的说法,及其希望英国政府将在华贸易范围从广州扩大到中国北
部港口的观点。另外,该商人认为中国的对外贸易局限于广州致使运费上
涨,须附加各地商品运往广州的开支。广州在其眼中也不是在华贸易的最佳
地点,其眼中的理想地点是宁波和杭州(Bridgman, 1834 - 1835,3(3):131)。
由此看来,该译者等西人不满足于仅能在广州经商的现状,不仅希望将在华
活动范围扩大至北部地区,而且偏好宁波、杭州等地。对此,该译者引用《威
斯敏斯特评论报》1834 年 1 月刊印的关于对华贸易的看法,其中提到欧洲在
华贸易拓展到广州之外的唯一障碍是被恐惧和妒意笼罩的清政府
(Bridgman, 1834 - 1835,3(3):1),可见清政府在欧洲当时的报刊中亦被塑
造为阻碍贸易的他者。1834 年,其他欧洲报刊亦格外关注对华贸易问题。
《旁观者》1834 年 1 月 4 日的评论部分和《亚历山大东印度杂志》当年 2 月刊
印的内容均论及对华贸易未来何去何从的问题,以及律劳卑爵士被任命为驻
华商务总监的消息(Bridgman, 1834 - 1835,3(3):135)。《中国丛报》民族志
译者并未完全支持上述报刊观点,而是认为部分说法没必要言辞过激,且部
分评论亦存在谬误(Bridgman, 1834 - 1835,3(3):135)。该译者持有的态度
如此看来还算较为客观公正,但其依然是从自身利益出发支持扩大在华贸易
的在华西人。

　　由于当时外国人在华经商被限制于广州一地,《中国丛报》民族志翻译包含
大量同广州贸易有关的内容。清代时,中国从暹罗(泰国的旧称)等国进口各类

产品。郭士立游记提到从暹罗前往中国的船由暹罗制造，但执照由广州颁发。船自暹罗出发时载有苏木、糖、胡椒、翎毛、厚棉布等产品（Bridgman，1832 - 1833，1（3）：81）。郭士立的译介表明外国船只前往广州开展贸易活动须持有清政府颁发的执照，而此处翻译亦展示出广州当时进口何种暹罗产品。此外，《中国丛报》民族志译者亦译介广州商人的英语水平与广州的对外贸易数据。第 1 卷第 5 期指出广州商人并不能用英语熟练地同外国人做生意，而是用一种既不是英语也不是汉语的行话（Bridgman，1832 - 1833，1（5）：168），类似于"洋泾浜"英语。当时中外交流有限，因此熟练掌握对方语言的人亦有限。《中国丛报》此处民族志翻译进一步反映 19 世纪 30 年代初广州当地中外人士均无法熟练使用对方语言的窘境。然而，尚未熟练掌握对方语言并未阻隔中美双方于晚清开展贸易。

  为说明清政府不应在对外贸易方面施加限制，《中国丛报》民族志译者译介早至 14 世纪的中国对外贸易情况。第 2 卷第 3 期指出 700 年左右（唐代），广州专门开设对外贸易市场，且 1300 年（元代），广东、浙江和福建均开设港口供外国船只停留（Bridgman，1833 - 1834，2（3）：150），似乎意在说明晚清中国对外贸易的开放程度不及从前。此外，第 2 卷第 4 期认为葡萄牙的费尔南·佩雷斯·德安德拉德（Fernao Peres de Andrade）船长是欧洲从好望角前往中国开展贸易的先驱。德安德拉德船长于 1517 年抵达广州，适时正值明朝和平繁荣时期。此后，西班牙人、荷兰人和英国人前往中国（Bridgman，1833 - 1834，2（4）：152）。这说明中国对外贸易历史悠久。但是，清代中国相对封闭，阿拉伯船只不再驶向中国，中国的船只亦不再驶向加尔各答（Bridgman，1832 - 1833，1（1）：10）。译者翻译中国对外贸易史的目的依然是希望清政府顺应西方想法扩大对外贸易规模。郭士立作为《中国丛报》民族志译者之一便直言他希望一些契机可有效打开同中国自由交流的大门（Bridgman，1832 - 1833，1（5）：195 - 196）。郭士立等译者不仅希望在中国扩大市场，而且希望利用晚清中国充足的劳动力资源，如郭士立认为中国人口增长过快，清政府应当相应地调整政策允许居民移居外国，并同外国开展贸易，从而为国民提供充足的就业机会（Bridgman，1832 - 1833，1（5）：188）。由此看来，晚清中国从市场到劳动力资源等方面均是西方觊觎的对象，作为他者的晚清中国在其眼中几乎等同于攫取财富之地。

另外,郭士立关于对外贸易的民族志翻译有一处内容颇为独特。他提到一个叫作 Kanchow① 的山东港口,货物运达当地后经小河抵达城镇。该港口设有为印度和欧洲商人开办的市场,其中货品价格较为合理。市场收税低,而中国人对该市场交易的控制也微乎其微(Bridgman,1832 - 1833,1(4):131)。郭士立此处所描述的中外贸易市场似乎是其希望清代中国各地应有的市场模式,即不必经受清政府过多关于对外贸易的干涉,且货品价格与税率合理。由于山东在当时并不被允许对外开埠,郭士立此处描述是否真实仍然存疑,不排除此处民族志翻译是其为扩大在华贸易规模所杜撰的内容。无论如何,《中国丛报》民族志译者通过译介晚清中国对外贸易情形扩大贸易规模的目的昭然若揭。

整体而言,《中国丛报》民族志译者一方面认为同晚清中国开展对外贸易重要,另一方面希望改善如今贸易受到诸多限制的情形。《中国丛报》第 2 卷第 8 期"杂记专栏"译者提到他们最近收到数份来自欧洲的关于印度和中国事务的文件,其中同中国相关的部分是希望在中国推广自由贸易的原则(Bridgman,1833 - 1834,2(8):355)。由此可见,西方早在第一次鸦片战争之前就已企图在中国开展自由贸易。与此类似,《中国丛报》第 2 卷第 7 期指出同晚清中国开展贸易是现代商业体系的重要一环。但是,晚清中国对外贸易既没有商业条约保障,也没有成文条例监管。所有前往中国沿海的船只若非驶往澳门或广州的港口,均被清政府视为入侵者并被立即驱逐(Bridgman,1833 - 1834,2(7):301)。商业条约和成文条例是外国人在其自身倡导自由贸易理念的贸易体系中业已熟悉的,但对当时的晚清中国这一他者而言依然是陌生事物。然而,在华西人似乎仅希望晚清中国尽快将贸易体系转换为符合自身需求的状态,却忽视他者接受自身事物的相关问题。因此,晚清中国贸易政策的阻碍成为外国人眼中的弊端,《中国丛报》译者在自身西方中心主义立场的影响下对清政府封闭保守的对外贸易政策加以批判,并希望中外贸易按照自身意图开展。

---

① 经查阅《山东通志》中的 10 幅图,清代山东县级以上地名发音暂未发现与 Kanchow 相似的,因而无法确认郭士立此处所写的是何地。参见岳浚:《山东通志・1》,扬州:江苏广陵古籍刻印社,1986 年。

### 3.3.2　从交往意愿到交往目的——对外交往

　　《中国丛报》民族志译者不仅关注晚清中国对外贸易情况，而且关注与此相关的对外交往情况。与译介晚清中国对外贸易一样，相关译者译介晚清中国对外交往同样旨在扩大在华利益。但是，清政府的交往意愿却截然相反，清政府并不希望扩大对外交往范围。因此，《中国丛报》第 3 卷第 3 期译者抨击清代中国将自己视为世界中心，并指责清政府无视各国平等主权，不同其他国家一样互派使者交流的做法（Bridgman，1834 - 1835,3(3):129）。该译者将清政府描述为蛮横无理且刚愎自用的主体，无法同其他国家友好交往，已然将清政府定位成阻碍晚清中国开展对外交往的他者。

　　《中国丛报》民族志译者发现清代中国在对外交往方面愈加被动，促进双方交往的努力主要由西方人作出。《中国丛报》第 2 卷第 8 期指出欧洲 18 世纪至 19 世纪曾派遣数位大使到北京觐见中国皇帝，其中包括荷兰、葡萄牙、英国和俄国派遣的大使（Bridgman，1833 - 1834,2(8):337）。《中国丛报》译者普遍认为清政府在对外交往方面不仅不积极，而且存在原则性问题，如《中国丛报》第 3 卷第 1 期指出俄国是当时唯一同中国稳定交往的国家（Bridgman，1834 - 1835,3(1):13），以证明晚清中国并不热衷于对外交往。《中国丛报》第 1 卷第 8 期"杂记专栏"译者则认为清政府对外交往缺乏原则，未能尊重并真诚对待其他国家（Bridgman，1832 - 1833,1(8):329）。然而，清政府缺乏原则是《中国丛报》民族志译者站在自身立场上所得出的结论，相关观点可通过下述关于律劳卑事件的民族志翻译加以说明。

　　《中国丛报》民族志译者不止一次强调清政府允许自由交往于晚清中国自身亦有利。《中国丛报》第 2 卷第 7 期译者便认为对外交往有益于中国人。① 译者认为目前中外交往仅局限于商业领域，双方在科学、文学和其他社

---

① 《中国丛报》译文为 ". . . we think that the intercourse between the inhabitants of the western world and the Chinese has been beneficial to the latter. Hitherto this intercourse has been purely commercial; and science, literature, and all friendly and social offices, have been disregarded."。参见 Bridgman, Elijah Coleman: *The Chinese Repository*, 1833 - 1834,2(7):308。

会层面的交往有待加强。该译者希望为晚清中国引入西方科学、文学及其他事物,拓展双方交往的广度与深度。与此类似,《中国丛报》第 1 卷第 10 期译者呼吁更多人加入与中国交往的过程。① 该译者希望中国民众了解更多真理,而译文中所谓 exhaustless treasures of revealed truth(拥有无穷无尽的真理)对应的则是《圣经》。该译者应当是传教士,从基督教中心主义的立场出发希望更多中国民众皈依。然而,这一失之偏颇的立场不可能适用于晚清中国。此外,该译者希望中国接受所有的西方科学进步成果,其出发点看似是希望中国进步,但此进步方向无疑是西方国家所期望的方向。该观点是由译者西方中心主义的立场导致的,译者因将西方视为先进的一方而希望晚清中国这一他者朝着西方的方向进步。② 为实现让晚清中国进步的目标,该译者呼吁 the friends of China(中国之友)通力合作。译者并未阐明 the friends of China 具体包括哪些主体,而合作的具体方式又是什么。但是,该译者为晚清中国规划的发展路线纯粹照搬西方模式,体现其希望将晚清中国同化为与自身类似的国家的想法。

《中国丛报》译者关于晚清对外贸易与交往的民族志翻译似乎总在需要晚清国人对外国人友好时将晚清国人译成对外友好的模样,又在其他时候按照自身需求将其译成或是无知或是排外的面貌。简而言之,《中国丛报》上述民族志翻译从扩大自身在华利益的目的出发,按照自身需求译介相关情形,而非总能客观完整地呈现对外贸易与交往的真实面貌。

为促进对外交往,《中国丛报》民族志翻译包含大量回溯中国对外交往史的内容。《中国丛报》第 1 卷第 9 期曾以《中国与外国的交往》("Intercourse of the Chinese with Foreign Nations")为题译介中国对外交往史。该文译介中国在黄帝时期、周代、西汉、唐代、元代、明代等时期对外交往的历史,如提及唐代在广州首次设立对外交易的市场(Bridgman,1832 - 1833,1(9):366),明朝时中国在广州建造 120 处房舍用于接待外国人(Bridgman,1832 - 1833,1(9):

---

① 《中国丛报》译文为"Now to open to all the inhabitants of this great empire the exhaustless treasures of revealed truth, and to furnish them with a new literature, enriched with all the improvements of modern science, requires cooperation among the friends of China; the work is vast, and thousands may join in it."。参见 Bridgman, Elijah Coleman: *The Chinese Repository*, 1832 - 1833, 1(10):397。

② 但是,该进步方向未必适合中国,晚清中国逐步近代化的过程是根据国情逐步发展的过程。

369）。译者翻译中国对外交往史似乎意在表明中国对外交往历史悠久，且历史上曾出现对外交往频繁的阶段，通过今昔对比进一步说明晚清扩大对外交往的必要性。

　　与此类似，《中国丛报》第3卷第3期在以《中国的早期对外交往，阿里安、托勒密、阿拉伯旅行者、伊本·白图泰、卢卜鲁克、马可·波罗、鄂多立克、克拉维霍、门德斯·平托、安东尼·詹金森等人的描述》（"Early foreign intercourse with China, as described by Arrian①, Ptolemy②, the Arabian travelers, Ibn Batuta③, Rubruqius④, Marco Polo⑤, Oderic⑥, Clavijo⑦, Mendez Pinto⑧, Anthony Jenkinson⑨, and others"）为题的文章中提到中国人从古至今鲜少努力加深与其他国家的交流（Bridgman, 1834–1835, 3(3):108）。译者认为唐宋明三朝比清朝更乐于开展对外贸易，且清代帆船最远也未航行至印度的马拉巴、科罗曼德和加尔各答地区（Bridgman, 1834–1835, 3(3):115）。《中国丛报》第2卷第12期"书评专栏"译者亦提到1834年之前的百年间外国船只很少抵达中国、朝鲜、日本等地（Bridgman, 1833–1834, 2(12):529）。正如《中国丛报》第1卷第4期"杂记专栏"译者所言，欧美人士怀念中国历史上欢迎外国人到来的时期（Bridgman, 1832–1833, 1(4):142）。上述民族志翻译无论是强调

---

① 古希腊历史学家，曾创作《亚历山大远征记》（*Anabasis Alexandri*）等作品。

② 古希腊数学家、天文学家、地理学家和占星家，曾创作《天文学大成》（*Almagest*）、《地理学指南》（*Geography*）、《天文集》（*Tetrabiblos*）、《光学》（*Optics*）等作品。

③ 北非柏柏尔人，出生于摩洛哥，是一名旅行家。他的游记被英国阿拉伯语作家蒂姆·麦金托什·史密斯（Tim Mackintosh Smith）编为《伊本·白图泰游记》（*The Travels of Ibn Battutah*），而史密斯编时所参考的则是由北非马林王朝的宗教学者伊本·朱宰（Ibn Juzayy）根据伊本·白图泰的口述内容编写而成的游记。

④ 法国圣方济各会修士，曾创作《东游记》（*Ltinerarium ad Partes Orientales*）等作品。

⑤ 意大利旅行家，其口述由狱友笔录为《马可·波罗游记》（*The Travels of Marco Polo*）。

⑥ 根据《中国丛报》的说法是天主教托钵修会会士，曾在中国旅行。

⑦ 西班牙使节和旅行家，曾创作《克拉维霍东使记》（*Timur Devrinde Kadistan Semer-Kand's Seyahat*）。

⑧ 葡萄牙探险家，曾创作《冒险旅行记》（*Les Voyages aventureux*）。

⑨ 英国探险家，其游记被收录于《安东尼·詹金森等英人早期俄国及波斯游记：兼谈英国与俄罗斯及中亚地区通过里海的初期交流》（*Early Voyages and Travels to Russia and Persia: by Anthony Jenkinson and Other Englishmen: With Some Account of the First Intercourse of the English with Russia and Central Asia by Way of the Caspian Sea*）。

中国清代之前对外交往频繁,还是认为近一百年间晚清中国缺乏对外交往,均是为了凸显对晚清中国对外交往现状的不满,以期尽快扩大对华交往的范围。

由于律劳卑事件事关中外交往动向,《中国丛报》民族志译者大多支持律劳卑一方。《中国丛报》第 3 卷第 3 期译介律劳卑事件的译者偏向于英方,并为律劳卑辩护。① 译者连用三个问句质问律劳卑是如何被广州官员对待的。在其看来,广州官员既未将律劳卑视为英国国王的官员,也没把他当成朋友,反而是将律劳卑称作 barbarian eye 和 English devil,亦即"夷目"和"英国来的魔鬼"。译者使用讽刺的修辞手法,声称清政府公文中的称呼是 courteous language(所谓礼貌用语),实则认为清政府官员无礼,甚至做出拒绝接受律劳卑来信,用严厉语言谴责律劳卑一行人的蛮横行为。此处将"夷目"译为 barbarian eye 亦不妥。"夷目"中的"目"实为首领的意思,因而不应根据字面译为 eye。印度裔美国史学家迪利普•巴苏(Dilip Basu)指出,barbarian eye 是英国人为发动战争刻意制造的借口(刘禾,2014:69)。此外,该译者认为清政府认定律劳卑等人受行商和通事的挑唆午夜暗中抵达广州的说法与事实不符(Bridgman,1834 - 1835,3(7):325),似乎是在为律劳卑翻案。该译者支持律劳卑同其自身利益与律劳卑一致有关,其希望通过律劳卑访华扩大对华交往的范围。

上述译者认为清政府称呼律劳卑等人的方式不妥,而清政府官员亦认为律劳卑用词不妥。两广总督卢坤在 1834 年 9 月 8 日写给皇帝的奏折中提到他认为律劳卑递交给他的信封上出现的 ta Ying kwǒ,亦即"大英国"字样荒谬。为便于读者理解,译者不仅音译"大英国",又将其意译为 great English nation,点名该词是对 Great Britain 国名的翻译(Bridgman,1834 - 1835,3(7):327)。译者在此着力解释应当是为展现清政府官员以天朝自居的傲慢心态。他指出,此处令卢坤感觉不妥的字样是"大"字,在卢坤眼中只有"大清国"可以用"大"字,这正是清朝官员普遍以大清为尊的心态(Bridgman,1834 - 1835,3(7):328)。双方均认为对方态度蛮横无理,且均从自身立场出发判断对方的交往行为。

---

① 《中国丛报》译文为"And how was he received? As a king's officer? As a friend? A barbarian eye and an English devil was the courteous language in which he was reported by the police; and by his excellency, the governor, his letter was rejected and himself denounced in the harshest terms."。参见 Bridgman, Elijah Coleman: *The Chinese Repository*,1834 - 1835,3(7):325。

　　此外，译者翻译卢坤写给皇上的奏折时译出一句"But the matter concerns those out of the bounds of civilization."（但此事关乎文明范围外的群体）（Bridgman，1834 - 1835,3(7):329），呈现卢坤认为英国没有进入文明阶段的观点。然而，清朝当时并无近现代的文明①概念，且涉及相关概念的"文明"一词是从日本传入中国的外来词（刘正埮等，1984:358）。虽然"文明"一词在中国古已有之，《周易》中有"见龙在田，天下文明"（李学勤，1999b:20），但此处文明是指"故天下有文章而光明也"（李学勤，1999b:20）。具备近现代含义的"文明"一词在汉语中最早的出处之一是梁启超 1896 年所写的《变法通议》（Masini，1993:204），其中有一句"夫以数千年文明之中国"（梁启超，2015:60）。此处"文明"一词由日语借用古汉语意译西语词得来（袁元，2018:86），即日语通过古汉语"文采光明""文教昌明"意译 civilization 的文化内涵，并将"文明"作为一种社会发展的更高级阶段与野蛮和不开化形成对比（袁元，2018:66）。由于卢坤的奏折原文暂不可考，但当时距离具备现当代含义的"文明"一词在中国出现（最早见于 1896 年）尚有五十余年，可推测卢坤的原文中所出现的应当不是"文明"一词。即使原文中有"文明"一词，其含义也同《中国丛报》译者译出的 civilization 不同，因而不应认为卢坤如《中国丛报》译文所言认为英国处于不文明的阶段。结合中国古代华夷之辩分析，卢坤意图表达的应当是华夏先进的意思。与其说《中国丛报》译文译出卢坤认为英国没有进入文明阶段的观点，不如说站在西方中心主义立场上的译者将自身认为中国未进入文明阶段的观点映射到他者身上，推测中国作为他者与自身可能持有相似观点。

　　关于卢坤写给皇上的奏折，《中国丛报》译者不仅点明其耗时 13 天抵达京城，是通常文件抵京时间的一半，而且对该奏折作出评价。译者用 a secret memorial 定义该奏折的类型，认为这是一封秘密的请愿书，起到补充说明公文的作用。为便于译文读者理解，该译者解释称重要文件通常以秘密文书或补充材料的形式发往北京，而清政府也已形成相应制度以免秘事被公众知晓。译者认为清政府官员写秘密文书时并未想到它们会落入外国人手中，而这些秘密文

---

① 《明清汉语外来词史研究》的附录"明代汉语外来词词库"和"清代汉语外来词词库"均未出现"文明"一词，进一步证明"文明"作为外来词在清代以后方传入中国。参见赵明：《明清汉语外来词史研究》，厦门：厦门大学出版社，2016 年，第 582＋602 页。

书作为珍贵材料可帮助外国人了解中国人真实的性格和情况。译者直言一旦条件允许,这些秘密文书应当是被读者热切盼望的阅读对象(Bridgman,1834-1835,3(7):331)。因此,《中国丛报》民族志翻译中赫然出现关于该奏折的译文,表明相关译者翻译时亦考虑译文读者需求,以满足包括译者在内的西方群体自身对于他者的好奇心。另外,此处民族志翻译强调"秘密"二字亦体现相关民族志译者希望多加吸引译文读者,进而提高《中国丛报》彼时在欧美的影响力的译介目的。

《中国丛报》民族志翻译不仅包括关于奏折的译文,而且包括卢坤 1834 年 7 月 27 日对行商所下的命令,卢坤命令的原文与译文如表 3.4 所示。《中国丛报》译文凸显民族志译者对文本的操纵。

**表 3.4  卢坤命令的原文与译文**

| 原文 | 《中国丛报》译文 |
| --- | --- |
| 英人通商广州,百有余年⋯⋯英人只有在服从帝国法律的条件下,才能安然贸易。(转引自马士,1957:143) | The outside barbarians of the English nation have had a continued trade at Canton for a hundred and some tens of years... Although the barbarians are beyond the bounds of civilization, yet having come to Canton to trade, they should immediately give implicit obedience to the established laws of the celestial empire. (Bridgman, 1834-1835,3(4):187) |

卢坤在命令中将律劳卑一行称为"英人",但《中国丛报》译者似乎为加深清政府官员在译文读者眼中傲慢自负的形象将"英人"增译为 the outside barbarians of the English nation(外来的英国野蛮人)。译者在后续译文中亦用 the barbarians 对译"英人",反复强调英国人在中国人眼中的蛮夷形象。但是,《中国丛报》译者本身自然不认同英人是蛮夷的说法,并在译文中增译"Although the barbarians are beyond the bounds of civilization"(尽管野蛮人身处文明范围之外),借卢坤之口明言西方文明水平高。然而,此处译文是外国人基于自身对文明的认知所作出的判断,身为两广总督的卢坤如上述几乎不可能在命令中称赞西方文明(何况上文业已说明晚清国人当时并不了解《中国丛报》译文中的文明概念)。《中国丛报》译者如此增译应当是希望译文读者认为西方文明的优越性在中国是被认可的,进而让读者相信晚清中国对西方的物质和精神都有需求。

　　为促进晚清中国对外交往，《中国丛报》译者采取与译介对外贸易类似的策略，一方面强调晚清中国当前对外交往的不足，另一方面凸显对外交往的必要性与可能性。《中国丛报》第1卷第10期指出晚清对外交往明显不足。① 该译者认为尽管中国圣人提倡 the whole world is one family（天下一家）的原则，鼓励各国互相交流，但晚清中国却并未在现实中贯彻这一原则。该原则对应的原文应是"天下一家"，出自《礼记》的"故圣人耐以天下为一家"（王文锦，2001：289）。② "天下"被译为 the whole world 符合其原义，但也折射出东西方不同的世界观。中国秉持的天下观带有从天上向下看的意味，而英语 the whole world 则是强调全世界的整体性。该译者根据"天下一家"的原则又将全世界译为 the great family of nations（各国组成的大家庭）。但是晚清中国对这个大家庭的态度在译者眼中却是冷漠的，致使清代国人在其看来自大、自私且排外。然而，晚清国人对外国人使用的形容词也不乏负面词汇③，体现不同的自我认识他者时从自身视角出发，易将他者塑造为负面形象的倾向。④

　　为说明对华交往的必要性，《中国丛报》民族志译者译介晚清国民对外国人较为友好的态度，似乎旨在说明清政府外的所有有关主体均希望扩大对外交往。《中国丛报》第2卷第1期刊印郭士立游记时加注说明中国人当时对外国人的态度有所转变。⑤ 郭士立此次旅行不仅直接接触中国人，而且比之前有更多观察中国人的机会，其游记直言中国人不再将外国人视为不受欢迎的访客。

---

① 《中国丛报》译文为"The Chinese themselves, on the authority of their own sages, have maintained that the whole world is one family, and that of course, mutual intercourse ought to be cultivated; but in practice they utterly renounce this principle, and have long stood aloof from the great family of nations. In this attitude they have become proud, selfish, and exclusive."。参见 Bridgman, Elijah Coleman: *The Chinese Repository*, 1832 – 1833, 1(10):396。

② 此处"耐"是"能"的意思。

③ 两广总督卢坤曾对外国人作出天性狡诈、唯利是图的评价。

④ 基于自我由于不熟悉他者等原因倾向于将他者塑造为负面形象的倾向，任何主体在建构他者时均应保持客观心态，尽量避免因文化立场不同而轻易地将他者塑造为负面的存在。

⑤ 《中国丛报》译文为"This last voyage, in regard to direct intercourse with the people and opportunity for observation, far exceeded either of the preceding; and the journal, though brief, affords abundant evidence that to the people of China, the 'foreign barbarians' are no unwelcome visitors."。参见 Bridgman, Elijah Coleman: *The Chinese Repository*, 1833 – 1834, 2(1):20。

上文 foreign barbarians(外国野蛮人)展现当时中国人将外国人视为野蛮人的看法,且之前中国人曾一度将外国人视为 unwelcome visitors(不受欢迎的访客),但该译者认为中国人如今对外国人比从前友善。译者刻意展示清政府和民众对外国人态度的差异似乎是在人为加剧清政府与民众之间的割裂感,将对外交往受阻的矛头直指清政府,使得译文读者认为清政府反对对外交往不仅不利于外国人开展贸易,也未顺从清朝民众的民心。

　　《中国丛报》关于晚清中国官方层面的民族志翻译涉及政治制度、内部治理和对外贸易与交往三个方面。相对而言,《中国丛报》民族志译者对晚清中国科举选官制度的译介较为客观。但是,由于民族志译者从自身立场出发看待晚清中国这一他者,以自身所熟悉的体系评判他者,因而晚清中国官方层面诸多内容被译者简单化批判,表明译者塑造他者亦存在偏颇之处。部分译者认为晚清中国的民生治理与司法治理等方面充斥着腐败问题,而其法律与司法过程更是被塑造得既野蛮又残暴。译者有意无意地将晚清中国官方层面同自身加以对比,并将自身视为优越的一方,将晚清中国这一他者视为落后且野蛮衰弱的一方。《中国丛报》译者通过译介《京报》等内容发现晚清军备兵力不及西方,且关于晚清对外贸易与交往的民族志翻译进一步表明西人考虑对华作战同其希望扩大自身在华利益有关。由于晚清对外贸易与交往现状不能满足西方需求,《中国丛报》译者将晚清中国塑造为封闭保守的他者,并将对华贸易受阻归咎于清政府,甚至引用其他西方报刊或人士的相关观点加以印证。因此,《中国丛报》相关民族志翻译纯粹以维护自身利益为出发点,以相关译者为代表的在华西人实为关注自身利益的自我。在自我与他者的交锋中,《中国丛报》译者秉持西方中心主义立场或基督教中心主义立场批判晚清中国,将其官方层面塑造为不及西方的他者。

# 第**4**章

《中国丛报》关于晚清中国民间层面的
民族志翻译

　　《中国丛报》民族志翻译不仅涉及晚清中国的官方层面,而且涉及晚清中国从民间物质生活与精神生活到民俗生活的民间层面。本章首先阐述《中国丛报》关于晚清民间物质生活的民族志翻译,如民族志译者对百姓饮食起居和生产与消费情况的译介,再分析在华西人眼中的晚清中国民间精神生活,最后介绍包括节日风俗和婚丧嫁娶等民俗在内的民间民俗生活。基于对晚清中国民间层面民族志翻译的分析,本章旨在探讨此类民族志翻译是否符合真实情形,并从人类学视角窥探相关民族志翻译的特征。

## 4.1　呈现他者民间物质生活

　　鉴于物质生活是民间不可或缺的部分,本节将分析《中国丛报》关于晚清中国民间物质生活的民族志翻译,涉及晚清百姓的饮食起居生活和生产与消费生活,并探讨当时百姓面临的贫困问题,以及相应的慈善机构运行情况。相关民族志翻译可反映晚清民间的物质生活方式及水平。译者在展现他者生活方式时往往流露出晚清他者物质生活不及西方的观点,将晚清中国塑造为贫穷落后的他者。

### 4.1.1　从竹笋到北方灶台——饮食起居生活

　　《中国丛报》民族志译者对晚清中国饮食起居生活的译介堪称全景式介绍,细致呈现基于亲身观察或从其他渠道得来的信息。中西饮食不同令《中国丛报》民族志译者难以透彻了解晚清饮食习惯,甚至在译文中出现自相矛盾之处。《中国丛报》第 3 卷第 6 期《关于竹子和棕榈的记述》(“Description of the Bamboo and Palm”)译出的中国古代穷人在食物匮乏时吃笋的说法令人生疑(Bridgman,1834 - 1835,3(6):264)。这同笋在古代食用较为普遍的传统不符，如《本草纲目》提及"大抵北土鲜竹，惟秦、蜀、吴、楚以南则多有之……则笋之为蔬，尚之久矣"（郑金生、张志斌，2019：1985）。译者的上述说法同译者对竹笋的介绍亦自相矛盾。该译者指出，富人在宴席上常食用竹笋，而priests（不知作者此处指和尚还是道士）也将竹笋视为珍馐。竹笋在译文中时而是穷人在没有其他东西果腹时吃的，时而又是富人宴席上的珍馐，形成互相矛盾的两种说法。这同译者对中国饮食生活缺乏了解有关。此外，译者发现中国人吃饭时大多以竹笋腌制的咸菜佐餐，将笋当配菜食用（Bridgman，1834－1835，3（6）：265）。至此，竹笋在民族志翻译中又成为所有人吃的食物，表明《中国丛报》译者对竹笋的食用情况不熟悉，致使译文出现模棱两可的地方。

　　上述关于晚清百姓饮食特征的民族志翻译已揭示普通民众生活之困窘，而此种困窘在关于衣着和住房的译介中同样有迹可循。《中国丛报》第4卷第1期指出晚清百姓5月不再佩戴帽子，并减少衣着数量。乡绅和官员也以相似方式穿衣，但穷人赤足裸背，仅穿一条从腰遮到小腿肚的单裤（Bridgman，1835－1836，4（1）：45－46）。译者凭借亲身经历在此处着重展现了晚清穷人衣着之简朴。同衣着一样，《中国丛报》关于住房的译介亦体现晚清中国的贫富差距。郭士立曾在游记中提到白河流域一个叫作 Takoo 的村落，并译介该村的建筑特点。他发现白河流域旁村落的房屋均建在河岸上，通常建为方方正正且较矮的样式，用高墙与附近街道隔开。译者认为此种建筑样式可有效抵挡冬日寒风，但很少考虑房屋的便利性。所有家庭无论贫富均使用泥土建房，仅有官员住砖房。穷人家的房子仅有一个既是卧室、又是厨房和客厅的房间（Bridgman，1832－1833，1（4）：134）。郭士立对该村落民居的建筑特征刻画入微，以白描方式译介他者住房特征与用料。从其译介中可发现穷人居住条件简陋，而郭士立关于百姓民居的民族志翻译亦可为今人了解清代百姓住房情况提供参考材料。相比于人类学家，此处民族志翻译的不足之处在于郭士立并未绘制民居面貌，但其译文亦可呈现清代北方地区住所的内部特征。① 郭士立将此处的北方住

①《中国丛报》译文为"We entered their hovels of which the oven constituted the principal part, and, in fact, seems to be the drawing-room, bed, and kitchen. Pigs, asses, and goats lodged in an adjoining room very comfortably."。参见 Bridgman, Elijah Coleman: *The Chinese Repository*, 1833－1834，2（1）：23。

所称为 hovel,亦即一处平民的简陋住所。他在此提到的 oven 应是中国人当时用的灶台,且郭士立认为灶台好像同时是床,类似于东北地区的炕。此外,他提到一旁屋子里养着猪、驴和羊。郭士立上述民族志翻译展现清代中国民居可饲养牲畜且部分地区的民居使用炕的特征,可见其对他者住房特征观察之细致。

## 4.1.2　从小农经济到民间疾苦——生产与消费生活

《中国丛报》民族志翻译不仅译介晚清中国民众的饮食起居生活,而且对其生产与消费生活亦有所描述,以帮助西方读者了解晚清中国百姓日常生活与劳作情形。由于清代是小农经济的生产方式,时而出现饥荒等问题,相关译者亦对民间疾苦有所译介,以展现生产消费无法满足民众需求时晚清民间的应对措施。

清代中国保持农业为主、手工业和商业为辅的小农经济形式。因此,《中国丛报》关于晚清生产情况的民族志翻译聚焦于农业。《中国丛报》第 3 卷第 3 期以《中国农业;其悠久历史;农业机制;改良阻碍;中国土壤与温度;灌溉与施肥;农业工具》("Agriculture of China; its antiquity; laws regulating it; obstacles to improvement; the soil and temperature of China; irrigation and manuring; implements of husbandry")为题的文章大体译介晚清中国农业的相关情况。译者提到中国人向来重视农业,不同于其北部和西部邻国以游牧为生,中国自古以来凭借农业保持定居状态。译者在此特别表明中国人仅在外敌入侵或饥荒时离开家园,论及后者应当同译者在晚清目睹灾民因饥荒流浪的经历有关。此外,译者提到中国早期书籍存在关于农耕的记录,且农民在中国各种职业中居于首位,可见译者在了解清代中国农业状况时参阅资料较为广泛。译者甚至了解远古传说,将中国农业起点追溯至传说中的神农,并将其音译为 Shinnung,意译为 the divine husbandman,并解释"神农"在字面上是神圣的农人的意思。译者指出神农是中国三皇中的一位,出现时期早于五帝,且中国人在早期已掌握基本的农业技术。此外,译者对清代中国发展农业的目标和相应的耕种方式作出评价。① 译者认为清代发展农业的目标是以尽可能简便的方式，在尽可能小的空间内收获尽可能多的农产品。为实现这一目标，译者发现中国土地被切割成小块，且农民耕种面积并不比其居住地大多少。此处对比虽局限于他者内部，但通过修辞强调了晚清中国不利的耕种条件。农民温饱取决于有限的土地，因此译者推论中国农民不愿浪费土地或进行有风险的农作物种植实验。上述内容是译者对中国古代农业种植方式数千年几乎保持不变的解释。译者虽未直接批判清代中国农业缺乏实验性探索，但字里行间透露出对农业发展欠缺改进的批评。该批评背后则是译者对中西农业所作的对比。相比于农业技术及设备更为先进的西方，译者在此将清代农业定义为不及自身且缺少进步的他者。整体而言，该译者对清代中国农民和农业作出较为落后的评价。② 译者认为与其将中国人称为农业学家（agriculturists），不如将其称为园丁（gardeners），原因在于晚清国人几乎对农业科技一无所知。译者剑指中国农业发展缺乏科学技术支持的弊端。他发现清代中国农业体系仅依赖肥料和水，且获得肥料与水已耗尽农民全部精力。这一发现凸显其眼中清代农业落后的生产力水平。

由于晚清生产力水平有限，《中国丛报》存在多处同民生疾苦有关的民族志翻译，而贫困往往是由天灾导致百姓无法从事生产活动造成的。《中国丛报》第2卷第10期"时事报道专栏"曾译介因水灾失去住所且身无分文的底层民众在

---

① 《中国丛报》译文为"To obtain as large a supply of nourishment as possible in the simplest manner and from the smallest space, is the great end of Chinese agriculture. And to effect this, the land is subdivided into such small portions, that the entire energies of the laborer are directed to a spot not many times larger than the tenement he occupies. Here he must live or starve, and we can easily perceive that he would not be much inclined to waste either land or labor in venturesome experiments."。参见 Bridgman, Elijah Coleman: *The Chinese Repository*, 1834 – 1835, 3(3):122。

② 《中国丛报》译文为"The Chinese have been well called gardeners instead of agriculturists, for they are almost entirely ignorant of those principles by which agriculture could have been placed on a scientific foundation. The great requisites in their system are manure and water, and to obtain these their whole energies are devoted."。参见 Bridgman, Elijah Coleman: *The Chinese Repository*, 1834 – 1835, 3(3):123 – 124。

冬天去世的消息。① 译者在上述民族志翻译中掺入个人情感,同情灾民的苦难。译者在类似民族志翻译中渲染自身情感易于促使译文读者共情,从而对译介的对象持有更加鲜明的态度。该译者不仅渲染感情,而且在译文中使用数字说明晚清灾情的严重性。他提到自己连续数日上午在同一地点看见数具尸体,中午时又在路上目睹超过 20 名或是失去知觉,或是因为饥饿濒死而痛苦扭曲着的人。译者通过列举数据与动作描写来烘托灾民的可怜。与此相关,郭士立认为清朝穷人数量巨大,据说每年均有人被冻死(Bridgman,1832 - 1833,1(4):134)。《中国丛报》频现的对贫困百姓的民族志翻译,在某种程度上呈现了晚清中国民不聊生的状况,从而将晚清中国固化为落后的他者。

译介晚清中国民生疾苦的同时,《中国丛报》民族志译者亦对民众包括行乞在内的自救方式有所介绍。《中国丛报》第 2 卷第 2 期"后记"提到,由于部分省份无法为穷人提供充足的补给,一些穷人便成群结队地离开家乡寻求援助。该译者表示,"后记"之所以提及此事是因为一群穷人最近刚途经广州(Bridgman,1833 - 1834,2(2):96)。译者如此译介似乎是为强调自己所言非虚,且所译内容均是基于事实的客观记录。为应对饥荒等情况,晚清中国民众除自救外亦可选择求助慈善机构或民间慈善力量。② 但是,《中国丛报》民族志译者认为清代中国慈善机构和民间慈善力量作用有限。《中国丛报》第 1 卷第 9 期"时事报道专栏"曾以《救济》("Almsgiving")为题译介中国内部的慈善行为。由于当年 12 月天气反常,一位夫人为广州年老体弱的乞丐分发了 500 件外衣。广州提督以此为模范施以援手。该译者指出上述两种救济行为在当时并不多见(Bridgman,1832 - 1833,1(9):381)。《中国丛报》民族志译者虽然发现晚清中国存在民间慈善力量,但仅凭自身所见次数少便认定其作用有限。这背后实则依旧是译者自身对晚清他者不认可的态度。此外,部分译者亦对民间

---

① 《中国丛报》译文为"No one can describe the wretchedness of some of these sufferers; and none but an eye-witness can conceive of it. Morning after morning, and in the same place, we have seen two, three, and four dead bodies; and in the narrow compass of a few rods we have seen at noon-day more than 20 individuals stretched on the ground half naked, and either senseless or writhing in the agonies of death caused by hunger."。参见 Bridgman, Elijah Coleman: *The Chinese Repository*, 1833 - 1834, 2(10):480。

② 《中国丛报》民族志译者亦介绍清政府官员为应对饥荒等导致百姓生活穷苦的情况所采取的一系列措施。参见本书 3.2.1 小节。

慈善行为提出批评，如《中国丛报》第 2 卷第 12 期"时事报道专栏"译者指责数位广州盐商出钱为街头死去的乞丐购置棺材，却未将钱用于为活着的乞丐买食物和衣服。此处涉及中西双方不同的生死观。译者的指责基于自身对生死观的功利主义认识，但忽视了晚清国人持有何种生死观。倘若译者尝试站在主位视角看待买棺材的问题，或许不再对此事加以指责。①

《中国丛报》涉及晚清中国民间物质生活的民族志翻译内容较为全面，但其译介亦存在误以局部代替整体、以自身为准绳等问题。译者有意无意的比较显示晚清中国在民间饮食起居生活和生产与消费生活方面均不及西方，从而把晚清中国在饮食起居及生产与消费方面塑造为贫穷落后的他者。从译者对奴仆的译介看，与自我的异同而非事实本身成为译者评价他者的标准，这表明自我与他者之间的异同对民族志翻译产生影响。由于评价标准存在问题，相应的民族志翻译亦不能被视为客观公正地记录他者的译本。

## 4.2　描绘他者民间精神生活——国民性

《中国丛报》民族志译者不仅关注晚清民间物质生活，而且同人类学家一样关注晚清中国的国民性这一精神生活。相比于物质生活，民众的精神生活更不易观察。《中国丛报》民族志译者却基于个人经验及其他信息译出相关民族志内容，并呈现晚清中国国民性的特征。然而，受基督教中心主义等立场影响，《中国丛报》民族志翻译整体而言通过译介民间精神生活将晚清中国刻画为愚昧无知的他者，以服务于其意图在华顺利开展传教工作的译介目的。

部分《中国丛报》译者认为外界当时同中国交往不顺的原因之一在于不了解晚清中国国民性(Bridgman，1838 - 1839，7(1)：3)，因此相关译者对晚清中国国民性多有译介。国民性研究成立的前提在于每个个体出生后均在某种文化(有时是多种文化)中成长，因而适应该文化并发展出具有该文化特点的共同性格(Keesing，1966：34 - 35)。人类学领域在第二次世界大战(以下简称"二

---

① 站在现代立场上，更理智的做法是将钱用于救助一息尚存的乞丐。但是，民族志译者作为记录他者的一方应当尝试站在主位视角分析问题，而非一味地加以指责。

战"）期间兴起国民性研究，将人类学性格研究的对象扩大至国家层面，并研究日本、德国、苏联、美国等国的国民性，衍生出国民性（national character）概念。二战期间，玛格丽特·米德和鲁思·本尼迪克特（Ruth Benidict）等人通过报刊、书籍、照片和访谈了解德国和日本等国的风俗习惯和行为方式，以为美国官方制定政策提供建议。二战后，莫里斯·弗里德曼（Maurice Freedman）和莫里斯·布洛克（Maurice Bloch）等人在地区研究中延续了对国民性问题的探讨（章立明，2016：159）。国民性可影响国家文化，并在政体、法律、语言、文学、风俗、习惯等方面留下烙印，而相关方面的要素亦反过来塑造国民性（芳贺矢一，2020：31）。国民性是一个兼及人类学、心理学和社会学的跨学科概念（Inkeles，1997：4），而其本身折射出的国民性格与文化的关系亦是同人类学相关的民族志翻译关注的内容。

《中国丛报》不仅刊载以国民性为主题的文章，而且其他民族志翻译中亦散见关于晚清中国国民性的论述。第 1 卷第 8 期"杂记专栏"曾以《中国人的国民性》（"National Character of the Chinese"）为题译介晚清中国国民性。该译者指出国民性同个人性格一样可发生改变，且他并未在文章开头直接切入具体的国民性描述，而是先描述古代中国在尧舜之前处于野蛮时期，接着描述中国国民性长期处于停滞状态的僵局（Bridgman，1832‐1833，1（8）：326‐327）。该译者虽将中国国民性追溯至尧舜时期，承认晚清国民性相对于尧舜时期存在进步，但重点突出晚清国民性故步自封的特点。该固化标签迫使晚清国民性背上负面色彩，且该译者对国民性的批判并未止步于此。他认为中国人尚古的传统不利于提高国民性。[①] 译者在此强调古代中国向来尚古的特点，将旧时智者和帝王视为智慧和美德的典范。因此，他认为晚清国人是古代的盲目奴仆（the blind slaves of antiquity）。此处 slaves 似乎亦在暗讽晚清国人性格中的奴性。

---

[①]《中国丛报》译文为"They consider the ancient sages, kings, and governments as the prototypes of excellence; and a near approximatiou to the times in which they lived, the highest display of national wisdom and virtue. They are still the blind slaves of antiquity, and possess not that greatness of character which sees its own defects, and sighs after improvement."。参见 Bridgman, Elijah Coleman: *The Chinese Repository*, 1832‐1833, 1 (8)：327。此处 approximatiou 应为 approximation，出现拼写错误同《中国丛报》雇佣的印刷工不懂英文有关。参见吴义雄：《在华英文报刊与近代早期的中西关系》，北京：社会科学文献出版社，2012 年，第 51‐52 页。

译者在此亦指出晚清国民性缺乏自我审视,因而处于停滞状态。然而,《中国丛报》译者对晚清国民性所作上述评价主观性强,存在简化他者国民性的嫌疑。倘若译者知晓《论语》"吾日三省吾身"(杨伯峻,1980:3)的说法,或许不会认为晚清国人不善于审视自我。另外,《中国丛报》译者眼中的晚清国民性缺点是从自身客位视角出发所得的,而在晚清国人眼中则可能不是缺点。① 译者在观察晚清中国国民性时以自身熟悉的西方道德观念为准绳,将自身道德观念套用在晚清中国这一他者身上时必然作出他者国民性存在问题的评价。此外,译者认为中国尚古的评价也存在简化他者的问题。中国虽有尚古思想,但并不认为万事均今不如古,如明代思想家顾炎武和北宋理学家程伊川均曾论述宋朝超越前朝的地方(杨联陞,1965:140)。② 译者错误地推论中国人盲目地在所有方面推崇古代,体现其对中国这一他者了解的局限性。

　　由于对晚清中国未知全貌,《中国丛报》所译介的晚清中国国民性存在多处将他者简单化的问题。第1卷第4期"杂记专栏"译者认为晚清中国的善恶观有误,而中国的道德法则也极其模糊。他认为中国古代哲人将天地对善恶的奖惩局限在现世,但信仰宗教的人又告诉晚清民众灵魂将回到现世。因此,晚清民众普遍缺乏对作恶与死亡的恐惧(Bridgman,1832-1833,1(4):148)。译者上述看法将晚清中国国民性的善恶观过度简单化,草率地得出时人心无敬畏的结论。部分《中国丛报》译者则认为中国人自私且满口谎言(Bridgman,1832-1833,1(4):148)。该译者对晚清中国国民性作出负面评价可能与其在华经历有关,但未免以偏概全地用对局部的看法代替对整体的看法。

　　《中国丛报》民族志翻译不仅存在以偏概全的问题,而且在基督教中心主义、西方中心主义和民族中心主义之外亦受当时在西方盛行的人种学和面相学观点影响。郭士立认为面相是心灵的象征,并从面相学角度出发指出天津人的眼睛不像大多数中国人的面部一样呈现下垂的弧度。因此,他认为天津人的面貌比其他亚洲人更类似于欧洲人,进而推论由于天津人比中国的南方人长得更

---

① 如外国人因清廷早期拒绝通商而认为中国人冥顽不化,但是清廷当时实行闭关锁国政策,关于是否对外经商有自身看法。因此,外国人眼中的冥顽不化于清政府而言则可能是坚持原则的优点。

② 顾炎武称赞宋朝家法,而程伊川认为宋朝比前朝好的地方包括统治疆域之大前所未有,以及较少面临外患等情况。

像欧洲人,因此天津人对欧洲人更友好(Bridgman,1832 - 1833,1(5):187)。郭士立此处对中国人外貌的描写充满刻板印象,甚至带有种族中心主义意味,竟以是否与自我相似判定他者不同地区群体对外的友好程度。郭士立在此过度强化自我与他者之间的二元对立,凸显《中国丛报》民族志译者由于长期受西方文化影响,在观念上必然以西方的各种中心主义为准绳的问题。

受自身文化立场干扰,《中国丛报》民族志译者基于对晚清中国国民性的直接观察作出关于晚清国民性的独特评价。《圣谕广训》书评译者曾在评价"明礼让以厚风俗"一句时指出中国人向来以举止礼貌为名。但是,他认为中国人的礼貌是提倡顺从精神(a yielding spirit)的结果(Bridgman,1832 - 1833,1(8):309)。晚清国民性的礼貌因此在该译者笔下不再是纯粹的优点,转而带有同三纲五常类似的服从意味。对此,《中国丛报》译者将部分负面国民性的出现归咎于清政府。《中国丛报》第 1 卷第 6 期"书评专栏"译者认为清政府腐败专横且没有原则导致中国人秉持错误观念,并认为晚清中国人的自私自傲致使他们认为中国是万国之国和世界的中心(Bridgman,1832 - 1833,1(6):213 - 214)。清朝固然存在自负心态并以"天朝"自居,而译者因此怪罪清政府实则是同清政府对在华西人开展贸易等活动施加诸多限制有关。①

另外,《中国丛报》译者认为晚清中国国民性较为稳定。第 1 卷第 1 期关于《中国印度见闻录》(*Ancient Account of India and China*)的书评提到 9 世纪的作品中记录的中国人与他们 19 世纪所见的中国人有明显的相似之处,表现出其他地方少见的稳定的国民性与僵化的礼仪风俗(Bridgman,1832 - 1833,1(1):15)。② 尽管译者未具体指出 9 世纪的中国人与 19 世纪的中国人国民性相似在何处,但两份以外国人视角出发的材料呈现共性,或许说明某些国民性代代相传,成为民族性格的特质。

《中国丛报》民族志翻译对晚清中国国民性的看法并不总是负面的,其中也存在因译者前往某地而对晚清国民性作出正向评价的情况。郭士立对在中国

---

① 由于自身利益是《中国丛报》译者关注的重点,其民族志翻译亦受自身利益影响。与此类似,当下不同自我认识他者时同样或多或少受自身利益影响,分析相关文化现象时须注意辨明其利益动机等相关内容。

② 礼仪与风俗僵化的说法可能有误,反倒说明部分礼仪风俗在中国具备良好的传承性,且未必所有被流传的礼仪风俗均是不好的。

北方一个叫作 Le-to 的港口遇见的中国人评价颇高,认为他们十分礼貌。他在
受邀前往当地人家中吃晚饭时更是感受到当地人的善意(Bridgman,1832 -
1833,1(4):125)。① 郭士立认为晚清普通百姓粗鲁但能吃苦、贫穷但开朗、有
活力但爱吵架(Bridgman,1832 - 1833,1(4):134)。上述特征生动刻画了清代
底层百姓的形象。尽管并非所有晚清百姓均千篇一律地符合以上特征,但此处
生活化气息浓厚的特征却令人倾向于相信郭士立曾到访中国北方,并直接接触
晚清百姓。

　　凭借身居中国的优势,《中国丛报》的民族志译者得以直接获取大量同晚清
中国有关的信息,并对晚清中国民间精神生活形成部分较为客观深入的认识,
如上述《中国丛报》第 1 卷第 4 期"杂记专栏"译者认为孔子对中国国民性的影
响可能多于道教与佛教。这同晚清时期儒家在中国社会发挥主导作用的实际
情形相符。为实现译者自身推动在华传教进程的目的,《中国丛报》民族志译者
在选择译介对象时及具体的翻译过程中倾向于刻画儒释道与民间信仰的负面
内容,以彰显在华传播自身宗教的重要性。相关译者评价晚清宗教及民间信仰
与国民性时站在基督教中心主义的文化立场上,以自身的西方宗教与道德观念
为准绳。因此,《中国丛报》同他者民间精神生活相关的民族志翻译大量呈现晚
清国民性过于尚古及善恶观有误等负面评价,并将晚清中国在民间精神生活方
面塑造为愚昧无知的他者。


## 4.3　展现他者民间民俗生活


　　《中国丛报》民族志译者不仅关注晚清中国的民间物质生活与精神生活,而
且身为在华西人对清代百姓包括婚丧嫁娶风俗在内的民俗生活也颇为关注。
《中国丛报》民族志译者在翻译关于民俗的内容时依然以自身为准绳衡量他者。
相关内容主要由四部分组成,一是同休闲娱乐相关的民俗活动,二是节日风俗,
三是婚丧嫁娶涉及的民俗活动,四是吸食鸦片与赌博等陋习。本节包含晚清陋
习一方面是为全面呈现《中国丛报》民族志翻译关于晚清中国民间民俗生活的

---

① 根据郭士立的描述,该港口位于北纬 37°23′,应当是北方港口城市。

内容,另一方面是为通过人类学视角分析相关陋习的译介特征等问题。相比于其他层面,《中国丛报》民族志译者在译介晚清民间民俗生活时较多使用主位视角,并兼顾客位视角。然而,主位视角的采用并未改变《中国丛报》民族志译者对晚清民间民俗生活以批判为主的译介方式。

### 4.3.1　从木偶戏到中秋节——休闲娱乐及节日风俗

《中国丛报》民族志翻译对晚清民间不同于西方的休闲娱乐和节日庆典多有描述。《中国丛报》第 2 卷第 1 期"杂记专栏"读者来信提到中国人绝大多数时间都花在维持生计上,因而娱乐方式有限,仅在节日期间放松片刻(Bridgman,1833 - 1834,2(1):33)。有的民族志翻译甚至指出清代百姓的主要娱乐方式是吸烟(Bridgman,1832 - 1833,1(4):134)。但是,部分译者亦基于亲身经历描述晚清民间的娱乐方式。《中国丛报》第 4 卷第 4 期译者曾译介其在街头看到的木偶戏。译者发现操纵木偶的人选择人流较多之处搭建临时舞台,并为孩童和闲逛的流浪汉表演木偶戏。然而,他认为木偶戏无聊愚蠢,仅是孩童玩赏的对象(Bridgman,1835 - 1836,4(4):191)。此处民族志翻译对木偶戏的评价低可能是由于相关译者对中国传统文化缺乏了解,因而难以理解木偶戏的内容。

根据上述译者的介绍,晚清百姓为数不多的放松时刻集中于节日庆典,而节日庆典却被译介出别样面貌。如郭士立对中秋节的译介聚焦于节日本身。一名叫 Kam-sea 的福建商人曾在天津邀请郭士立于中秋节前往家中做客,因而其对中秋节的译介是基于亲身经历所作。郭士立将"中秋"音译为 chung-tsew,并加注解释中秋节是在秋天庆祝的盛大节日。中国人在中秋节时互赠水果和月饼,并在八月十五望月,八月十六追月。相关译介呈现中秋节的节庆习俗,有利于译文读者了解中国民俗生活。另外,郭士立还补充翻译了关于中秋节起源的传说。据说一位唐朝皇帝曾于夜里到月宫目睹仙女奏乐,因此在回到地上后要众人奏乐,模仿他在月宫所见情形(Bridgman,1832 - 1833,1(5):182)。郭士立听闻的应当是唐玄宗梦游广寒宫的传说,该传说在中国唐代传奇小说《龙城录》和宋代传奇小说《杨太真外传》中均有记载(秦永洲,2020:321)。郭士立所选传说颇具神话色彩和民俗特色,可帮助译文读者了解中国古代民俗文化与传统节日。由于不了解中秋节同中国宗教的关联①，郭士立作为民族志译者未对该节日作出任何负面评价，仅呈现与中秋节相关的民俗活动与传说。

### 4.3.2　从婚姻模式到缠足——婚丧嫁娶及陋习

同上述关于节日民俗的民族志翻译相比，《中国丛报》关于婚丧嫁娶相关民俗的译介翔实且更具批判性。《中国丛报》第 1 卷第 12 期指出清代中国的婚姻模式十分不妥（Bridgman，1832 - 1833，1（12）：478）。清代婚姻制度受其批判的原因是欧美当时已实行一夫一妻制，故而其无法接受清代一位男子除娶妻外还可纳妾的婚姻模式。当自身与他者出现差异时，民族志译者往往将自身视为正确的一方，将他者视为错误的一方。因此，该译者无法认可清代中国的婚姻制度。此外，《中国丛报》译者还关注清代中国定娃娃亲的现象。第 1 卷第 7 期"时事报道专栏"曾以《配对》（"A Match"）为题翻译晚清中国为小孩甚至是未出生的婴儿定娃娃亲的事，并以番禺区发生的事情为例批判定娃娃亲的不合理性。娃娃亲作为民俗于译者而言亦是无法认同的他者事物。娃娃亲和娶妻纳妾的婚姻制度使得晚清婚嫁民俗成为译者在译文中批判的对象。

《中国丛报》关于葬礼的民族志翻译相比于上文同婚嫁相关的译介似乎更为丰富。《中国丛报》第 1 卷第 8 期"时事报道专栏"曾提及中国葬礼。该译者用一句"And the superstition goes so far as to induce the belief that money will be useful to the dead."（迷信荒谬至人们相信纸钱可供逝者使用的程度）指出，烧纸钱可供逝者在阴间使用在他眼中是迷信（Bridgman，1832 - 1833，1（8）：344）。由于译者自身所处的西方社会没有烧纸钱的习俗，且其不认可晚清国人当时的生死观，因而认为晚清中国烧纸钱的丧礼习俗荒唐。② 此外，该译

---

① 大多数《中国丛报》民族志译者所在的广东省便存在同道教有关的中秋节习俗。如广东雷州地区中秋节期间拜道教或民间信仰中的文昌帝君。参见司徒尚纪：《雷州文化概论》，广州：广东人民出版社，2014 年，第 314 页。

② 相比于当下，中国烧纸钱的习俗在欧美国家受到部分年轻人的欢迎。他们将烧纸钱视为祈求好运的方式，并在社交媒体平台分享自身烧纸钱的经过。今昔对比足见外国人如何评价作为他者的中国习俗与外国人自身的心态和立场有关。当下外国年轻人以更为宽容的心态接受来自异国他乡的民俗，而晚清时期的外国人则基于自身的基督教中心主义立场批判烧纸钱的做法。

者无法理解富人在逝者口中放一颗宝石、穷人在逝者口中放一点银两的做法（Bridgman，1832 - 1833，1(8):344），并在译文中表明其对中国丧葬习俗不理解的态度。

相比于以上同休闲娱乐、节日风俗及婚丧嫁娶有关的民俗生活，《中国丛报》民族志译者着重译介晚清中国的陋习。郭士立在游记中提到吸食大烟和赌博是中国船员主要的消遣方式（Bridgman，1832 - 1833，1(5):189）。关于吸食鸦片，《中国丛报》第 2 卷第 10 期译者曾在翻译广州进出口产品时将鸦片列于其中，并介绍鸦片由印度和土耳其出产的罂粟汁液制成。译者特意在文中使用罂粟的拉丁学名 papaver somniferum，以科学术语介绍鸦片（Bridgman，1833 - 1834，2(10):467）。此外，《中国丛报》第 1 卷第 1 期"时事报道专栏"提到广东提督曾派遣 1 000 名士兵镇压叛军，但指挥官不得不遣返其中 200 名因吸食鸦片而无法参与军事行动的士兵（Bridgman，1832 - 1833，1(1):31）。基于鸦片对晚清中国造成的种种负面影响，清政府曾采取一系列措施查禁鸦片。《中国丛报》第 3 卷第 3 期"时事报道专栏"以《鸦片贩子》（"Opium Brokers"）为题的文章提到清朝禁止吸食鸦片、种植罂粟、贩卖鸦片等行为。上述民族志翻译呈现吸食鸦片对晚清中国产生的负面影响，以及清政府查禁鸦片的举措。由于相关内容皆为阐明鸦片危害或查禁鸦片的陈述性事实，民族志译者并未对吸食鸦片相关内容作出评价。然而，吸食鸦片相关内容业已表明晚清中国存在陋习，其形象进而被塑造为被鸦片荼毒的落后他者。

除吸食鸦片外，《中国丛报》民族志翻译亦批判晚清中国重男轻女的陋习。由于清代女性的情况当时在世界范围内鲜为人知，《中国丛报》译者希望欧美女性可对中国女性所处的劣势状况有所了解。相比于女性，清代国人更青睐男性，如《中国丛报》第 1 卷第 5 期"杂记专栏"曾译出父母祭祀时希望生儿子，而不是女儿的内容（Bridgman，1832 - 1833，1(5):201）。相关民族志翻译虽然未必篇幅长，但却以简要译介相关情况的方式凸显晚清中国重男轻女的陋习。译介相关陋习的民族志翻译亦加重了晚清中国作为他者的负面形象。

在各个专栏之外，《中国丛报》亦刊有专门译介清代妇女情况的文章。第 2 卷第 7 期"杂记专栏"译者曾以《关于中国女性状况的评论》（"Remarks Concerning the Condition of Females in China"）为题译介相关情况。译者开篇指出倘若国家文明程度以妇女的社会地位为衡量标准，清代中国绝不会是排在第一位的国家。他认为清代女性总是处于被轻视的状态：出嫁前要听命于父母，出嫁后要听命于夫君（Bridgman，1833 – 1834，2(7)：313 – 314）。在重男轻女之外，《中国丛报》民族志译者亦注意到清代女性缠足的陋习。《中国丛报》民族志译者并未止步于批判缠足的坏处，《中国丛报》第 12 卷第 3 期亦关注清代国人本身对缠足的态度。① 该译者从主位视角出发，发现缠足在时人眼中是女性追求美需付出的代价。译文甚至将缠足称为 unfeeling practice（令人不痛不痒的做法），似乎是指时人业已习惯缠足的做法。译者在此采用主位视角呈现清代国人与在华西人对缠足的不同认识，以尝试理解晚清国人为何保持妇女缠足的陋习。结合从客位视角呈现的关于缠足的民族志翻译，译文得以全面呈现缠足这一陋习。

　　相比于有关民间物质层面与民间精神层面的译文，《中国丛报》关于晚清民间民俗生活的民族志翻译较多地使用主位视角，设身处地考虑晚清中国为何出现缠足等令其难以认同的民俗。相关从主位视角出发的民族志翻译与大多数从客位视角出发的民族志翻译大体呈现晚清中国民间民俗生活面貌，为西方读者乃至今人提供了解相关信息的一手资料。然而，《中国丛报》民族志译者自身受各种中心主义影响的文化立场亦致使其民族志翻译未能客观全面地译介所有同晚清民间民俗生活相关的内容，且译文中的批判性内容彰显中西双方在文化观念等层面的诸多冲突与对立之处。

　　《中国丛报》关于晚清中国民间层面的民族志翻译涉及物质生活、精神生活与民俗生活。相关民族志译者不仅全景式地译介晚清中国的饮食起居生活，而且呈现晚清中国生产与消费情况落后于西方的状况，进而将晚清中国塑造为贫穷落后的他者。《中国丛报》译者大多以自身为准绳，在评判晚清中国这一他者的民间信仰等精神生活及婚丧嫁娶等民俗生活时均将自我视为优越的一方，并将晚清中国视为愚昧无知的他者。译者更是在民族志翻译中介绍晚清中国吸食鸦片、女性缠足等陋习，刻画晚清中国作为他者的负面形象。译者虽然兼顾主位视角与客位视角，但在衡量诸多民间层面问题时往往以自我的观念为准

---

① 《中国丛报》译文为"No apology can or ought to be made in the behalf of the unfeeling practice of spoiling the feet of the female... It is deemed, however, such an essential among the elements of feminine beauty."。参见 Bridgman, Elijah Coleman: *The Chinese Repository*, 1843, 12(3)：139。

绳,无视他者民间生活的合理性与自洽性。整体而言,《中国丛报》关于晚清中国民间层面的民族志翻译既译介出一幅呈现 19 世纪 30 年代至 19 世纪 50 年代晚清民间百态的画卷,又反映译者在建构他者时往往以自身为准绳,并受基督教中心主义和西方中心主义等立场影响,因而其所呈现的他者并不完全契合晚清中国民间真实面貌的问题。

第**5**章

《中国丛报》关于晚清中国文化科技层面的
民族志翻译

　　文化科技既涉及官方层面,又涉及民间层面,因此,本章在此探讨《中国丛报》民族志译者对晚清中国文化科技的译介。人类学家关于文化有诸多定义,且文化概念内涵丰富。根据《中国丛报》的民族志翻译内容,本章所涉及的文化聚焦于历史与语言文学范畴。本章既会论述作为他者的中国历史在民族志翻译中是何种面貌,也会分析在华西人眼中的中国语言文学有何特点。另外,本章亦分析《中国丛报》关于晚清中国科学技术的民族志翻译,不仅涉及中国本土的中医药等科学技术,而且包含晚清中国引入的经纬线等西方科学技术。

## 5.1　塑造他者历史

　　《中国丛报》民族志译者对中国历史多有关注,其民族志翻译不仅译介中国这一他者的历史,而且亦涉及中国人撰写的史书。基于中国与西方史观的不同,相关译者对中国历史的民族志翻译体现了自我与他者之间在历史观念层面的交流与碰撞。译者普遍认为西方人有必要研究中国历史,但亦指出西方人若对中国历史缺乏了解,便不能对中国人形成恰当的看法,进而容易同大多数法国作者一样过分夸耀中国。① 如其所言,法国哲学家伏尔泰等人在 18 世纪对中国多有溢美之词。② 同时,译者认为西方人刻意诬蔑中国人亦不公正,但他

---

① 《中国丛报》译文为“As long as we are destitute of a good history of China, we shall be unable to form a correct opinion respecting the people. It is easy to laud them to the skies...This has been the great error of most French writers. On the other hand, it is unjust to cry them down...their amiable qualities are of course few compared with those exhibited in more favored countries.”。参见 Bridgman, Elijah Coleman: *The Chinese Repository*, 1834 - 1835, 3(2):54。

② 伏尔泰曾经称赞中国各个方面,其认为在欧洲,没有一个民族的古老文化可以被证明是能和中国的文化相媲美的。参见柯蒂埃:《18 世纪法国视野里的中国》,唐玉清译,上海:上海书店出版社,2010 年,第 127 页。

同时指出清代国人不如西方人亲切友善。然而，所谓友善与否的评价同译者本身经历有关。此处评价依然是用局部代替整体，将本身复杂的他者简单化。

### 5.1.1　从中国人起源到历史评价——中国历史

面对他者历史，《中国丛报》民族志译者曾尝试溯源中国人来自何处。第 1 卷第 1 期译介中国古代史的译者希望寻得早期中国历史同西亚或埃及相关的记录（Bridgman，1832 - 1833，1(1)：7）。但是，译者发现自己尚无充分材料推测中国人的起源，或西亚人和埃及人首次前往中国的时间（Bridgman，1832 - 1833，1(1)：9）。虽然该尝试无果而终，但其彰显了译者希望全面了解中国这一他者历史的心态。然而，该尝试假设中国人源自西方的西亚或埃及，带有鲜明的西方中心主义立场，体现《中国丛报》民族志译者认为西方优于晚清中国这一他者的心态。

除关注中国人的起源外，《中国丛报》民族志译者亦译出中国历史中有关远古时代宇宙起源的观点。① 《中国丛报》第 3 卷第 2 期以《中国历史评论》（"Remarks on Chinese History"）为题的文章认为中国人对宇宙起源所知甚少。该译者站在基督教中心主义的立场，认为正如中国人不了解上帝，中国人也仅能凭空想象宇宙起源，仅用 yang and yin，亦即"阳""阴"这两个被意译为 the male and female principles 的元素解释天地如何出现。与此相关，该译者提到罗马天主教徒已反复向中国人介绍上帝创世纪的内容，但中国人却依旧冥顽不化地相信阴阳这一荒谬的泛神论（Bridgman，1834 - 1835，3(2)：1）。译者上述评价失之偏颇，其无视阴阳在他者文化中的独特地位，片面地以自身为准绳，并将中国人关于宇宙起源的说法视为错误。该译者在此不仅暴露出其对他者文化缺乏深入了解的问题，而且显示出其固执地希望同化他者，令他者接受自身关于世界起源的观念的问题。此处《中国丛报》民族志翻译表明晚清时西人存在严重的希望同化中国人的倾向。然而，真正的跨文化交流应当尊重他

---

① 同宇宙起源相关的宇宙生成论等观念严格来讲属于自然哲学范畴。但是，《中国丛报》译者将相关内容译入同中国历史相关的文章。加之宇宙起源也是历史话题，故而本书沿用该译者的观点，将此部分内容视为关于中国历史的民族志翻译。

者,而非迫切地希望同化他者,幻想他者成为另一个自我。

在片面地将阴阳视为荒谬的泛神论的前提下,译者选译《淮南子·天文训》相关内容,以详细说明中国关于宇宙起源的说法。该译者在译文中将"淮南子"音译为 Hwaenantsze,并解释其是 a celebrated Chinese author(著名的中国作家)。《淮南子》作者相传是汉代淮南王刘安及其门客①,而高诱在《淮南子注》的"叙"(亦称"序")中亦曾解释"淮南子名安,厉王长子也"(高诱,1986:1)。因此,译者将"淮南子"译为作者未尝不可,但遗漏参与编撰的众多门客。鉴于中国传统文化本身的复杂性,《中国丛报》民族志译者未能准确译介《淮南子》作者尚属情有可原。具体而言,《淮南子·天文训》关于宇宙起源部分的原文与译文如表 5.1 所示。

表 5.1 《淮南子·天文训》关于宇宙起源部分的原文与译文

| 《淮南子·天文训》原文 | 《中国丛报》译文 |
| --- | --- |
| 天墬未形,冯冯翼翼,洞洞灟灟,故曰太昭。道始于虚霩②,虚廓生宇宙,宇宙生气,气有涯垠……天地之袭精为阴阳,阴阳之专精为四时,四时之散精为万物。积阳之热气生火,火气之精者为日;积阴之寒气为水,水气之精者为月。日月之淫为精者为星辰。天受日月星辰,地受水潦尘埃。(高诱,1986:35) | Hwaenantsze, a celebrated Chinese author, discoursing upon cosmogony, says: Heaven was formless, an utter chaos; and the whole mass was nothing but confusion. Order was first produced in the pure ether; out of the pure ether the universe came forth; the universe produced the air; the air, the milky way... From the subtile③ essence of heaven and earth, the dual principles, yang and yin; were formed. The joint operation of yang and yin produced the four seasons; and the four seasons putting forth their generative power, gave birth to all the products of the earth. The warm air of the yang, being condensed, produced fire; and the finest parts of fire formed the sun. The cold air of the yin, being likewise condensed, produced water; and the finest parts of the watery substance formed the moon. By the seminal influence of the sun and moon, the stars were produced. Heaven was adorned with the sun, moon, and stars; the earth has received rain, rivers, and dust. (Bridgman, 1834 – 1835,3(2):55) |

① 《淮南鸿烈集解》对《淮南子》的编撰情况有所说明:"汉书淮南王传称安招致宾客方术之士数千人,作为内书二十一篇,外书甚众。"参见刘文典:《淮南鸿烈集解》,上海:商务印书馆,1931 年,第 3 页。
② "霩"通"廓"。
③ subtle 的古体写法。

　　译者正确地认识到原文"冯冯翼翼，洞洞灟灟"皆是混沌的意思，因此将其译为 an utter chaos。"太昭"亦指生成宇宙时的混沌，译文 confusion 强调"太昭"是一片混乱的状态，同原文基本相符。译者此后将"道"译为 order，将道理解为一种顺序，又将"虚霩"，亦即清虚空廓的状态译为 the pure ether。由于 ether 的含义接近苍天，此处将"虚霩"解读为 ether 不妥。然而，译者恰当地译出宇宙自"虚廓"而生，气自宇宙而生的内容。由于不理解"涯垠"是边际的意思，译者将其误译为 the milky way，错把涯垠当成银河。另外，由于译者将阴阳同 female 和 male 对应，译文在解读阴阳之气分为天地的时候继续以 male 指称阳。译者在翻译阴阳生成四时、四时生成万物时增译 generative power，亦即能生成万物的力，四时靠这股力生成万物。如此翻译似乎是因为译者自身认为上帝之力创造万物，因而在中国宇宙生成论中增译一处能与该观点相应和的地方，以便译文读者理解。然而，此处增译却非《淮南子》原文本义，致使中国宇宙生成论在译文中发生变形。《中国丛报》如此增译民族志翻译难免过于牵强附会，为照顾译文读者的阅读效果导致《淮南子》经翻译后面目全非。译者此后在译介阳生火、火生日、阴生水、水生月的过程中则注重与原文形式上的对照，相关译文基本保持平行形式。译文中 substance 一词的使用表明译者将水和火理解成了物质实体，这反映以传教士为主体的《中国丛报》民族志译者所持的"中国传统文化无精神实质"这一片面观点。此外，译者将"水潦"译为 rain and rivers，既解读出"水潦"作为雨水的本义又表达了其河流的引申义，可见译者对原文的译介不乏妥帖之处。相比于"涯垠"等误译之处，此处的"水潦"更加易于民族志译者理解，而相应的译文也因此未出现误译的情况。此处《中国丛报》民族志翻译亦凸显翻译活动中常见的一种现象，即原文于译者而言的理解难易程度直接影响其译文质量。原文本身越难以理解，其相应的译文越容易出现误译等问题。

　　《中国丛报》民族志译者不仅译介中国古代关于宇宙生成的观念，而且对中国历朝历代统治者亦有提及。《中国丛报》第 2 卷第 2 期曾对中国上古时期的三皇五帝作出评价。[1] 该译者用 patriarchal spirit 指出中国上古时期的帝王体

---

[1]《中国丛报》译文为"These emperors appear to have been actuated by the true patriarchal spirit... They are held as patterns to all ages; and the present Chinese constitution （转下页）

现父权精神。他发现黄帝等帝王在后世被视为模范,而清政府也是沿袭当时的集权策略统治中国,可见其对中国历史的政体特征有一定程度的了解。此外,该译者表示他并不怀疑黄帝等中华文明的始祖才能卓越,但他对三皇五帝创建科学和体制的说法存疑,原因在于黄帝等人可能根本不了解同科学或体制有关的事。译者此处疑虑同其认为上古时期历史虚构性寓言和纪实性描述并存,并且时间隔阂致使相关问题真假难辨、无从考证有关。

在评价他者历史时,《中国丛报》译者鲜少对中国古代史作出正面肯定,大多或是如上所述否认统治者的模范作用,或是如下所述批判部分朝代。第 3 卷第 2 期译者认为汉代至唐代大概是中国历史中最无趣的阶段。他认为汉代至唐代发生过诸多残忍且不人道的历史事件。虽然该译者认为中国历史中有趣的是宋元之际,但又抱怨汉族史书撰写者对此着墨较少(Bridgman,1834 - 1835,3(2):59)。然而,译者判定某个历史朝代是否有趣是基于其自身的史观,而他亦未具体说明缘何认为宋元之际有趣。整体而言,《中国丛报》译者认为古代中国是虚弱的。① 该译者直接作出与译文读者沟通的姿态,指出古代中国曾一度成为每个勇敢冒险者的猎物。译者将朝代更迭译介为冒险者用耐心和力量将之前的皇帝赶下皇位的过程,字里行间透露出对后来者的肯定。这似乎同《中国丛报》民族志译者大多对清政府不满,甚至希望清政府被取代有关。此

---

(接上页)of government exhibits a model of their concentrated skill...We do not doubt, that these founders of an empire so lasting, possessed superior talents...yet we fear also that the historian ascribes to them the origin of sciences and institutions, of which they never thought."。参见 Bridgman, Elijah Coleman: *The Chinese Repository*,1833 - 1834, 2(2):80。另外,三皇五帝具体指上古时期哪些部落首领说法不一,但三皇五帝时代大体可分为燧人氏时代(公元前 5 万年—公元前 1.5 万年—公元前 7724 年)、伏羲氏时代(公元前 7724 年—公元前 5008 年)、炎帝神农蚩尤时代(公元前 5008 年—公元前 4513 年)、黄帝时代(公元前 4513 年—公元前 4050 年)、少昊颛顼时代(公元前 4050 年—公元前 3380 年)、帝喾帝挚帝尧舜禹时代(公元前 3380 年—公元前 2073 年)。参见王大有:《中华源流:〈三皇五帝时代〉最新增订图文版》,北京:当代中国出版社,2015 年,第 10 - 11 页。

① 《中国丛报》译文为"The reader will have remarked, that China became the prey of every bold adventurer, who had perseverance and power enough to drive the emperor from the throne. The nation itself was passive, possessing no internal strength, and the monarchs were remarkable for their imbecility."。参见 Bridgman, Elijah Coleman: *The Chinese Repository*,1833 - 1834,2(3):122。

外,该译者用 passive 形容古代中国,认为其不仅被动,而且没有内在的力量。中国各个朝代也被译者以 imbecility 一词打上低能的标签。

### 5.1.2　从《史记》到《三国志》——中国史书

《中国丛报》民族志译者被基督教中心主义主导的史观亦影响其关于中国史书的民族志翻译。相关译者在译介中国史书这一他者时亦常作负面评价。《中国丛报》第 1 卷第 3 期"文艺通告专栏"译者认为中国史书的书写对象均是名人,但这些史书仅介绍人物名字、出生时间、居住地、官职和去世时间。因此,他认为大多数中国史书似乎仅有骨头,却没有肉体和皮肤。另外,该民族志译者认为中国史书或是文笔生硬,或是类似于劣质的拼贴(Bridgman,1832 - 1833,1(3):107)。然而,《史记》和《国语》等史书并非仅呈现基本信息,其中亦有关于历史事件的记载。译者此处认为传记仅记录名字等信息可能与其阅读中国史书有限有关。他作出中国史书类似于拼贴的评价则同其难以适应他者的史书撰写模式有关,《国语》等史书在陈述历史事件时鲜少将事件联系在一起。上述民族志译者自身在面对中国史书这一他者时的不适感凸显了自我与他者之间的差异。

虽然《中国丛报》民族志译者难以适应中国史书的撰写模式,但《中国丛报》第 3 卷第 2 期译者依然根据自身了解向读者推荐《国语》和《绎史》两本史书,并将二者分别音译为 Kwǒyu 和 Yeihshe。译者发现这两本史书在中国名气颇大,背后原因在于《国语》语言古雅,而《绎史》则蕴含大量关于中国历史和文学的信息。该译者对《绎史》编写者大加赞赏,认为其所选古代史家与文本恰如其分,对了解中国大有裨益(Bridgman,1834 - 1835,3(2):58)。正因如此,该译者曾将《绎史》部分内容译为英语,以便译文读者了解中国史书。

此外,《中国丛报》民族志译者对中国古代史学家亦有所译介。第 3 卷第 2 期以《中国史学著作的特征;研究中国史书的动机;中国史书的神秘记录;早期记录的模糊性;中后期的记录;主要史学家概览》("Character of Chinese historical works; inducements to study them; their mythological accounts; vagueness of their early records; accounts of the middle and latter ages; summary of the principal historians")为题的文章提到中国史学家自孔子起便

前赴后继地记录中国历史,且没有任何一个国家在此方面可同中国媲美(Bridgman,1834 - 1835,3(2):53)。译者肯定中国史学书写的连贯性,历朝历代均有史学家撰写史书。但是,译者认为其中许多史学家仅是记录者和评论者(transcribers or commentators),仅少数人算得上创作思想独特且措辞精炼。译者如此评价同中国史书的撰写模式有关。译者自身更认可述评结合的史书,但中国古代史学家往往是由朝廷任命的史官,因而撰写时须遵循体例,不可过度自由发挥。该译者对中国多位史学家作出点评。译者认为司马迁是中国历史研究之父。他将"司马迁"音译为 Szema Tseën,并点明司马迁记录的是从黄帝时代到秦朝的历史(Bridgman,1834 - 1835,3(2):60)。译者在此忽略《史记》记载的汉武帝太初年间(公元前 104 年—公元前 101 年)的内容,可见其对中国史书的了解并不透彻。此外,此处民族志翻译提及班昭、韦昭(后因避晋讳改名韦曜)等史书作者,简要陈述他们记录的历史时期,但并未对他们的史书作出评价。该译者认为唐朝鲜有才能出色的史书撰写者,仅简要提及魏徵、长孙无忌、刘知几等唐代史学家(Bridgman,1834 - 1835,3(2):60)。译者亦提及五代时期和宋代的史学家。他认为宋代后期的史学家在品位和才能方面不及从前,随后的元代更无任何伟大的史学家(Bridgman,1834 - 1835,3(2):61)。译者认为明朝是黑铁时代(iron age),且当时史学家普遍欠缺思考,仅重复前代史学家的说辞(Bridgman,1834 - 1835,3(2):61)。这同《中国丛报》译者大多持有"中国向来尚古且思想僵化"这一刻板印象有关。中国古代史学家在上述民族志翻译中被译为乏善可陈的史书作者,这种译法凸显了中西双方史学观念及史书撰写模式的不同。

《中国丛报》译者似乎曾尝试阅读大量史书。上述第 3 卷第 2 期译者认为秦汉时期史书卷帙浩繁,需耗费多年方能仔细读完。该译者另发现秦汉时期史书的重要内容可从后世编撰的史书中寻得,且后世史学家从之前的史书中筛选了部分内容(Bridgman,1834 - 1835,3(2):1)。中国古代史学家编撰史书时确实会梳理前人作品。此外,《中国丛报》第 1 卷第 9 期指出,中国人不写所在朝代的历史,也不允许此类史书出版(Bridgman,1832 - 1833,1(9):379)。译文此处说法欠妥,各朝史官均记录所在时代的历史。《中国丛报》上述第 3 卷第 2 期译者提到清代国人不得出版关于自己所在朝代的史书。译者还认为中国人当时处于沉闷的时代(a leaden age),哪怕最出色的史学家也无法写出值得看的史书。该译者特意指明清代史书《东华录》不值得看。[①] 译者将《东华录》书名音译为 *Tunghwa luh*，认为其对历史事件的叙述枯燥。此外，译者提到《东华录》当时仅有手稿存世。《东华录》在其看来缺乏思想深度与有洞察力的评价，甚至被其称为当时作品质量差的典型代表（a fair specimen of the inferior literature of the present time）。然而，译者对《东华录》评价低可能是由于该书是编年体资料长编，缺乏趣味性。实际上，《东华录》在清代的抄本数量不在少数，相关研究者推论其在当时可算作畅销的好书（陈捷先，2008：48）。由于清宫大内的档册宫书不可随意查看，《东华录》成为许多人争相阅读以获取宫廷秘闻的途径（陈捷先，2008：59）。清代国人与民族志译者对《东华录》的不同评价折射出自我与他者不同的阅读兴趣。清代国人对宫廷秘闻的兴趣在此远超民族志译者，而民族志译者评价《东华录》时主要以文本与自身的史学观念为中心。因此，《东华录》资料长编的编撰模式不受民族志译者青睐。

《中国丛报》关于中国历史的民族志翻译既阐明西方人为何须研究中国历史，又涵盖中国上至远古时代的宇宙生成论，下至历朝历代的历史，对其中的典型历史人物与历史时代特点有所涉及。然而，相关译者对中国历史及中国史书的看法表明其评价他者历史时以自身史观为准绳，故而将中国在历史层面塑造为缺乏宏大事件且处于僵化状态的他者。但是，《中国丛报》民族志译者塑造的中国历史形象（僵化与简单化的他者）与中国历史实际并不相符。

## 5.2　译介他者语言文学

《中国丛报》民族志译者在文化层面不仅译介中国历史，而且介绍中国语言文学。由于习惯自身语言文学，相关民族志译者在面对中国语言文学这一他者

---

[①]《中国丛报》译文为"The Chinese work Tunghwa luh, which continues a dry narrative of events down to the time of Yungching, has very little to recommend it and only exists in manuscript. No depth of thought, no sagacity of remark adorns its pages; it is a fair specimen of the inferior literature of the present time."。参见 Bridgman, Elijah Coleman：*The Chinese Repository*, 1834 - 1835, 3(2):59。此处提及的《东华录》是清代蒋良骐记载清朝努尔哈赤至雍正时期的史书。

时难免感到生疏。虽则如此,《中国丛报》民族志翻译既介绍中国使用的汉语与方言,又介绍中国文学,力图为译文读者呈现中国语言文学的大致面貌,从而建构语言及观念不同的他者。

### 5.2.1　从方言官话到《汉语札记》——汉语

作为接触晚清中国这一他者不可或缺的语言工具,汉语是《中国丛报》民族志译者译介的主要对象之一。相关译介较为客观全面,堪称关于汉语的百科全书式译介。《中国丛报》第 3 卷第 1 期以《汉语:它的古老性、广泛使用和方言;它的特征与价值;欧洲人对汉语的关注;当下学习汉语的辅助办法与动机》("The Chinese language: its antiquity, extensive use, and dialects; its character and value; attention paid to it by Europeans; and the aids and inducements to study it at the present time")为题的文章系统介绍汉语。译文开头用 originality 一词强调汉语的独特性,并说明汉语是最为古老的语言之一(Bridgman,1834 - 1835,3(1):1)。此外,该译者提及汉语不仅在中国,而且在朝鲜、日本等地也被广泛使用。由于汉语在不同地区使用时间悠久,译者指出汉语在字形和发音方面发生诸多变化。译者注意到汉语中方言与官话的不同。由于方言在英语中有固定的说法,即 dialect,译者直接用该词称呼方言。但是,汉语官话并无固定译法,因此译者先后在文中将官话解释为 the style and the pronunciation which prevail at Court and in all the public provincial offices(皇宫及所有公共事务办公地点流行的讲话方式与发音特征)和 the national language(国语)(Bridgman,1834 - 1835,3(1):2)。前者强调汉语官话在皇宫和省级政府使用,以这两处地点中汉语使用的风格和发音为特征;后者则用英语中较为常见的代指某国语言的说法称呼中国官话。清廷公布的官话标准是《康熙字典》和《音韵阐微》,而日常生活中的官话近乎自然形成的共通语,并没有一套公认的标准,而是一组语言的共名(王东杰,2019:435)。由于清代官话最初是官场的通行语言,且清政府大力推行官话(李钢、王宇红,2007:47),译者的上述两种译法同清代真实情形大致相仿。

《中国丛报》民族志译者不仅留意官话与方言的区分,而且点明外国人学习汉语的重要性。① 为同中国人建立商业和政治关系，该译者认为外国人有必要学习汉语。除汉语外，他认为外国人还需了解中国文学与法律。译者认为学习汉语的另一个重要目的是更好地了解中国人的行为方式和风俗，以及其道德和宗教体系。《中国丛报》认为外国人学习汉语，一是为建立商业和政治关系，二是为全面了解晚清国人。另外，《中国丛报》民族志译者表示外国人学习汉语的动机之一在于大量人口使用汉语。他认为外国人一度忽视汉语，不是因为感觉汉语难学，便是因为认为汉语不具备学习与研究价值。此处民族志翻译呈现19 世纪 30 年代学习汉语的外国人数量少的原因。译者在此转而指出汉语相比之下在晚清国人心中的崇高地位。晚清国人不仅认为汉语美观，而且认为精通汉语是获得高官厚禄的必要条件（Bridgman，1834 - 1835，3(1)：3 - 4）。该评价同《中国丛报》译者对科举具备一定程度的了解有关，表明相关民族志译者对他者文化的整体关注。

　　由于习得汉语的外国人数量有限，《中国丛报》民族志译者担负起向西方读者译介汉语的写法、发音、偏旁、笔画等内容的责任。《中国丛报》第 3 卷第 2 期译介汉语的译者认为汉字写法独特。② 他发现汉字的组成部分不是西方常见

---

① 《中国丛报》译文为"What is requisite, therefore, in order to establish proper commercial and political relations with the Chinese, is made to depend in no small degree on a knowledge of their language. Hence arise the strong inducements to learn the language and study the literature and the laws of this nation. But there are other still weightier considerations which urge us to seek for an acquaintance with the Chinese language, that thereby we may gain a knowledge of their manners and customs, and their moral and religious systems."。参见 Bridgman, Elijah Coleman: *The Chinese Repository*, 1834 - 1835, 3(1):14。

② 《中国丛报》译文为"... we alluded to the formation of the characters, which are not framed from the materials of an alphabet, but consist of simple lines which are not the representatives of sounds. A person accustomed only to the alphabetic systems of the west can scarcely conceive of the possibility of employing in writing a separate character for every idea, or imagine how ingenuity could ever devise such a system... In its present form, the language is very far from being a system of hieroglyphics; and in vain do we undertake to compare it with the Egyptian or Mexican systems; for hitherto there have not been found in these systems such marks of resemblance as will enable us to conclude that they are formed on the same principles."。参见 Bridgman, Elijah Coleman: *The Chinese Repository*, 1834 - 1835, 3(1):4。

的字母,而是一些不表音的线条。汉字笔画被译者译为 simple lines(一些简单的线条),体现西方人对汉字的直观感受。译者坦言习惯于字母系统的西方人难以想象不同意思需用不同字表示,并认为发明此等书写系统的人需具备特别的聪明才智。面对博大精深的汉字文化,《中国丛报》民族志译者亦承认汉字作为他者文字的精妙之处,而不再像译介中国历史等内容一样以批评为主。译者发现汉字同最初的象形文字不同,并采用比较的方法将汉字与埃及和墨西哥的文字加以对比。然而,相关对比一无所获,并未发现三种文字体系之间有足以证明它们以相同原则构造的相似之处。

上述说法表明汉字在译者这一西方人眼中的陌生感,以及汉语于外国人而言颇高的学习难度。汉语发音在译者等西方人眼中即为难点。① 第 3 卷第 1 期译介汉语的译者直言学习汉语发音让外国人感到窘迫。倘若未经大量练习,外国人一方面难以听出汉语不同音之间的区别,另一方面难以清晰地发出汉语的每一个音。由此可见,外国人的汉语听力和口语学习过程均困难重重。译者坦言据他们了解,美国当时没有一位熟悉汉语的人,对汉语开展研究的学者也寥寥无几(Bridgman,1834 - 1835,3(1):12)。这反映了 19 世纪 30 年代美国汉学尚处于萌芽之中,甚至无人熟悉汉语的情形。然而,《中国丛报》民族志译者正是当时较为了解中国的西方人,亦即美国汉学萌芽的奠基人。

另外,《中国丛报》第 3 卷第 1 期译者详细译介了中国的元音、辅音、音节、声调等相关内容。此处以其对[en][in][ing]和[h]音的译介为例说明其介绍汉语语音的特点。② 为便于西方人了解汉语发音,译者用西方语言中与汉语音素相似的音加以介绍。他认为汉语中的[en]音与英文单词 pen 和 men 中的

---

① 《中国丛报》译文为"In acquiring a knowledge of the pronunciation, foreigners are greatly embarrassed; for without a considerable experience they find it difficult to catch with the ear the nice distinctions in the sounds and on the other hand to enunciate so accurately as to be readily understood by the native."。参见 Bridgman, Elijah Coleman: *The Chinese Repository*, 1834 - 1835, 3(1):5。

② 《中国丛报》译文为"*en*, sounded as in pen, men, or sometimes nearly as *an* in ant. *in* and *ing*, sounded as in sin and sing... *h*, before *a*, *ě*, *o*, *oo*, and their compounds, is a strong guttural aspirate; it has no sound exactly corresponding to it in English, but resembles the Hebrew ח hhēth."。参见 Bridgman, Elijah Coleman: *The Chinese Repository*, 1834 - 1835, 3(1):25。

[en]音相似，有时亦同英文单词 ant 中的[æn]音近似。该译者在介绍[in]音和[ing]音时同样借用英文单词的发音加以介绍，所选单词为 sin 和 sing。除借助英文单词发音介绍汉语音素外，译者亦介绍部分音素的音系学特征。他介绍[h]音时提到该音出现在[a][o][oo]及其组成的复合音之前，是一个送气的腭音。译者认为[h]音在英文中不存在完全对应的发音，并指出[h]音与希伯来语的[ח hhēth]音发音相似。译者在关于汉语发音的民族志翻译中采用类比方式，通过类比西方语言中接近的发音帮助译文读者了解汉语音素。虽然二者并非完全一致，但这一类比可帮助西方读者大致了解汉语如何发音。

　　《中国丛报》民族志译者不仅译介汉字发音的特征，而且着重翻译汉字的字符特点。《中国丛报》第 3 卷第 2 期点明中国人看重书写，并指出汉语字符可相互组合生成新含义。① 译者指出，汉语的各个字符均有明确含义。因此其在译文中直接呈现汉语字符"不"和"正"，并用斜体解释其在英文中分别是 not 和 straight 的意思。倘若将两者组合成"歪"字，所得的便是两者结合而成的crookedness，亦即不正则歪的意思。译者如此译介简明地体现了汉语字符的构字特点。另外，该译者指出汉字最初是象形文字，但为便于书写或美化字形，汉字形式逐步演变。

　　《中国丛报》民族志译者不仅关注汉字等内容，而且对汉语词汇与语法亦有所译介。《中国丛报》第 3 卷第 1 期译者认为汉语汉字和词汇丰富的优势使其可表达不同观点并描述不同事实（Bridgman，1834－1835，3(1)：8）。这体现了相关民族志译者对汉语这一他者的肯定态度。相对而言，该译者认为汉语语法简单，名词和动词均无词形变化。但是，他发现一个汉字可能兼具名词、动词、副词等词性，致使外国人难以理解汉语的含义。此外，他意识到汉语语法标记是通过句子或段落的某一部分体现的，有时导致文章或词汇含义模糊。正因如此，若无中国人的帮助，外国人常会误解中文实际含义。该译者亦认为汉语句法独特，同西方以字母组成的语言不同（Bridgman，1834－1835，3(1)：6）。汉

---

① 《中国丛报》译文为 "Both these—their elements however arbitrary being understood—present to the eye a definite idea. Thus in Chinese, 不 signifies *not*, and 正 denotes *straight*. Arbitrary as these symbols appear, yet when known, the combination of them in one character 歪, immediately suggests the idea of crookedness."。参见 Bridgman, Elijah Coleman: *The Chinese Repository*, 1834－1835, 3(1)：15。

语的行文方式亦引起该译者的注意。他认为汉语过于注重对仗等形式,因而可能影响行文思路。他感觉汉语常将文字传达的意思放在第二位,却将文字表达的形式放在汉语行文的第一位(Bridgman,1834-1835,3(1):6)。上述关于语法和行文特点的民族志翻译凸显汉语作为他者于译者自身而言的陌生性。自我与他者的语言差异致使译者无法轻松地理解汉语,并对汉语行文有时追求对仗的特点作出负面评价。

清代中国各地迥异的方言同汉语官话和书面体一样令民族志译者难以理解。由于身处中国,《中国丛报》民族志译者亦翻译同中国方言有关的内容。《中国丛报》第 3 卷第 1 期译介汉语相关内容的译者指出方言与官话的区别。他认为发音、用字及句子结构不同是汉语方言区别于官话的特征,但主要不同在于发音。译者将中国北方各省的方言称为 the pure Chinese(纯正的汉语),并解释称其通常被视为 the mandarin dialect(中国官话)。但是,他发现中国北方方言中亦存在具有地方特色的词汇和措辞。该译者认为使用中国官话的人数量庞大,并另外指出江南的方言同中国官话差异明显,且使用中国官话的人完全无法听懂福建方言。相比于东南部地区,中国西南部地区的方言同中国官话差异较小(Bridgman,1834-1835,3(1):3)。西南官话辐射面广,但内部一致性强,给人的语感是没有多少差别的(詹伯慧等,2001:67)。与此类似,《中国丛报》第 1 卷第 4 期"宗教消息专栏"译者提到英国人认为福建话听起来像古话,同海南话仅有细微差别(Bridgman,1832-1833,1(4):151)。译者此言可能同其接触过福建和海南地区的方言有关。根据语言学调查,海南岛上崖县①和儋县②等地一度处于闽方言包围之中(詹伯慧等,2001:67),可见《中国丛报》译者关于方言的部分民族志翻译与事实相符。

《中国丛报》民族志译者不仅根据自身观察和汉语文献撰写同汉语有关的民族志翻译,而且亦简要评介外国人关于汉语的著述。《中国丛报》第 1 卷第 4 期"文艺通告专栏"曾报道 1831 年英华书院出版法国传教士撰写的《汉语札记》(*Notitia Linguæ Sinicæ*)的消息。译者指出该书涵盖汉字语法与发音等内容,且根据最后一个音节制作汉语索引表。另外,他发现该书介绍汉语中常见的包

---

① 今三亚市。
② 今儋州市。

括对比、比喻、重复和反问在内的修辞手法（Bridgman，1832－1833，1（4）：152）。译者向读者介绍《汉语札记》起到为译文读者推荐汉语学习用书的作用，并体现其希望西方当时能够有更多人了解汉语的想法。

《中国丛报》有关汉语的民族志翻译较为全面，虽然受限于篇幅未能同《华英字典》等作品一样细致呈现汉语相关内容，但其在《中国丛报》刊登可起到向译文读者普及汉语的作用。尽管译者汉语水平有限，上述民族志翻译中亦出现错误，但得以呈现偏旁部首及六书等内容于当时的西人而言已属难能可贵。相比于关于历史等方面的民族志翻译，《中国丛报》民族志译者较少对汉语作出负面评价，而是侧重于尽可能地增进译文读者对他者语言的了解。

### 5.2.2　从《三字经》到四书五经——中国典籍

上述关于汉语的民族志翻译表明《中国丛报》民族志译者具备阅读中国文学作品的能力，而相关译者对中国典籍亦多有译介。《三字经》与四书五经等中国典籍均曾出现于《中国丛报》的民族志翻译之中，凸显晚清在华西人对中国典籍内容与语言等方面的认识。

《中国丛报》第 2 卷第 6 期译介中国典籍的译者曾对蒙学经典《三字经》作出评价。《三字经》被音译成 Santsze King，并被字字对译为 Three Character Classic，译者将其称为中国学生读的第一本书。译者此处意译似乎有意保留同原文一样三字为一句的形式，以便译文读者了解《三字经》的行文特点。该译者对《三字经》评价不高。① 尽管《三字经》特意为幼儿创作，但他认为《三字经》并不适合幼儿阅读，甚至认为将欧几里得定理编写成韵文形式也不比《三字经》差。由于欧几里得定理是译文读者相对而言更加熟悉的事物，译者如此对比是为了便于读者了解其认为《三字经》不是一部好的蒙学经典的观点。此处对《三字经》评价低亦由自我与他者之间的语言文化差异导致，根源在于《中国丛报》译者衡量中国典籍时以自身熟悉的文化为准绳。此外，译者在此未尝试站在主

---

① 《中国丛报》译文为"Though written expressly for infant minds, it is scarcely better fitted for them, than the propositions of Euclid would be were they thrown into rhyme."。参见 Bridgman, Elijah Coleman: *The Chinese Repository*, 1833－1834, 2(6):251。

位视角分析《三字经》何以成为中国古代的蒙学经典,因此其对《三字经》难以作出正面评价。

相比于《三字经》,《中国丛报》民族志译者关于四书五经的译介较为详细,如第 3 卷第 3 期译介中国典籍的译者认为中国典籍包括四书和五经两个部分,并将二者音译为 Sze Shoo 和 Woo King,意译为 Four Books 与 Five Classics (Bridgman,1834 - 1835,3(3):98)。然而,该译者在此将中国典籍简单化为 9 部作品,误以为中国典籍仅包含四书五经。《中国丛报》民族志译者关于中国典籍的了解由此看来依然存在局限性。他逐一评价四书包含的《大学》《中庸》《论语》和《孟子》。《大学》被其音译为 *Ta Heŏ*,意即 superior learning,体现"大"与"学"的字面含义。译者用拉丁语 summum bonum 形容《大学》,并认为《大学》是中国典籍中至善的作品。

不同于对《大学》较高的评价,《中国丛报》民族志译者关于《中庸》的评价较为中立。译者将《中庸》音译为 *Chung Yung*,意译为 *Golden Medium*,使用 golden 似乎是借用英语 golden rule(黄金法则)的用法,以提示译文读者《中庸》于中国人而言是一种黄金法则。该译者首先指出《中庸》由孔子的孙子创作,但并未在文中译出作者的名字。他将《中庸》解读为孔子眼中的最高标准,认为《中庸》似乎是写给孔子的颂词,且它还代表着真正的儒士尽善尽美的理想。尽管《中庸》多处含义模糊,但该译者承认其中亦有诸多精彩论述。然而,译者依然认为《中庸》作者自身不理解何为真正的智慧(Bridgman,1834 - 1835,3(3):98 - 99)。这种认为《中庸》不蕴含智慧的观点与民族志译者自身的西方中心主义和基督教中心主义立场有关。同《中庸》这一他者相比,译者更认可自身所属的西方文化中的智慧,因此往往对他者典籍作出负面评价。但是,这并不意味着他者典籍不及西方,仅能说明译者自身难以认同他者典籍的心态。①

在四书之中,该译者认为包含孔子与其弟子对话的《论语》最重要。该译者认为孔子在《论语》中毫无保留地抒发观点,而其言行更是被视为典范令后人效

---

① 结合《中国丛报》民族志译者翻译中国典籍的内容,当下中国典籍海外传播应当注重呈现典籍中的中国智慧,从而吸引海外读者对中国典籍的兴趣。另外,翻译中国典籍的译者应当足够熟悉相关典籍,避免同上述译者般因不熟悉中国典籍而产生误解。

仿。译者以其所谓不带偏见的欧洲人视角评价孔子。① 尽管该民族志译者声称其不带偏见，但其评价依然鲜明地带有欧洲中心主义立场。他认为一个不持偏见的欧洲人在审视孔子这位先贤时将发现他拥有超过其同胞的智识和造诣、一颗热烈的爱国之心以及希望管理国家以证明自己主张的雄心。这一看法与中国人的看法略有不同，当时和后世中国人主要将孔子视为万世师表、至圣先师。译者指出孔子的努力因同辈恶意阻挠而挫败，且孔子因无法寻得自身所处时代可供后世效仿之处，转而将注意力置于上古的黄金时代。孔子确如译者所言尚古，但其理念并不完全源于上古时期，其亦开创有教无类等教育思想。另外，译者指出孔子希望自己的弟子能够以尧舜为楷模，并在出任鲁国司寇时着力实现政治抱负。然而，邻国出于对鲁国国力的忌惮向鲁王进献舞女以迷惑君心，致使鲁王不再听从孔子的建议。译者直接使用 gladly 形容孔子因而欣然离开鲁国并周游列国的心情（Bridgman，1834 - 1835，3(3)：99）。此处译文有误。根据《史记·孔子世家》，孔子离开鲁国时曾作歌：“彼妇之口，可以出走；彼妇之谒，可以死败。盖优哉游哉，维以卒岁！”（韩兆琦，2010：3761）②可见孔子当时实则心情沉重。译者误读应当是个人在此过度阐释孔子心情所致。此外，该译者认为孔子虽然要求君王照顾鳏寡孤独者，但却并未在《论语》中提出为穷人提供保障的主张。他甚至为此指责孔子冷漠无情，任凭穷人自生自灭（Bridgman，1834 - 1835，3(3)：100）。译者此处对孔子的评价失之偏颇，仅因为《论语》未提出帮助穷人的主张便认为孔子冷酷无情，忽视了孔子提倡仁爱的主张。《论语》并不是孔子阐述具体政治举措的著作，因此从其中没有关爱穷人

---

① 《中国丛报》译文为"An unprejudiced European in viewing the renowned sage, would see a common mortal, possessing intelligence and acquirements superior to his countrymen, and an ardent patriot, ambitious of ruling over his nation in order to give a practical proof of the goodness of his principles, but baffled in his best efforts, and deeply affected with the vices of his contemporaries. His age was too degenerate to furnish any illustrious examples worthy of imitation. He referred therefore to the golden times of antiquity, which were long forgotten."。参见 Bridgman, Elijah Coleman: *The Chinese Repository*, 1834 - 1835, 3(3)：99。

② 孔子在此意指舞女搬弄口舌致人四处奔波，并在君王面前告状以至于人死国亡。孔子因此不得不悠然自得，了此一生。参见韩兆琦：《史记（全九册）：五》，北京：中华书局，2010年。

的内容推测孔子冷漠并不恰当。作为民族志译者,译者应当尽可能全面了解孔子后再作出评价。然而,该译者却仅凭对《论语》有限的了解作出草率评价,致使其民族志翻译未能准确还原孔子这一他者的形象。上述民族志翻译误译孔子的部分内容甚至有损孔子本身的形象,致使译文读者可能受其先入为主的影响而无法了解孔子真正的想法。《中国丛报》凸显孔子的负面色彩亦致使美国人 19 世纪的孔子观持续恶化(张涛,2016:143)。由于孔子在中国传统文化中占据重要地位,相关有损孔子形象的民族志翻译亦不利于译文读者彼时形成更加认可中国传统文化的心态。

　　除上述的《论语》外,《中国丛报》民族志译者亦译介《孟子》。译者将《孟子》音译为 Mǎngtsze,意译时则沿用孟子的英文名 Mencius。他指出孟子作为孔子的效仿者亦承担改革者角色,批评君王无谓的讨伐和残酷的压迫,因而他欣赏孟子的高尚作为。另外,译者认为孟子善于引用古人作为例证以阐明观点,其选用的人物和使用的对比恰当。上述评价既肯定孟子为人,亦肯定《孟子》文本本身。此外,该译者指出孟子会讨论形而上的事物,并尝试辨别其所使用的术语之间的细微差异。《中国丛报》民族志翻译一向较为关注中国的思想观念,因而关注孟子同形而上相关的讨论。正如译者所言,《孟子》中有讨论形而上之处,如"道在迩而求诸远,事在易而求诸难"(杨伯峻,2016:185)。译者特别点明孟子关心如何治理国家,其认为治国是一件简单的事,只要政府维持德政便可让其他国家欣然承认君主的地位(Bridgman,1834 - 1835,3(3):101 - 102)。此句似乎是受《孟子》"国君好仁,天下无敌焉"(杨伯峻,2016:363)的影响,而上述译者关注孟子的治理理念亦表明民族志译者较为了解《孟子》等中国典籍。

　　《中国丛报》民族志翻译不仅涉及四书,对五经亦多有译介。译者将五经音译为 Woo King,意译为 Five Classics,并指出五经在中国人眼中的崇高地位。译者误以为孔子是五经的编撰者,但《春秋》除外,他是《春秋》的作者。但是,五经中的《书经》(又称《尚书》)早在孔子之前便有人编撰(王世舜、王翠叶,2012:2),而孔子修撰六经[①]的说法在学界亦争论颇多(李学勤,1999b:1)。除简要介绍五经的整体情况外,《中国丛报》译者在民族志翻译中亦单独介绍五经。

　　对此,《中国丛报》第 3 卷第 3 期按照《书经》《春秋》《易经》《诗经》和《礼记》

---

① 六经包括五经和《乐经》。

的顺序译介五经。该译者将《书经》音译为 *Shoo King*。他认为《书经》是五经中最古老的一部，介绍自尧舜至孔子时期的历史，且语言风格比其他中文典籍简明。该译者认为《书经》大部分内容难以理解，必须先读评注再读原文才能理解其含义。相关民族志译者在阅读《书经》时遇到的困难，既跟语言差异有关，又与其对《书经》等典籍涉及的文化背景了解有限有关。上述译者指出《书经》存在多处相悖的内容，以至于他难以明了原文是何种含义。然而，他并未具体说明《书经》何处内容相悖。此外，译者提到《书经》是最早记录天文内容的典籍。译者此处所言应当是指《书经》中有关于日食的记录。① 由于《书经》包含中国基本的道德与哲学理念，译者认为该书理应被多加关注。然而，他亦提到自己细致阅读《书经》后依然不清楚中国古人的面貌。但是，译者却肯定地认为中国自孔子以来一直处于近乎停滞的阶段（Bridgman，1834 - 1835，3（3）：103 - 104）。这同《中国丛报》民族志译者大多认为中国自古以来缺乏进步的观念一致。然而，译者眼中的停滞状态是其自身对他者所作的评价，其中存在因了解有限而将中国这一他者简单化等问题。

　　同《书经》一样，译者将《春秋》音译为 *Chun Tsew*，并意译为 *Spring and Autumn*，亦即春秋的字面含义。他指出，《春秋》是一部编年史，而孔子编撰《春秋》的目的是提升时人的品行。译者认为中国史官对《春秋》评价高，但其却无法从《春秋》中发现可同古希腊史学家修昔底德（Thucydides）比肩的才华（Bridgman，1834 - 1835，3（3）：104）。此番对比将《春秋》置于不及古希腊史学作品的地位，虽是译者个人看法，但也体现《中国丛报》民族志译者因熟悉西方文化而对自身文化作品更具认同感的特点。

　　相比于《春秋》，《易经》于该译者而言更难以认同。译者将《易经》音译为 *Yeih King*，并直言《易经》不值得阅读，一是因为其认为《易经》中全是形而上的胡言乱语，二是因为中外对《易经》已有诸多论述。译者提到孔子认为《易经》不易理解，但若能读懂便可洞悉一切。《易传·系辞》有言："子曰：'《易》，其至矣乎'。"（高亨，2009：462）然而，译者对此表示反对，并认为人类的未来不可预知。此处民族志译者对《易经》存在误读，似乎误以为《易经》可预知具体事件。此

---

① 《尚书·胤征》中部分内容表明夏朝仲康时代曾发生日食天象。参见李殿元：《论夏代的天文知识和历法》，《文史杂志》2016 年第 3 期，第 18 - 22 页。

外,译者认为《易经》语言明白易懂,其中多用对比手法,而对比亦被译者称为 the greatest beauty of Chinese writings(中文写作最美的部分)(Bridgman, 1834 - 1835,3(3):104),可见译者欣赏汉语的对比手法。此处关于《易经》语言 的评价表明《中国丛报》民族志译者认可部分中国典籍的修辞语言。但是,《易 经》的形而上内容富含中国传统文化,于译者而言难以理解,从而致使其难以认 同该典籍。

同《易经》类似,译者发现《诗经》由三个部分组成,其中对比手法多。译者 将《诗经》音译为 She King,意译为 Book of Odes。译者指出《诗经》的重要组 成部分是同爱情或宗教相关的民歌,并将民歌译为 popular songs。该译者认 为倘若自身对中国有更多了解,并能对中国人的情感感同身受,可能会更欣赏 《诗经》。但是,由于对相关内容缺乏了解,译者仅能将《诗经》视作令人好奇的 古代文本。译者自身在此认识到理解他者既需要了解他者文化,又应当尝试体 会他者的情感。译者认为《诗经》所表达的情感与其他中国典籍不同,其中部分 片段甚至不得体,因此注经者特意加注说明这些令人厌恶的片段均是经人篡改 的部分。译者提到,如果欧洲人曾读过《诗经》译本,译本优于原文的风格和主 题可能会令欧洲人怀疑译者在此所言,也就是说,他们也许并不认为《诗经》是 一本枯燥的书(Bridgman, 1834 - 1835,3(3):104 - 105)。译者在此有意无意 地肯定《诗经》译本的质量,在其眼中,译文比原文更具可读性。虽然译者正面 评价《诗经》译本,但其对《诗经》原文的评价表明民族志译者往往不易理解并认 可他者典籍。

《礼记》同样令译者难以认可,原因在于其认为《礼记》内容冗长沉闷。他将 《礼记》音译为 Le Ke,意译为 Book of Rites,并指出《礼记》是一部关于礼仪准 则的典籍。译者表明《礼记》在中国人眼中占据重要地位,且《礼记》同其他典籍 一样可能曾被篡改。结合自身经历,令译者难以理解的是尽管中国有《礼记》这 样规范礼仪的书,但许多晚清国人在其眼中没有礼貌。译者转而指出需要为此 被指责的不是中国先贤,而是中国人自身难以驾驭的本性(Bridgman, 1834 - 1835,3(3):105 - 106)。译者在此将矛头对准晚清国人本身,指责其本性难以 驾驭,这实质上是一种以偏概全的做法,译者仅基于自身经历或其他原因,就片 面地将晚清国人描述成无礼而野蛮的样子。另外,《礼记》的主要创作目的并不 是为日常生活提供礼仪指南。译者对《礼记》的定性有误,表明其对他者典籍缺乏充分了解。

　　上述《中国丛报》第3卷第3期译者对五经的逐一译介有褒有贬，大体向译文读者呈现五经特点，而第2卷第2期译者亦曾简要介绍五经中的《书经》《春秋》《诗经》和《礼记》。该译者将"五经"译为 Five Classics，直截了当地表明五经是五部经典的作品，并采用一贯的音译方法将《书经》译为 Shoo King，将《春秋》译为 Chun Tsew。他认为《春秋》仅是以时间顺序呈现事件的作品，而《书经》说教式的写法致使其表意模糊。除对《春秋》和《书经》评价不高外，《诗经》在该译者眼中也不过尔尔。① 他同样将《诗经》音译为 She King，意译为 Book of Odes，其中 Odes 一词表明该译者更关注《诗经》中颂歌的部分。正因如此，《诗经》的风和雅在标题中均被忽略。该译者指出《诗经》由孔子编写，或是收集自古代记录，或是经口头传承，但其对《诗经》并无绝妙之处（nothing superior in this work）的评价体现其不认可《诗经》的态度。他甚至认为《诗经》包含诸多"放荡"的内容（many licentious expressions），怀疑中国古人行为堕落。该译者并未明确举例说明《诗经》何处放荡，却同《中国丛报》第3卷第3期译者一样指出晚清国人对《诗经》被指责的开脱之词是"这些放荡的内容是被篡改的"。《诗经》中同爱情有关的内容确有体现民风开放之处，但绝不是译者所认为的那样放荡而下流。孔子对《诗经》曾如此评价："诗三百，一言以蔽之，曰：'思无邪'。"这表明《诗经》思想纯正（杨伯峻、杨逢彬，2011:9）。译者感到放荡下流之处实则是展现思想纯良且民风淳朴的地方。② 该译者对《诗经》作出负面评价可能同汉语文本于其而言的陌生性有关。这种陌生性既源于自我与他者之间

---

① 《中国丛报》译文为"A description of the ancient manners is found in the *She King*, or *Book of Odes*. This was also compiled by Confucius, who collected them either from ancient records or from oral tradition. There is nothing superior in this work. From the many licentious expressions which occur in it, we should rather fear that even their antiquity was not exempt from depravity of manners. But the Chinese escape such a reproach by saying, that those exceptionable passages have been interpolated."。参见 Bridgman, Elijah Coleman: *The Chinese Repository*, 1833 - 1834, 2(2):81。

② 此处以《国风·召南·野有死麕》为例说明《诗经》实则"思无邪"。原文如下："野有死麕，白茅包之。有女怀春，吉士诱之……舒而脱脱兮，无感我帨兮，无使尨也吠。"参见周振甫：《诗经译注》，北京：中华书局，2010年，第30页。余冠英点明该诗实则是写猎人在丛林里不仅猎获獐鹿，而且获得爱情。参见余冠英：《诗经选》，北京：中华书局，2012年，第19页。

的语言差异,也源于文化差异。

　　自我与他者之间的差异亦体现在民族志译者对《礼记》的译介之中。该译者将《礼记》音译为 Le Ke,意译为 Book of Rites,并认为《礼记》仅是关于古代仪式和礼节的记录。他承认《礼记》有利于建立井井有条的社会,但用 punctilious 一词批评《礼记》内容循规蹈矩,并详细说明《礼记》令他感到诧异的地方。① 该译者认为简朴的古代需要如此多的繁文缛节令人几乎无法相信。尤为重要的是,他认为《礼记》中礼仪过多,致使真相和诚心难以维系。上述民族志翻译内容业已体现译者将中国古代简单化的问题,他们认识不到古代中国具体情形的复杂性。另外,译者批评《礼记》礼仪过多亦同其自身所处文化的礼数较少有关。《中国丛报》民族志译者包括新教传教士,而新教中的清教徒甚至拒绝葬礼上出现任何宗教仪式(Weber,1958:105)。因此,译者批判繁文缛节亦可能同其自身的宗教信仰有关。此外,译文用 ornaments、ceremonies、professions 等词代指同仪式相关的内容,反对用繁重的仪式遮蔽真心诚意。译者上述评价凸显其对中国传统文化注重礼仪的不认同。自我与他者之间的文化差异致使译者难以理解古代中国对礼仪的重视,因而总是站在客位视角对《礼记》等内容作出负面评价。译者对五经的整体评价亦是以批评为主。② 他认为五经无论如何均为中国古代最有价值的文字记录,但遗憾的是必须依靠注释者帮助方能探得五经的真意。该译者另认为五经文字过于简明且意义不明确,以至于任何阐释者都不能从中发现价值。他在此完全无视儒家学派历朝历代的注经者,仅从自身视角出发认为五经不具备阐释价值。因此,五经如此经典的古籍作为他者仅能被译者给予负面评价。与上述四部经书不同,译者表示他将不对五经中

---

① 《中国丛报》译文为"We cannot imagine that the simplicity of antiquity demanded such ornaments. It is impossible to maintain truth and honesty under the burden of so many ceremonies, which substitute words for actions, mere professions for acts of benevolence."。参见 Bridgman, Elijah Coleman: *The Chinese Repository*, 1833 - 1834, 2 (2):81。

② 《中国丛报》译文为"Yet after all, these are the most valuable records of ancient times; and it is only to be regretted that we must trust so much to commentators to discover their true sense. The words are so few and so indefinite, as to serve any purpose of any interpreter."。参见 Bridgman, Elijah Coleman: *The Chinese Repository*, 1833 - 1834, 2 (2):81。

的《易经》作出任何评价，仅将《易经》译为 *Yih King*（Bridgman，1833 - 1834，2
(2)：81）。相比于五经中的其他作品，《易经》最难以理解，也许正因如此该译者
选择对其不予置评。

中国典籍不仅被上述民族志译者给予负面评价，而且根据《中国丛报》第
3 卷第 3 期译者所述，中国典籍与文学作品彼时在欧洲鲜为人知。他发现尽
管西方学者已翻译部分中国典籍，并对典籍及其作者大加赞赏，但中国先贤
的作品在欧洲并未引发读者的普遍关注。译者认为欧洲人忽视中国典籍的
原因显而易见。[①] 他认为中国典籍充斥着琐碎的评论、重复内容及自明之
理，因此于外国读者而言无趣。译者在此道破中国典籍在海外难以流行的部
分原因：典籍本身文本趣味性不强，因而难以被外国读者喜爱。但是，译者同
时指出没有任何文学作品同四书五经一样拥有众多崇拜者，被人们世世代代
地阅读，并被中国人和其他懂汉语的人推崇。由此看来，《中国丛报》民族志
译者业已认识到中国典籍于汉语读者而言的重要性及流行性。与此相关，
《中国丛报》第 1 卷第 3 期"杂记专栏"译者认为中国典籍不及《圣经》
（Bridgman，1832 - 1833，1(3)：101）。该译者并未解释中国典籍何处不如
《圣经》，而此处民族志翻译亦体现民族志译者倾向于认为他者典籍次于自我
的特点。基于对自身熟悉的西方文化典籍的推崇，《中国丛报》民族志译者难
以认可中国典籍的行文方式与内容观点，在塑造语言及观念不同于自身的他
者时易因不熟悉或误读他者典籍等原因片面地得出他者典籍不及西方典籍
的观点。

## 5.2.3  从小说到戏剧——中国文学

《中国丛报》关于中国语言文学的民族志翻译不仅包括四书五经等典籍，而

---

① 《中国丛报》译文为 "… they contain so many trivial remarks, and repetitions, and
truisms, as to render them uninteresting to foreign readers. Yet no literary works have
found so many admirers and been read by so many successive generations of men, as these
classics. They have however been confined to the Chinese and to those who read their
language." 参见 Bridgman, Elijah Coleman: *The Chinese Repository*, 1834 - 1835, 3
(3)：97。

且涉及中国小说、戏剧、诗歌等文学作品。《中国丛报》民族志译者对中国文学作品的整体评价不高,仅有少数译者承认中国文学作品体量丰富且颇为独特(Bridgman,1841,10(10):450-451)。第 3 卷第 1 期译者指出中国文学作品题材多样,且中国自孔子以来涌现诸多作家,鲜有古希腊、古罗马作者能同中国作者一样创作鸿篇巨制。虽然该译者对中国古代文学作品的题材与体量持肯定态度,但他似乎不满于晚清中国的文坛状况。① 译者用 degenerate 一词将晚清中国文坛定义为堕落的文坛,认为晚清中国文坛不仅缺乏新创作的内容,而且充斥着轻浮且琐碎的文学作品。他认为当时的文学作品既不具备教育意义,也不能带来阅读的愉悦。因此,该译者认为晚清中国需要新文学,具体指思想丰富、情感恰如其分且风格纯粹高雅的文学。译者眼中中国新文学应有的特征亦是其眼中当时中国文学匮乏的特征。由此看来,他认为中国当时的文学作品思想匮乏、情感表达不恰当且风格不佳。然而,《中国丛报》民族志译者关于晚清中国文学作品的了解相对有限。上述评价与其说是整体评价晚清中国文学作品,不如说是相关译者基于自身阅读的数量有限的中国文学作品草率地为晚清中国文坛定性。

无论如何,彼时的中国文学作品不符合译者对文学作品的期待。译者坦言让习惯程式化语言表达的汉语读者在文中读到有趣的新思想并体悟情感且获得启发是一项艰巨任务(Bridgman,1834-1835,3(1):8)。然而,译者希望中国出现新文学并不是纯粹为了文学考虑。实际上,译者认为他所设想的中国新文学必然能让晚清中国从长久的昏睡中苏醒,进而改变清朝令外国人不满的各个方面(Bridgman,1834-1835,3(1):8)。译者在此将文学作品视为可以改变思想的工具,并借此表达希望晚清中国有所改观的想法。另外,该译者对中国

---

① 《中国丛报》译文为"But in the present degenerate age, new productions are rare, and those which are put forth are light and trivial, calculated to afford very little instruction or real entertainment. The Chinese need a new literature, rich in thought, correct in sentiment, and pure and elegant in style. But it is a difficult task so to imitate their idiom as to make new thoughts and sentiments interesting and instructive to readers who have always been accustomed to the formalities of this language."。参见 Bridgman, Elijah Coleman: *The Chinese Repository*,1834-1835,3(1):7。

文学作品作出整体评价。① 该译者认为晚清国人思想僵化，其思想均从古圣先贤处继承而来。因此，他推论中国内部判断作品好坏的依据是传统典籍内容被重新呈现的方式。译者在此草率地推论中国所有体裁的文学作品均尚古，忽视中国文学作品自身发生的诸如体裁从话本到小说的演变，以及部分文学作品的语言风格逐步半文半白等演变。为证实自身看法，译者以中国诗歌为例加以说明。他用 iron rules 形容中国人写作固有的清规铁律，认为各种成规致使中国诗歌不能展现诗歌创作应有的自由氛围。所以，中国诗歌在译者眼中不是好的诗歌，而中国文学作品亦不是好的文学作品。然而，中国古体诗有其遵循的格律，其中亦不乏优秀的古诗作品。译者如此评价中国诗歌过于片面，忽视他者诗歌中的优秀作品。

《中国丛报》第 1 卷第 10 期曾对中国文学作品作出与上述民族志翻译类似的评价。② 当期评价中国文学作品的译者认为清代大多数通俗读物过于轻浮且琐碎，甚至用 low and obscene 批评许多书低俗下流。此外，他认为中国不少经书内容也较为贫乏，并用 positively bad 直言不讳地形容相关经书质量差。该译者对通俗读物和经书均作出负面评价，可见其自身并不认为中国文学作品这一他者有值得译文读者留意之处。上述作出负面评价的译者均对中国文学作品缺乏全面客观的了解，以简单化的方式理解他者文学作品并作出草率且片面的评价。

除整体评价中国文学作品外，《中国丛报》译者亦译介了不同种类的中国文学作品。为《中国丛报》供稿颇多的郭士立曾将其选译的《红楼梦》刊于《中国丛

---

① 《中国丛报》译文为"Thought is stereotyped, and all the ideas which the Chinese wish to cherish or inculcate are contained in those records which have come down to them from the venerable sages of antiquity. Excellence in composition therefore consists in arranging anew those orthodox phrases which are to be found only in their ancient classics. This is true of all kinds of their literature. Even poetry, which delights in freedom and glories in invention, is bound down by these iron rules."。参见 Bridgman, Elijah Coleman: *The Chinese Repository*, 1834 – 1835, 3(1):6 – 7。

② 《中国丛报》译文为"… but most of their popular books are light and trivial; many of them are low and obscene in the extreme; and not a few of their sacred books are meagre and most positively bad."。参见 Bridgman, Elijah Coleman: *The Chinese Repository*, 1832 – 1833, 1(10):397。

报》第 11 卷第 5 期。书名《红楼梦》同样是以先音译再意译的方式被译为
*Hung Lou Mung* 与 *Dreams in the Red Chamber*。① 在 8 页篇幅中,郭士立在
译文开头便点明《红楼梦》在中国小说中占据重要地位(holds a decidedly high
rank),但亦紧接着补充称《红楼梦》除作者自述难以评价主人公外毫无真相可
言(Bridgman,1842,11(5):266)。郭士立在译文开头便以自身评语将其定性
为虚无荒诞的作品,致使译文读者可能受其评价影响而低估《红楼梦》的文学价
值。郭士立关于《红楼梦》的民族志翻译整体上亦以负面评价为主。在随后译
介故事情节的过程中,郭士立作注释性评价表明其认为《红楼梦》无趣的观点
(Bridgman,1842,11(5):270)。在译文末尾,郭士立直接将《红楼梦》视为外国
人学习北方官话的材料(Bridgman,1842,11(5):273)。相比于《红楼梦》原文,
郭士立仅提及宝玉、甄士隐、英莲、贾雨村、黛玉等人物。在简要概述第一回至
第五回内容之余,郭士立在将宝玉误译为女性的基础上着重译介侯府小姐平日
包括读书写字在内的生活方式,似乎将《红楼梦》视为了解晚清官宦人家小姐如
何生活的记录。除将宝玉误译为女性(the lady Páuyu)外,郭士立还在译述情
节时误译出宝玉被多家求娶等情节(Bridgman,1842,11(5):268)。相关误译
致使郭士立所选译的《红楼梦》未能展示原著的重要情节,反而是将《红楼梦》变
得近乎面目全非。相比于具体情节,郭士立不仅如上所述将《红楼梦》视为窥探
晚清侯府小姐生活情形的记录,而且借机批评晚清中国司法治理不公和民众开
展其眼中的迷信活动。郭士立作为译者在否定《红楼梦》文学艺术价值的同时
批判小说所展现的各种情形,表明其自身在建构他者文学作品时亦将文学作品
视为关于他者社会生活情形的记录。然而,基督教中心主义等文化立场致使郭
士立在译介《红楼梦》时较多作出批判,而未站在主位视角体味《红楼梦》的文学
艺术价值。因此,郭士立虽占得先机,较早向西方世界译介《红楼梦》,但其译介
行为却仅为一次有着较多误译与批判的歪曲他者小说的尝试。

　　除小说作品外,《中国丛报》民族志译者亦翻译中国戏剧。《中国丛报》第 6
卷第 12 期以《关于中国戏剧的评论》("Remarks on the Chinese Theatre")为题
介绍中国戏剧。译者将戏剧译为 the lighter literature of the Chinese,亦即大

---

① 杨宪益与戴乃迭关于《红楼梦》的译名 *A Dream of Red Mansions* 类似于郭士立给出的译
名,两种译名均凸显原书名字面意义上的特征。

众文学或通俗文学，并指出中国戏剧当时较少被欧洲汉语学习者关注。译者提及欧洲 1731 年出版悲剧《赵氏孤儿》(*The Orphan of Chaou*)译本，1761 年出版《好逑传》(*The Pleasing History*)译本，另有其他年份出版喜剧《老生儿》(*The Heir in Old Age*)①译本，悲剧《汉宫秋》(*The Sorrows of Han*)译本以及《灰阑记》(*The Circle of Chalk*)译本(Bridgman, 1837 - 1838,6(12):575)，而译者则希望在文中译介与上述剧目略有不同的中国戏剧，亦即下文提到的短剧。译者认为当时中国不开设戏院，而是用竹子等材料搭临时戏台，或是建设长期使用的戏台。他指出，一个戏团通常有 20～50 名演员，一天演出 2～6 个小时的喜剧或悲剧，随后大多由两三名演员演出一幕短剧。译者指出短剧往往是闹剧，时常演出不甚体面的内容。② 虽然译文读者仅能通过译文感受几分乐趣，但译者认为这些短剧本身的动作与滑稽的舞台表演姿势在先前鲜少被欧洲公众知晓。正因如此，译者选择译介中国短剧，以便译文读者了解不同的中国戏剧形式。

整体而言，《中国丛报》民族志译者关于中国语言文学的民族志翻译兼顾汉语、典籍与文学作品。上述关于汉语的民族志翻译较为全面客观地呈现不同于译者自身的汉语语音与字体等内容，有利于译文读者了解汉语这一他者语言。由于相关内容重在呈现汉语特征，译者对汉语的负面评价相比于典籍及文学作品较少。基于自我与他者文学观念的不同，译者对中国典籍和文学作品多有批判，且其译介文学作品时并不以相关作品在中国文学中是否经典为衡量标准。

---

① 准确译名为 *An Heir in His Old Age*。参见 Davis, John Francis: *Laou-seng-urh, or, "An Heir in His Old Age." A Chinese Drama*, London: John Murray, Albemarle-Street, 1817, p.1. 正文中给出的是《中国丛报》所列英译本名。

② 《中国丛报》译文为 "Of these pieces, which are usually of a farcical (though not uncommonly of an indecent) character, and which, while conveying perhaps little of interest or amusement to the mere reader, yet display frequently good action and much comic gesture in stage exhibitions, no specimen, so far as we are aware, has yet been given to the European public...One great advantage, it should be added, that these pieces have to European ears, is the absence of the deafening crash of the gong, and the excruciating sounds of some of the other instruments peculiar to the Chinese."。参见 Bridgman, Elijah Coleman: *The Chinese Repository*, 1837 - 1838,6(12):575 - 576。

## 5.3 记录他者科学技术

除译介上述有关中国历史与语言文学的内容外,《中国丛报》民族志译者亦在关于文化科技层面的民族志翻译中提及中国当时的科学技术及知识水平,并译介清代中国引进西方科学技术的情况。相关民族志翻译不仅可拓宽对晚清中国知识体系的了解,而且能从西方民族志译者眼中反观清代中国科学技术和知识方面的特征。兼具传教士身份的《中国丛报》民族志译者关注知识和科学是为了更好地传教。《中国丛报》第 2 卷第 5 期曾引用米怜(William Milne)的观点"Knowledge and science are the handmaids of religion, and may become the auxiliaries of virtue."(知识与科学是宗教的女仆,可成为塑造美德的辅助工具)(Bridgman, 1833-1834,2(5):235),该观点道出米怜等传教士认为知识和科学是宗教女仆的心声。在其眼中,知识和科学是提升品德的辅助工具,而晚清中国亦是需西方拯救的他者。正因如此,《中国丛报》民族志译者一度是推动在华实用知识传播的主体,而本节亦对此作出分析。

### 5.3.1 从中医药到种茶制茶——中国本土科学技术

《中国丛报》民族志译者关于中国本土科学技术知识的译介聚焦于医学、自然史、生产技术等领域。关于中国医学的民族志翻译涉及对中医药的评价,如郭士立指出其救助中国船员中生有眼疾①或风湿病的人时,常听晚清国人抱怨中医医术不精湛,且郭士立声称自己常纠正中医错误。虽然郭士立未明确指出中医存在何种错误,但其译介作为较早向西方读者介绍中医的内容可能影响西方对中医的初步印象,致使译文读者认为中医医术不及西医精湛。此外,郭士立认为清代中医由失落的文人与喜欢钻研医术的人组成。他指责中医仅读过医书便可在从未实践过的情况下行医(Bridgman, 1832-1833,1(5):181)。此

---

① 《中国丛报》第 1 卷第 1 期译者指出中国南方省份清代时有许多失明的人。参见 Bridgman, Elijah Coleman: *The Chinese Repository*,1832-1833,1(1):14。

处批评体现中西医学的不同。译者基于西方医学重实践的标准批评中医不重实践，实际上是以自身之尺衡量他者，因而缺乏对他者医学的客观了解。①

另外，郭士立不认可一剂中药含六七十种草药的做法，认为中药如此将减弱每种草药的作用（Bridgman，1832－1833，1(5)：182）。郭士立在此不了解中药将不同药材混合在一起的协同作用，表明其对中医缺乏了解。与此类似，《中国丛报》第 4 卷第 5 期译介中医的译者亦不认可中药功效。在同药店店主交谈后，该译者直言"The conclusion of the whole matter was, that his medicines would cure all kinds of diseases, and the hornet's nest was a proof of it!"（药店店主认为他的药包治百病，且药店门口挂的巨型蜂巢可证明中药的有效性）（Bridgman，1835－1836，4(5)：244），并用叹号表明其不相信中药可有效治疗疾病。虽然郭士立在字里行间透露出其不认可中医的态度，但他承认中医号脉常是准确的（Bridgman，1832－1833，1(5)：181）。由此可见，中医于民族志译者而言既有号脉等可取之处，也有中药和医术等令其质疑之处。

《中国丛报》译者受专业限制对中医仅是一知半解。举例而言，第 4 卷第 1 期记录在广州所见所闻的译者曾目睹街头用竹罐拔火罐的场景，但由于人多拥挤未能探明拔火罐令人出血的原因（Bridgman，1835－1836，4(1)：44）。译者在未透彻了解拔火罐的前提下依然将此视为江湖骗术，凸显译者自身由于熟悉西医而对中医这一他者的偏见。然而，并非所有《中国丛报》译者均对中医持有大量偏见。《中国丛报》第 9 卷第 7 期评介中医著作《御纂医宗金鉴》（又名《医宗金鉴》）的民族志译者承认外国人对中医掌握的信息有限，因此难以评估中医现有知识的科学性，但其同样认为中医存在与否对晚清国人的身体健康状况影响不大（Bridgman，1840，9(7)：487）。该译者根据自身见闻作出中医影响不大的判断，并指出清代缺乏关于国民健康的数据统计，因此难以基于数据判断中医的有效性。虽则该译者意识到自身对中医了解有限，不应轻易对中医作出评价，但他依然认为《御纂医宗金鉴》中多为错误的知识（Bridgman，1840，9(7)：

---

① 公元前 250 年，科斯的菲利奴斯（Philinus of Cos）创立经验派学说，开始彰显西医注重积累行医经验的特点。参见西格里斯特：《伟大的医生：一部传记式西方医学史》，柏成鹏译，北京：商务印书馆，2014 年，第 34－35 页。

488）。译者并未点明《御纂医宗金鉴》包含何种错误知识，仅通过只言片语表明其对中医以负面为主的评价。上述关于中医的民族志翻译大多存在评价缺少具体论据的问题。另外，该译者翻译了《御纂医宗金鉴》关于胳膊的解释，原文与译文如表 5.2 所示。

表 5.2 《御纂医宗金鉴》关于胳膊的解释的原文与译文

| 《御纂医宗金鉴》原文 | 《中国丛报》译文 |
| --- | --- |
| 臂者，上身两大支之通称也。一名曰肱，俗名胳膊。胳膊中节上、下骨交接处，名曰肘；肘上之骨曰臑骨；肘下之骨曰臂骨。（吴谦，2011：894） | Arms is the general designation of the two large limbs on the upper part the body. They are also called the upper extremities; and vulgarly named yih-pǒ. The joint in the middle of the arm, at the place where the upper and lower bones are articulated or joined together, is called the elbow. The bone above the elbow is called the humerus. The bones below the elbow are called the forearm. (Bridgman, 1840, 9 (7):488) |

该译者翻译上文与其认同中医中包含有关人体器官的知识有关。受篇幅所限，仅有涉及胳膊等部位的少量内容被翻译。译者在翻译时采用直译方法呈现《御纂医宗金鉴》关于胳膊的定义及医学知识。由于译者汉语水平有限，其错误地将"胳膊"音译为 yih-pǒ，而非 ge-bo。另外，译者将"肱"译为英文中与"臂"对应的名称 the upper extremities，而未将"肱"音译为 gong，这可能不利于译文读者透彻理解"肱"与"胳膊"在汉语中的区别。与此类似，该译者未译出"肘""臑骨"与"臂骨"的音译名。译文虽已足以呈现原文内容，但却因此丧失中医文化特色，致使阅读效果几乎等同于阅读西方医学著作。① 上述关于胳膊的译文虽存在问题，但亦反映在华西人对中医的早期认识，表明晚清时西方已对中医有所了解并翻译了中医著作的少量内容。

同中医相关的《本草纲目》亦是《中国丛报》民族志译者翻译的对象。《中国丛报》第 7 卷第 1 期译介自然史著述的译者认为中国当时已有的自然史著述类似于欧洲 14 世纪至 15 世纪的作品，彼时理论尚未代替观察（Bridgman，1838 –

---

① 当下包括中医著作在内的中国作品翻译应注重译文如何保留并弘扬中国特色的问题。一方面，译文应当如《中国丛报》相关民族志翻译一般具备可读性与流畅性；另一方面，译文也应尽可能地避免丧失中国文化原有特色，力争原汁原味地或以适合外文读者接受的方式呈现中国文化。

1839,7(1):45)。然而,译者落笔时已是 19 世纪,可见中国自然史著述在其看来不及西方。此处看法同西方学者当时倾向于将各种文化产品按照所谓文明进化的阶梯排序有关(范发迪,2018:113)。该译者经对比认为李时珍的《本草纲目》是中国当时最好的自然史著作。他将"李时珍"译为 Le Shechin,并将《本草纲目》音译为 *Pun Tsaou kang muh*,且用拉丁语 Materia Medica 表明《本草纲目》是药物学论著。该译者对《本草纲目》药方的评价有趣。[①] 译者认为《本草纲目》药方中的药材不仅种类多,而且较为奇异。因此,他认为如此制成的药剂几乎可比作《麦克白》中女巫围着锅又唱又跳熬出的药水。然而,《麦克白》中三位女巫用蟾蜍、蝾螈眼、蝙蝠毛、狼牙等物品熬制毒药(Shakespeare,1990:77-78),本身是负面的文学意象,如此类比难免给译文读者留下中药不可取的负面印象。结合上文关于中医的民族志翻译,《中国丛报》民族志译者在此同样不认可《本草纲目》的药方,且在译文中运用带有负面含义的类比暗讽中药这一他者事物的价值。

除《本草纲目》外,另一部吸引《中国丛报》译者的自然史作品是《尔雅》。译者将"尔雅"音译为 *Urk Ya*,并解释《尔雅》是中国当时的权威著作,其三卷中有两卷同自然史相关(Bridgman,1838-1839,7(1):45)。《中国丛报》第 7 卷先后介绍《尔雅》与《本草纲目》中提到的貘、蝙蝠、松鼠、犀牛、骆驼、大象、乌龟、马、驴、骡、鸬鹚、狮子、虎等动物。此处以蝙蝠为例说明译者对相关作品的选译。译者指出《本草纲目》将英文中的 bats(蝙蝠)称为"伏翼"。他将"伏翼"音译为 fuh yĭh,意译为 embracing wings,并强调该译名意指蝙蝠平时依靠翅膀行动。"伏翼"的意思是"伏翼,以其昼伏有翼尔"(郑金生、张志斌,2020:4985),亦即白天隐蔽在某处且有翅膀。因此,译者对"伏翼"的解读不确切。另外,该译者编译李时珍关于蝙蝠的论述,其中提及李时珍对唐朝陈子真与宋朝刘亮因听信方士诳言服用蝙蝠制成的药物去世的看法,《本草纲目》原文与译文如表5.3 所示。

---

① 《中国丛报》译文为"Some of the directions given for compounding medicines would, if followed, make a doze almost equal, for variety and strangeness of ingredients, to the contents of the caldron round which Macbeth's witches danced and sung their chant."。参见 Bridgman, Elijah Coleman: *The Chinese Repository*, 1838-1839,7(1):45。

**表 5.3　《本草纲目》原文与译文**

| 《本草纲目》原文 | 《中国丛报》译文 |
| --- | --- |
| 呜呼！书此足以破惑矣。其说始载于《抱朴子》书，葛洪误世之罪，通乎天下。（郑金生、张志斌，2020：4985） | 'Alas!' exclaims the doctor, 'that I should have to write such sad instances as these in order to break the delusions of mankind. Those who write such things to deceive their fellow-men commit a great crime.' (Bridgman, 1838－1839,7(2):91) |

　　译者在上例中用 the doctor，亦即"医生"一词代称李时珍，表明其对李时珍的基本了解。译文将"呜呼"译为"Alas!"，保留原文哀叹的语气。译者在此以情绪化的方式呈现译文，增译 sad instances，体现上述两个案例令人伤心的特点。译者在此如凯瑟琳·A.卢茨所言注重译出隶属于不同文化的人的情绪活动，因而使得译文富含情感色彩。另外，译者将"破惑"译为 break the delusions of mankind，相比于原文解惑的意思有所转变，强调人类不应幻想靠蝙蝠益寿延年。至于写下此药方的葛洪及其所写的《抱朴子》则在译文中隐身，被译为 those who write such things(那些如此下笔的人)。译者如此处理可能是因为葛洪于译文读者而言是完全陌生的他者，只音译其名称的话可能令读者困惑，因此仅译出相关著述害人之意。译者上述关于《本草纲目》的民族志翻译较为照顾译文读者感受，并以减少他者陌生性及渲染原文情感色彩的方式呈现译文。

　　相比于《本草纲目》，《尔雅》关于蝙蝠的篇幅短，仅有四字："蝙蝠，服翼。"（李学勤，1999a：536）但译者却增译部分内容。① 译者认识到《尔雅》的"服翼"不同于《本草纲目》的"伏翼"，但其将"服翼"意译为 belly wings，并将该名称解读为同蝙蝠收翅膀的方式相关的内容却略显不妥。"服翼"的"服"本义为佩带，再结合湖南方言"翼老鼠子"、上海及温州方言"老鼠皮翼"看，"服翼"即为"老鼠生翅膀"的意思（刘瑞明，2010：66）。然而，译者如此译介"服翼"亦可能是由于

---

① 《中国丛报》译文为"This game in the *Urh Ya* is written with other characters so as to mean 'belly wings,' a name, it is said, given to the animal on account of the manner in which it folds its wings close to the side."。参见 Bridgman, Elijah Coleman: *The Chinese Repository*, 1838－1839,7(2):90。

误将"服"字看成"腹"字，因此将"服"译为 belly。①《尔雅》相关信息于译文读者而言是较为陌生的他者，因而民族志翻译须增译以补充他者文化的有关内容。然而，由于相关民族志译者无法透彻了解晚清中国文化的所有情形，因此译文出现上述增译有误之处。

　　除如上所述通过阅读《本草纲目》《尔雅》等文献了解中国科学技术外，《中国丛报》民族志译者凭借身处中国的优势得以直接观察晚清民众使用的生产技术与工具。第 4 卷第 1 期曾以图文结合的形式译介补锅匠修锅时使用的风箱②，《中国丛报》关于风箱的示意图如图 5.1 所示。

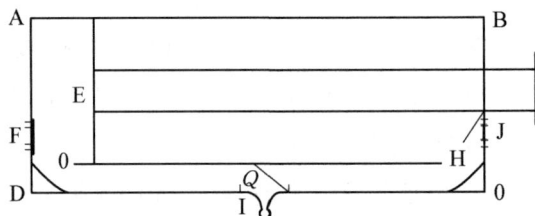

图 5.1　《中国丛报》关于风箱的示意图

　　该译者首先用 the bellows used by them 称呼中国用的风箱，通过 bellows 这一代指西方风箱的词拉近译文读者与中国风箱这一隶属于他者的事物之间的距离。此后，他依照惯例将"风箱"音译为 fung seäng，并根据"风"与"箱"的字面含义将其意译为 windbox。译者在译文中使用 aptly 一词，表明其认为"风箱"一名贴切。他简要介绍风箱长方体的外形与其按需而定的尺寸，并在配图中以字母标注端点，以线条展示风箱内部构造。译者以简约配图呈现他者文化

① "服"字与"腹"字的繁体字形式同简体字保持一致，于当时尚未完全掌握汉语的《中国丛报》民族志译者而言可能造成混淆。

② 《中国丛报》译文为"The bellows used by them is very aptly called fung seäng, 'windbox,' and is contained in an oblong box about two feet long, ten inches high, and six inches wide. These dimensions, however, vary according to the whim of the maker, and they occur from eight inches to four feet and more in length, and so of the width and height. The annexed profile view will give some idea of the principle upon which it is constructed."。参见 Bridgman, Elijah Coleman: *The Chinese Repository*, 1835 - 1836, 4 (1):38。补锅匠大多推着装有火炉和风箱的板车，使用补锅工具将锅修平整。参见金辉:《民间百业》,北京:中国书籍出版社,2013 年,第 23 页。

事物的方式亦是马林诺夫斯基等人类学家常采用的。① 由于他者文化的风箱等事物适合以图片形式呈现细节与功能,故而《中国丛报》民族志译者倾向于以图文结合的形式译介相关应用技术的生产工具。

经对比中西机械工具,《中国丛报》第 5 卷第 11 期译介中国农具的译者认为中西机械工具不同表明不同方式可实现同一目的。② 他认为哪怕是最粗心的外来观察者亦可在生活方式或手工操作中或是发现中国人的聪明才智,或是因为一些奇异之处发笑。该评价表明清代中国的生产技术与工具于民族志译者而言既有可取之处,也有不及西方之处。然而,该民族志译者亦指出中国当时似乎没有寻找替代人力方式的意识,仅使用机械工具达到省力的目的。由此可见,民族志译者基于西方自身更多地使用机械代替人力的原则进行译介,并以此为基础批判晚清中国机械工具的弊端。

虽然《中国丛报》民族志译者可凭借现场观察直观了解清代中国的生产工具及流程,但观察本身存在的局限性亦导致相关民族志翻译出现疏漏之处。由于仅曾参观晚清国民用牡蛎壳烧制石灰的过程,《中国丛报》第 9 卷第 6 期译介中国风物的译者认为中国人直至清朝亦不知晓石灰岩中有石灰(Bridgman,1840,9(6):366)。然而,中国古人最晚在龙山文化时期就已掌握开采石灰石烧制石灰的技术(李晓、戴仕炳、朱晓敏,2019:48)。该译者对此缺乏了解亦同其身处广州,而当地受限于地理条件向来主要使用牡蛎壳烧制石灰有关。译者不仅在译文中呈

---

① 人类学家马林诺夫斯基曾在《珊瑚园艺与巫术:特罗布里恩群岛耕地方式及农业仪式研究》中绘制数张图说明当地建筑的构造。参见 Malinowski, Bronislaw: *Coral Gardens and Their Magic: A Study of the Methods of Tilling the Soil and of Agricultural Rites in the Trobriand Islands*, New York: Dover Publications, Inc, 1978, p.264。

② 《中国丛报》译文为"Their mechanical contrivances, when compared with those in western lands, sometimes strikingly illustrate the different ways there are of attaining the same end. The most careless observer from a foreign shore here sees many operations, either in the modes of living or in the manipulations of various arts, which instruct him by their ingenuity or amuse him by their oddity...But in all their mechanics, we have remarked one principle which the Chinese seem ever to have had in view; and that is, to make them of such models as will give direction and aid to manual labor, but in no case supplant it."。参见 Bridgman, Elijah Coleman: *The Chinese Repository*, 1836 - 1837, 5(11):486。

现烧制石灰的窑的构造,而且介绍具体的烧制工艺流程。① 译者简要呈现烧制石灰时既有人负责火源,又有人负责堆放贝壳的生产场景。他指出,牡蛎壳煅烧成石灰需要 11 小时。《天工开物》亦曾指明将牡蛎壳制成石灰用的是煅烧法:"凡燔蛎灰者,执椎与凿,濡足取来,垒煤架火燔成。"(宋应星,2018:144)另外,译者在译文中亦描写妇女儿童在窑旁的场景,且妇女利用窑中火源煮饭烧水。他直言这种场景在其他地方几乎不会出现(Bridgman,1840,9(6):367)。该译者应当曾目睹晚清国人烧石灰的场景,不然其民族志翻译难以出现如此生活化的片段。

除直接观察外,《中国丛报》第 16 卷第 5 期译者采用图文结合的方式,以 13 页篇幅详细介绍种植亚麻、制作亚麻布及裁布做衣的 120 道工序。译者在篇头特意交代所请画师是广州当地人,并用汉语标注其姓名"关廷高",同时将其姓名音译为 Kwán Ting-káu。此处以第 106 道工序织夏布的译文为例说明译文的翻译特征。② 译文使用汉语居中做标题,并在英文部分先翻译汉语标题,再具体解释工艺。译者并未解释"夏布"的具体含义,而是用 weaving 简要译出该工艺涉及织布。由于译者是根据画师的画进行翻译的,他直接采用第一人称 we 引导读者了解织布过程。译文具体呈现织布工辛勤工作的场景:脚蹬踏板,左手推织机,右手投梭。译者将织布过程描述得动态十足,使读者恍若身临其境,体现其民族志翻译生动形象的一面。

然而,《中国丛报》民族志译者关于清代中国生产技术的译介不仅有生动形象的一面,也有严谨的一面。《中国丛报》第 20 卷第 7 期译者曾介绍中国使用

---

① 《中国丛报》译文为"A man paddles hard at the fly-wheel to keep the fire up, and the others pile on the shells, until the kiln is heaped full. The blast is kept up until the whole mass is fully ignited, and the shells perfectly calcined, which requires about eleven hours."。参见 Bridgman, Elijah Coleman: *The Chinese Repository*, 1840, 9(6):367。

② 《中国丛报》译文为"106. 織夏布 Weaving... we see the man seated in the loom. A piece of cloth is half finished, and he is diligently driving on his work; his feet are on the treddles, his left hand on the lay, while his right is in the act of throwing the shuttle."。参见 Bridgman, James Granger: *The Chinese Repository*, 1847, 16(5):221。此处 treddles 是 treddle 的复数形式,而 treddle 一词则是已过时的英语方言。参见 Oxford English Dictionary, "treddle," retrieved from https://www.oed.com/search/dictionary/?scope=Entries & q=treddle, accessed 2023/11/17。该词现今拼写为 treadle。此处"夏布"是"中国传统手工纺织品。以半脱胶苎麻手工劈麻,捻绩成纱后织成"。参见夏征农等:《大辞海·化工轻工纺织卷》,上海:上海辞书出版社,2009 年,第 284 页。

乌桕种子炼油的工艺。译者详细介绍如何分离乌桕种子的种壳和种仁,并榨取种仁中的油脂。译文呈现了蒸制种仁后制取桕油的过程。[①] 译者在译介柏油生产工艺时同样对比自我与他者的事物,如风选机(winnowing machine)便被译者指出与西方国家相似。然而,此处风选机实际上是由中国传入西方的(佩雷菲特,1995:478)。译者呈现使用风选机分离出白色种仁,并将种仁蒸制后用磨碾碎的工艺流程。此处民族志翻译描述相关工艺流程的语言严谨简明,以steamed in the tubs 等短句与 mashing, steaming, and pressing 等并列成分细致展现制取桕油的具体工艺。由于译者主要译介相关工艺流程的客观技术细节,因此关于工艺的民族志翻译并不包含评价优劣的内容。

相比于其他领域使用的生产技术,《中国丛报》译者对中国当时种植和制作茶叶的技术可能更感兴趣。由于清代时中国依然在全球茶叶贸易中处于垄断地位,《中国丛报》第 8 卷第 3 期《茶树说明》("Description of the Tea Plant")译者坦言其希望在其他国家和地区种植茶叶(Bridgman,1839 - 1840,8(3):162)。因此,该译者专门译介了种植茶叶的土壤条件、茶叶的种植方法、采茶与烘焙茶叶的过程等内容。译者选译了《茶经》,并将《茶经》音译为 The Cha King,意译为 Memoir on Tea,指出《茶经》是中国本土关于茶叶最为详尽的著作。该译者在此注明他参考的版本是雍正年间印制且由陆幔亭扩充的版本。[②]《续茶经》原文与译文如表 5.4 所示。

表 5.4　《续茶经》原文与译文

| 《续茶经》原文 | 《中国丛报》译文 |
| --- | --- |
| 　有造于积雨者,其色昏黄。(陆羽、陆廷灿,2005:125) | 　　If there is too much rain, then they will become mildewed and broken, of a yellow color, and not at all flourishing. (Bridgman, 1839 - 1840,8(3):139) |

---

① 《中国丛报》译文为"The mass is then placed in winnowing machine, precisely like those in use in western countries. The chaff being separated, exposes the white oleaginous kernels, which, after being steamed, are placed in a mill to be mashed... the seeds are reduced to a mealy state, steamed in the tubs, formed into cakes, and pressed by wedges in the manner above described: the process of mashing, steaming, and pressing being likewise repeated with the kernels."。参见 Williams, Samuel Wells: The Chinese Repository,1851,20(7):423 - 424。

② 此版本实为陆廷灿编写的《续茶经》,而幔亭则是陆廷灿的号。

译者在此对原文"其色昏黄"增译较多可能同其使用编译的翻译策略有关，因而其译文同《续茶经》原文无法一一对应。另外，译者似乎亦将通过其他渠道获得的信息写入译文，因而使得译文呈现民族志翻译不止有一种原文的特征。基于对种茶制茶技术的关注，该译者不仅参考《茶经》《续茶经》等书面材料，而且凭借身处中国的优势获取更多相关信息。

### 5.3.2　从经纬线到实用知识传播会——中国引入西方科学技术

《中国丛报》民族志翻译不仅涉及中国的本土科学技术知识，而且涉及晚清中国引入西方科学技术知识的情况，且主要聚焦于地理和医学方面。在地理方面，《中国丛报》第1卷第2期关于广州人李明哲（Le Mingche Tsinglae）19世纪20年代出版的《大清万年一统经纬舆图》的书评详细介绍了晚清中国疆域、国土面积、行政区划、海岸线、河流、山脉、地形、矿藏、居住人口等情况。相关内容篇幅较长，且整体译介较为客观。根据《中国丛报》相关内容，中国人清代时已从西方传教士处习得诸多地理知识，不仅了解地球是圆形的并熟悉球面投影法，而且掌握使用经纬线标注具体位置的方法（Bridgman，1832-1833，1(2)：34）。相比于之前中国地图仅根据比例大致标注大小和方位的制图方法，译者认为经纬线大幅提高中国绘制地图的精度。由于关于地理知识的民族志翻译侧重于客观介绍相关内容，译者在此部分较少作评价。

关于医学方面，晚清中国并未主动学习西方医学知识与技术，而是主要依靠在华西人接受西医治疗。《中国丛报》第2卷第1期"杂记专栏"则以《疫苗》（"Vaccination"）为题提到广州地区广泛接种牛痘疫苗的情况（Bridgman，1833-1834，2(1)：36）。《中国丛报》第3卷第8期译者在译介传教士1827年至1832年期间在澳门创办眼科医院的相关信息时则提到，传教士在中国推广疫苗接种、开办眼科医院等慈善机构是希望通过善行改善与中国的关系，传递和平与善意，以便中国人和欧洲人今后自由地友好交往（Bridgman，1834-1835，3(8)：1）。上述民族志翻译表明晚清国人处于对西医的被动接受阶段，并未主动学习西方医学知识与技术。

与此相关，《中国丛报》民族志译者希望推动西方科学技术在华的传播。《中国丛报》创刊词部分指出西方群体认为东亚人缺乏知识，并希望东亚人获得西方国家的知识(Bridgman,1832 - 1833,1(1):5)。然而,相关译者却发现在华传播科技知识并非易事。《中国丛报》第 2 卷第 11 期曾刊发题为《在华知识传播》("The Diffusion of Knowledge in China")的文章。该文指出,晚清国人对外国人的反感、清政府的轻蔑态度及清政府对自身优越性的吹嘘,阻碍了晚清中国引进欧洲科学知识。但是,该译者亦分析了清代中国可接受欧洲各种科学知识的原因。① 他认为清代中国阅读群体巨大,但其阅读新书的需求却从未得到满足。此外,他认为尽管中国人头脑偏执,但他们从不会完全无视外国可能有用的事物。因此,译者推论既然中国人并不排斥外来知识,其识字率又确保外国书籍经翻译后具备被阅读的可能性,那么就有必要将外国书籍译为中文。与此相关,该译者认为若晚清国人能接触更多带有启发性的知识,外国人在中国的处境将变得更好。由此看来,《中国丛报》民族志译者推进在华传播实用知识的进程亦掺杂为自身考虑的因素。该译者坚定地认为虽然这一任务难以在短期内完成,但必将成功。他希望更多有才能的人参与其中,以便广州乃至全中国能够同英国一样拥有一个促进实用知识传播的组织(Bridgman,1833 - 1834,2(11):508)。此处民族志译者将《中国丛报》视为吸引更多人参与在华实用知识传播的阵地,并大体呈现在华西人希望通过传播实用知识以利于自身及他者的初衷。

译者在谈论传播何种实用知识时简单提及地理、自然哲学、物理学和医学。② 他认为中国人的地理著作质量尚可,但中国人对外国地理状况缺乏了解,甚至不了解外国地点的正确方位。因此,中国地理学在其眼中存在不足,而晚清中国自然哲学和物理学的发展亦有欠缺。该译者另认为中国经欧洲人帮

---

① 《中国丛报》译文为". . . the reading class is very large, the desire of reading new books is never satiated, and their minds though greatly bigoted, are not entirely blind to those things which may be useful even when they have a foreign origin."。参见 Bridgman, Elijah Coleman: *The Chinese Repository*, 1833 - 1834, 2(11):508.

② 《中国丛报》译文为"In geography, the Chinese possess tolerable works relative to their own country; but their descriptions of foreign land are ridiculous, nor have they any correct idea of their positions. Natural philosophy labors under still greater difficulties; whatever is useful relative to it, is the work of the missionaries; the same remark applies to physics; geology is scarcely known; medicine has received a full share of attention, but would be highly benefited by European aid."。参见 Bridgman, Elijah Coleman: *The Chinese Repository*, 1833 - 1834, 2(11):509.

助可在医学方面大有进展。译者强调当时世界科技进步迅猛，但许多事物于晚清中国而言完全是外来的。因此，他希望中国人关注自身在科技、道德和宗教层面的不足，从而摆脱陈旧的风俗。译者呼吁清代中国尽快吸收实用知识。① 他希望中国能够融入全球知识进步的潮流并共享其福祉，而在华实用知识传播会正是包括该译者在内的群体为实现这一目标而设立的组织。郭士立希望吸取耶稣会士 17 世纪在中国译介科学知识的经验②，于 1834 年同裨治文等人共同提倡建立在华实用知识传播会，并解释称此处的实用知识涉及历史、地理、经济等学科，而西方文学和哲学不被包括在内的原因是中国人应不会对二者感兴趣(Barnett & Fairbank, 1985:71 - 72)。与此相关，《中国丛报》第 3卷第 8 期曾全文刊载在华实用知识传播会章程的办会目的，其中提到基于在印度传播实用知识的成功，尽管在华传播实用知识可能进程缓慢，但该协会相信通过恰当的方式可加快实用知识的传播进程。上文亦明确协会的主要任务是在中国出版可启迪心智的书籍，并译介西方艺术与科学(Bridgman, 1834 -1835,3(8):382)。为扩大受众面，在华实用知识传播会的章程提到其将出版价格低廉且简单易读的汉语读物，以为晚清民众提供适合其现阶段了解的实用知识(Bridgman, 1834 - 1835,3(8):383)。上述关于在华实用知识传播会的译介表明其目的是通过译介西方科技与知识感化晚清国人。为加快传播进程，该协会格外注重清代民众对实用知识的需求。

　　与有关中医药、种茶制茶等中国本土科学技术知识的民族志翻译相比，《中国丛报》中关于中国引入西方科学技术知识的内容较少。这同晚清中国当时尚未开展洋务运动等学习并利用西方先进技术的活动有关。因此，民族志译者基于对他者科学技术知识的好奇与观察译介晚清国人如何从事织布、烧石灰、种茶制茶等生产活动。由于同生产技术和工具相关的民族志翻译注重呈现相关

---

① 《中国丛报》译文为"... whilst the world is making rapid progress in knowledge, this remote but no longer insignificant corner ought likewise to share in the improvement and the blessing."。参见 Bridgman, Elijah Coleman: *The Chinese Repository*, 1833 - 1834, 2 (11):509。

② 意大利天主教耶稣会士利玛窦(Matteo Ricci)、德国天主教耶稣会士汤若望(Johann Adam Schall von Bell)、比利时天主教耶稣会士南怀仁(Ferdinand Verbiest)、意大利天主教耶稣会士艾儒略(Giulio Aleni)等人曾汉译西方天文学、算术、物理学、地理学等学科内容，参见戈公振：《中国报学史》，北京：中国传媒大学出版社，2016 年，第 98 页。

细节,译者虽然依旧对比自我与他者的技术及工具,但作出的负面评价明显少于对中医等对象的民族志翻译。中医药于译者而言似乎过于陌生且奇特,因而其对拔火罐和中医医术作出批判。与此同时,以《中国丛报》民族志译者为代表的在华西人开办在华实用知识传播会,希望晚清中国这一他者可吸收西方地理、自然哲学、物理学和医学方面的实用知识。该心态和不认可晚清中国科学技术知识的民族志翻译进一步表明《中国丛报》民族志译者通过将晚清中国塑造为需西方拯救的他者,彰显自身相比于他者的优越性。

本章聚焦《中国丛报》关于晚清中国文化与科技层面的民族志翻译,探讨民族志译者对中国历史、语言文学与科学技术知识的看法。《中国丛报》译者不仅评述中国历朝历代历史,而且译介中国史书。由于中西史观及史书撰写模式不同,译者倾向于对中国古代历史人物及时代作出负面评价,并将部分中国史书视为劣质的拼贴。然而,译者从自身史观出发评判中国这一他者的历史,并易作出他者历史不及自身的评价,从而将晚清中国塑造为被僵化与简单化的他者。同关于中国历史的民族志翻译相比,《中国丛报》译者关于中国语言文学的译介较为客观全面。译者不仅为读者指出中国汉语官话与方言的区别,而且详细译介与自身语言不同的汉语音调、偏旁、字体等内容。但是,中西文学观念不同致使译者对中国文学的评价依然以批评为主,文化差异与语言差异使其难以理解并认同中国文学。四书五经等典籍因而在民族志译者眼中或是不及西方作品,或是存在语言风格等问题。另外,《中国丛报》译者等在华西人希望激发清代国人对西方科学技术及知识的兴趣。为此,郭士立、裨治文等人创立在华实用知识传播会,希望推动在华传播物理学、医学等方面知识的进程。对于科学技术及知识的关注促使《中国丛报》译者既翻译晚清中国本土科学技术与知识,又译介当时晚清引入西方科学技术及知识的情况。同关于中国历史与中国语言文学的民族志翻译相比,与科学技术知识相关的民族志翻译由于注重呈现他者相关事物的细节,因此较少被给予负面评价。《中国丛报》民族志译者察觉到晚清中国这一他者在实用知识方面相比于自身的不足,因而将晚清中国塑造为需西方拯救的他者,并希望通过译介西方书籍及开办在华实用知识传播会等途径拓宽他者知识面。然而,《中国丛报》民族志译者自身如此建构晚清中国文化科技层面的根本目的在于增强西方在晚清中国的影响力,从而为西方群体攫取更多的在华利益。

# 第6章

## 结　语

本书从翻译研究的人类学视角出发,将《中国丛报》视为将晚清中国文化译入译者自身语言(英语)的民族志翻译。具体而言,该民族志翻译的原文是晚清中国各方面的社会文化情形(包括典籍、文学作品等文本)。由于民族志翻译与民族志这一人类学的核心组成部分性质相近,均为对他者文化的记录,本书厘清民族志、民族志翻译与翻译研究人类学视角的关联,并将该视角应用于分析《中国丛报》的民族志翻译。民族志翻译概念衍生于民族志与翻译之间的内在一致性。伴随民族志及民族志翻译所涉及对象的变化,民族志翻译可将视野拓展至原始部落之外的农业社会和工业社会,而本书民族志翻译的对象即为晚清中国这一农业社会。鉴于民族志翻译难免使他者在译本中发生变形,且民族志翻译应当警惕发明文化而非再现文化等问题,本书借助人类学视角分析《中国丛报》民族志译者自身建构他者不同层面的特征,以及民族志翻译与真实情形之间的差距等问题。

在梳理翻译研究的人类学视角时,本书采用归纳整合法吸收人类学中于翻译研究而言有启发性的理论资源。翻译研究的人类学视角在问题意识上注重思考翻译研究与人类学之间的关联,以及如何通过人类学深化对翻译活动及现象的认识。由于现有翻译研究与人类学理论结合的成果集中于厚描翻译等方面,且翻译研究对人类学的关注与借鉴相对不足,因此有必要梳理翻译研究的人类学视角,以探讨如何系统运用人类学理论资源。梳理翻译研究人类学视角的可行性则在于人类学与翻译学均具备明显的跨学科性质,且人类学本身包含大量有关翻译与文化观念的理论资源,若将二者结合,有望丰富翻译研究的视野与理路。厚描翻译等翻译研究与人类学理论结合的现有成果被广泛运用,亦表明将人类学理论应用于翻译研究是可行的。此外,梳理人类学视角亦有利于响应新文科号召,以跨学科的方式助力翻译研究成为名副其实的综合性学科。

基于梳理人类学视角的必要性与可行性,本书广泛吸收人类学有关翻译与文化的理论资源,以切实有效地拓宽翻译研究的路径。桑德拉·伯曼关于翻译跨媒介的观点及雅各布森关于翻译的分类业已表明翻译亦可以非语言符号的形式开展。通过借助人类学文化文本化理念以及翻译领域的无本回译等概念，本书重审何为翻译的原文与译文，并将原文与译文的内涵扩充至文化层面。彼时，文化可被视为翻译的原文，翻译的译文亦可以多模态的博物馆等形式呈现。由此，翻译不再拘泥于将原文或译文框定为某个文本，并以此为根基探讨何为翻译及翻译的特征。另外，人类学关于翻译的观念亦有利于译者重审可译性等翻译的基本问题，进而帮助译者认识到翻译应当注意不同的情绪与思维方式，以及建构翻译的历史文化语境等问题。

　　人类学关于文化的观念则有益于翻译研究明确翻译的文化立场，借鉴人类学主位与客位相结合的视角以尽可能减少各种中心主义引发的偏见，并延续文化相对主义的做法，平等看待各种文化。人类学关于文化的定义及文化整体观等理论资源亦可深化翻译研究对翻译建构他者文化的认识与分析。结合人类学视角，翻译研究得以厘清翻译如何处理自我与他者之间的关系，明确经翻译相遇的自我与他者的文化（即译入语文化与译出语文化）之间发生怎样的冲突或碰撞，以及译者自身如何在建构他者的同时建构自我。因此，翻译研究不仅应通过人类学视角留意译者如何操纵或干预对他者的翻译，亦需留意相关建构如何折射译者自身的特征。与此相关，自我与他者之间的差距亦是从人类学视角分析翻译活动及现象的入手点。

　　本书在人类学视角下重审何为翻译的原文与译文，将《中国丛报》的民族志翻译视为拓宽翻译原文边界的实践，并深入探讨语际翻译的原文边界何以被打破。相比于语际翻译是将一种语言译介为另一种语言的理念，本书所涉及的民族志翻译概念通过人类学的文化文本化等理念拓宽原文的边界。文化因此亦可被视为翻译的原文，翻译的原文并非必须由一篇或几篇文本组成。在民族志翻译概念的统摄下，本书将《中国丛报》同晚清中国相关的内容定性为民族志翻译。《中国丛报》民族志译者同人类学家一样，所翻译的是在与他者的接触中目睹的他者文化。具体而言，《中国丛报》的民族志翻译是通过民族志译者将晚清中国的社会文化情形译介为自身使用的英语而形成的。

　　本书得以拓宽民族志翻译概念中原文的边界既同采用人类学视角有关，也同建基于翻译研究已有的理论成果有关。无论是比较文学学者桑德拉·伯曼强调一种语言内以其他媒介形式呈现书面文本以及与此相反的过程均为翻译，还是罗曼·雅各布森早在20世纪50年代便已将语际翻译之外的符际翻译与语内翻译纳入翻译范畴,均表明翻译的原文与译文不必拘泥于文本的形式。桑德拉·伯曼与罗曼·雅各布森的上述观点凸显了翻译跨越不同媒介形式与跨符号的特征,本质上是将翻译的概念泛化了,并拓宽了翻译的范畴。因此,不仅传统意义上语际翻译转换语言符号的过程是翻译,而且将一种符号或媒介形式转换为另一种符号或媒介形式的过程亦是翻译。此处的符号或媒介形式既可以是语言层面的,也可以是非语言层面的。《中国丛报》同晚清中国相关的内容将非语言层面的文化转换为语言层面的译文因而亦为翻译。

结合人类学视角,本书进一步明确非语言层面的文化何以可被视为翻译的原文,从而拓宽翻译原文的边界。具体而言,本书借助人类学文化文本化的理念将不同形式的文化视为作为文本的非语言符号,因而得以将文本概念的外延拓宽至文化范畴,从而赋予同文化相关的翻译研究更加宏观地看待原文的方式。在文化文本化理念的观照下,以非语言符号形式呈现的文化首先被视为文本,进而被视为翻译的原文。换言之,此处被视为翻译原文的文化是经过文本化的非语言符号,而相应的翻译便为将非语言符号译为语言符号的过程。近年来,翻译领域亦已涌现出以人类学文化文本化理念为根基的无根回译、无本回译、无本译写等概念,如无根回译将文化译为文本的过程视为相对于明显的语际翻译而言的潜在翻译,并着重强调原文所隶属的文化可被视为翻译的原文。相关概念进一步表明翻译领域业已开始将文化视为原文,而本书则在理论层面基于翻译领域相关概念与人类学观念,强调拓宽翻译原文边界的合理性与必要性。

根据人类学家基辛的观点,仪式、神话、宇宙观等社会生活与社会实践的种种对象作为文化均可被文本化。因此,本书将《中国丛报》民族志译者翻译的包括仪式在内的晚清中国社会文化情形视为可被文本化的文化。与基辛类似,格尔茨强调文化的整体与部分,亦即不同形式的文化均可被视为文本。所以,本书既将晚清中国的社会文化情形在整体上视为被翻译的原文,也在单独审视某一层面或某个事物时将其作为原文加以分析。上述翻译研究本身关于翻译可跨越不同媒介形式与符号的观点与人类学的文化文本化理念共同为本书拓宽翻译中原文的边界奠定理论基础。

在将原文边界拓宽至文化范畴的基础上,本书将民族志翻译的原文明确为某一民族的文化,从而赋予翻译研究新的可能性。经文化文本化,一方面文本概念的外延得以扩大,另一方面文化亦被解读为翻译的原文。因此,本书所分析的《中国丛报》的民族志翻译不仅包括传统意义上转换语言符号的语际翻译,而且囊括将以非语言符号形式呈现的文化译为文本的符际翻译。此时作为翻译中原文的文化即为晚清中国不同层面的社会文化情形。民族志翻译拓宽原文边界不仅得益于人类学的文化文本化等理论来源,而且内生于民族志翻译概念自身的需求。衍生自民族志的民族志翻译往往以展现某一民族的社会文化情形为译介目的。因此,若将民族志翻译的原文局限为以语言符号形式呈现的文本,则无法在翻译领域内探究以非语言符号形式呈现的文本如何被译为带有民族志性质的译文。如此一来,翻译领域的民族志翻译研究将总在研究范畴上存在局限性。幸而,人类学的文化文本化等理念有助于拓宽原文的边界,给予翻译领域的民族志翻译研究全面探讨译者如何将某一民族的文化译为自身语言的机会。

凭借在地优势,《中国丛报》民族志译者曾前往晚清中国举行科举考试的贡院、教育孩童的学堂、审理官司的衙门、买卖商品的市场、道观及佛寺等地观察晚清中国各个层面的实际情形。相关民族志译者亦曾目睹梯田上的耕作、街头巷尾的手艺人及商贩、流浪街头的灾民、民间民俗的各种节日庆典等隶属于晚清中国这一他者的事物。曾经在华沿海航行的郭士立甚至目睹清军港口、堡垒及士兵。《中国丛报》译者应当亦曾同晚清国民直接交流,因而译出汉语口语"吃饭"和"吃过饭"。《中国丛报》民族志翻译亦包含相关译者同科举落榜的考生、梅州天后宫的道士等晚清国民交流的内容。然而,根据民族志翻译所译内容,相关译者似乎或是误解晚清国民的想法,或是刻意歪曲自己听到的信息,致使民族志翻译中出现令人难以信服的内容。另外,《中国丛报》民族志译者亦留意民间流传的大众传闻及其他信息。"杂记专栏"曾译出清代生意人投机倒把囤积救济粮并发国难财的行为,以及清廷官员贪污腐败且搜刮民脂民膏的恶劣行径。上述同晚清中国文化社会有关的见闻在文化文本化等理念的观照下构成《中国丛报》民族志翻译的原文,相关译者采用音译、意译等翻译方法将其译为自身使用的英语。简而言之,《中国丛报》民族志译者将晚清中国以非语言符号形式及语言符号形式呈现的事物及社会文化情形视为民族志翻译的原文。相比于传统意义上的语际翻译,本书通过拓宽原文边界将以非语言符号形式呈现的事物及社会文化情形纳入翻译研究的范畴。

在将以非语言符号形式呈现的文化视为原文的同时,《中国丛报》本身亦译介大量同中国相关的各类文本。为增进对晚清中国的了解,《中国丛报》民族志译者将清政府官员的奏折,清政府官报《京报》(《京报》有关清政府财政收入、官员任免、科举考试、救济灾民、司法案例、军备与兵力信息、军费支出等方面的内容均被《中国丛报》译者译为英文),《说文解字》《大清律例》《淮南子》《绎史》《国语》《康熙字典》《三字经》《大学》《中庸》《论语》《孟子》《书经》《春秋》《易经》《诗经》《礼记》《子不语》《补缸匠》《春园采茶词三十首》《御纂医宗金鉴》《本草纲目》《尔雅》等典籍与文学作品,乃至晚清国人(《中国丛报》原文并未讲明具体是哪些人)之间的通信等文本纳入《中国丛报》民族志翻译的原文之中。上述作为原文的文本类型丰富,涵盖报纸、诗词、小说、奏折、信件及各类典籍。《中国丛报》民族志译者将种种文本纳入自身的译介范围,节译或编译其中的部分内容,以向西方读者呈现晚清中国各方面的情形。《中国丛报》民族志译者通过查阅汉语文献资料等方式获取诸多有关中国传统文化的信息,并通过译介中国传统文化主动承担起向西方译文读者展现他者文化的职责。

为证明自身观点,《中国丛报》译者亦引用英国《威斯敏斯特评论报》《旁观者》等报刊的说法,将其他西方人对晚清中国的看法融入自身有关对外贸易与交往的民族志翻译中。因此,《中国丛报》民族志翻译涉及的原文不仅包括上述以汉语呈现的文本材料,而且涉及以英语书写的关于晚清中国的相关信息。该部分用英语写成的文本同《中国丛报》译者翻译的内容共同形成有关晚清中国的民族志翻译。

在人类学的文化文本化等理念观照下,本书将《中国丛报》中包括各类文本在内的晚清中国文化情形视为翻译的原文,从而拓宽语际翻译仅将某一篇或某几篇文本视为原文的边界。晚清中国文化作为原文被译为译者自身使用的语言即为民族志翻译。民族志翻译拓宽原文边界不仅可将本质上同民族志翻译属性相似的文本纳入译文的范畴,而且有利于从翻译研究的人类学视角分析一个民族的文化被译入另一种语言的翻译特征等问题。

《中国丛报》的民族志翻译呈现出译者自身为译介他者采取的多样化策略,也涉及部分翻译常见的问题。从选取翻译对象到具体的翻译方法,《中国丛报》民族志译者为将晚清中国这一他者译入自身语言使用多样化的翻译策略,其中既有凸显他者异于自身的异化策略,也有为便于译文读者理解而采用的类比等归化策略。在人类学视角下,本书分析了相关翻译策略及相应的问题。

　　《中国丛报》民族志译者选择翻译对象体现出其为自身所隶属的西方群体服务的译介目的。为说明扩大晚清中国对外开放的必要性，《中国丛报》译者不仅译介晚清中国对外贸易与交往在政策等方面的封闭性，而且译介中国古代对外贸易与交往相对频繁的时期的历史记录。为评估晚清时局，相关译者甚至翻译《京报》刊载的清政府官员的任免消息，以助在华西人同清政府打交道。《中国丛报》民族志译者亦译介清政府刊于《京报》的财政收支状况，以求尽可能地增加对清政府的了解。除上文所述，《中国丛报》选择译介各个层面的各个对象往往基于自身特定的译介目的，如由于晚清中国的宗教及信仰问题涉及西方传教士如何在华顺利传教，以传教士为主体的《中国丛报》译者格外关注并译介相关内容。因此，中文里对应 religion 的"教"字、儒释道的仪式与场所等内容均被纳入《中国丛报》的民族志翻译。另外，《中国丛报》民族志译者选取译介对象亦建基于对译文读者喜好的考虑，如译者认为译文读者将热衷于阅读清政府奏折等秘密文书，便译介奏折等文本，以帮助西方人士了解晚清国人的真实性格。

　　民族志译者根据自身所隶属的西方群体需求选取的译介对象直接影响其翻译内容，《中国丛报》的民族志翻译因而呈现出相关译者按需翻译的特点。此处按需翻译是指相比于客观全面地将晚清他者译入自身语言，《中国丛报》民族志译者更加倾向于按照自身需要译介晚清中国呈现的面貌。因此，晚清国民在其民族志翻译中时而对外国人友好，时而又对外国人不友好。倘若译者刻意多加选取负面的译介对象，则民族志翻译亦将致使他者呈现更多的负面形象。正因如此，晚清中国在法律、对外贸易与交往、国民性等方面往往被塑造为落后于西方的他者。

　　在具体的翻译方法上，《中国丛报》民族志译者重视翻译中国文化独有的术语，采用音译加意译等翻译策略译介带有浓厚异域风情的各类事物。该译介策略与人类学家在田野调查中翻译他者语言的过程相同，均是先音译、再意译。术语似乎是《中国丛报》民族志翻译呈现晚清中国社会文化情形的入手点。在本书分析的案例中，除直接用英文 province 翻译中文中的"省"外，大多数术语均需先音译、再意译，如晚清中国包括"府""州""县""保""甲"在内的行政区划均是如此。音译方式得以彰显晚清中国这一他者的异域特征，促使译文读者清晰地感受他者文化与自身文化之间的差异。

　　术语翻译的困难根植于中西双方文化的不同。同是面对广州十三行，清政府使用"怡和行"等带有吉祥寓意的名称,而在华西人则直接以西方的国家名命名各行。《中国丛报》译者并未音译所有同晚清中国相关的术语。面对在其眼中不甚重要的他者事物,译者采取仅意译而不音译的翻译方法。鉴于"花翎"在民族志翻译中并不是重点译介的对象,相关译者便未音译"花翎"的名称,而仅将其意译为 the honorary gift of a peacock's feather。倘若自身文化中不存在与晚清中国事物对应的词汇,《中国丛报》民族志译者有时会采用类比的策略翻译相关词汇。如巡抚被译为权力地位相当的副州长(Lieut. Governor),科举中榜者依照西方自身的教育体系被译为毕业生(graduates),内部治理的保甲制度被译为欧洲的十户区(tithing system),豆腐花被译为与西方果酱类似的豆腐果酱(bean curd jam),主持祭祀仪式的皇帝被译为古罗马大祭司(pontifex maximus),等等。通过采用类比策略,《中国丛报》民族志译者得以拉近译文读者与晚清中国他者事物之间的距离,并在一定程度上降低译文读者了解他者事物的难度。

正如人类学家普里查德认为被翻译的他者词汇拥有双重意义,《中国丛报》民族志译者经音译加意译或类比等策略译出的术语同其中文原文共同赋予该他者词汇双重意义。基于翻译跨语际且跨文化的过程,他者词汇于晚清国人一方和译者与译文读者一方而言具备不同的意义。如"买办"作为晚清中国的他者词汇于晚清国人而言意味着开展对外贸易的中间商或代理人,而在译者及译文读者眼中却是高级仆人。与此类似,晚清中国不同层面的他者词汇均经翻译而拥有双重意义,体现译者自身与他者对于他者事物的不同理解。他者词汇的双重意义凸显中西观念及立场之间的冲突。整体而言,自我与他者之间的冲突愈加激烈,则他者词汇的双重意义就愈加明显。因此,《中国丛报》民族志译者在译介涉及中西观念冲突的道教的"神气"等概念时基本无法客观反映他者词汇于晚清国人而言的意义,并将他者词汇译介出同其原本含义差距较大的意义。

面对晚清中国异于自身的事物,《中国丛报》民族志译者不仅译介其名称与功能等信息,而且根据具体情况翻译事物的样貌及物理特征。《中国丛报》民族志译者似乎将隶属于晚清中国这一他者的部分事物视为博物馆中的展品,细致呈现事物本身的内容,以及其制作工程等内容。如译者在译介布告时不仅标注贴于墙上的布告的尺寸,而且详述布告上汉字的大小;在译介举办科举考试的贡院时,译者呈现其中的桌椅陈设情况,以便译文读者了解科举考试考场的大体情形。面对晚清中国的食物,译者同样译出其所见奶酪的大小、制作原料、重量,以及奶酪制作模具的尺寸和其表面刻字的特征。该译者甚至直言其希望将奶酪装入玻璃盒并送至大英博物馆,这充分说明《中国丛报》译者青睐的译介对象包括晚清中国这一他者迥异于自身的事物。

在音译和意译后,《中国丛报》译者往往根据术语在其眼中的重要性添加或多或少的注释性内容。如在译介皇帝制度时,由于"皇"字与"王"字是其中的关键术语,《中国丛报》民族志译者在译介二字时根据其对汉语及中国文化的理解分析字形构造。理论上而言,他者事物本身的文化内涵越丰富,《中国丛报》民族志译者便为相关事物添加越多的注释性内容。但是,注释多少不仅取决于他者事物自身的文化内涵,更加取决于上述译者对相关事物的重视程度。唯有事物本身于《中国丛报》民族志译者而言重要,且其本身文化内涵丰富,相应的民族志翻译方可呈现更多的注释性内容。

除增加注释性内容外,部分《中国丛报》民族志翻译亦使用修辞化的语言,译者用比喻、夸张、拟人、讽刺等手法翻译他者事物。如用"长耳朵"(long ears)比喻皇帝消息灵通,以 the brightest glory、dazzling prize 等带有闪耀含义的词语夸张地形容科举考试于民众而言的吸引力,将清朝法律拟人化为残忍不公的存在,讽刺清廷官员使用的在其看来无礼的用语,等等。修辞化语言本身亦是《中国丛报》民族志译者为实现渲染情绪或加深译文读者印象等目的而采用的翻译策略。相比于简单而直接地陈述晚清中国的某一事物,修辞化的语言作为翻译策略不仅有利于提升译文语言的感染力,而且有助于民族志译者将他者事物按其希冀的方向影响西方的译文读者。

在以文本形式出现的译文之外,《中国丛报》民族志翻译亦以图文结合的方式展现晚清中国补锅匠使用的工具风箱、人们种植亚麻并裁布做衣等内容。相关图片有利于译文读者形成关于晚清中国这一他者事物的直观感受。虽然《中国丛报》中的图片并非完全由相关译者绘制,但图片在译文中出现进一步凸显了《中国丛报》类似于人类学家根据田野调查撰写民族志的民族志翻译属性。此外,图片作为副文本亦表明《中国丛报》民族志译者采取多样化的翻译策略,注重通过丰富的译文形式以增进译文读者对他者事物的了解。

增加注释性内容及图文结合等翻译方法均有利于《中国丛报》民族志译者

在译文中建构晚清中国他者事物所隶属的历史文化语境。虽然彼时马林诺夫斯基尚未提出译者应充分考虑词汇等语境,且源自人类学的厚描翻译(深度翻译)亦尚未面世,但是《中国丛报》民族志译者所采用的加注及附图等翻译方法与后世倡导的词汇语境论及深度翻译策略相符。相关民族志翻译通过加注及附图的方法更加具体地向西方译介晚清中国的社会文化情形。然而,由于《中国丛报》译者对晚清中国的了解存在局限性,且其汉语水平相对有限,其所加的注释并不总能客观呈现晚清中国这一他者的事物及语境,反而可能因编译者文化立场等因素歪曲晚清中国官方、民间及文化科技层面的真实情形。依照人类学家埃里克森关于译者主体性的看法,《中国丛报》民族志译者添加注释并编译晚清中国这一他者情形的做法恰好反映了翻译无法回避的被打上译者主观烙印的问题。

在本质上,《中国丛报》民族志译者采用多样化的翻译策略同晚清中国社会文化情形的可译性有关。根据《中国丛报》的民族志翻译内容,他者事物本身越容易理解,该译介对象的可译性便越高。因此,相比于科举考试的参加人数及考场设置情形等易于理解的内容,蕴含较多抽象概念的儒释道及中国的历史观念与文学作品等内容的可译性较低。为更具体地译介他者可译性较低的事物,《中国丛报》民族志译者往往需要采用添加注释并配图等翻译方法,以构筑他者事物所隶属的历史文化语境。晚清中国这一他者中于译者而言难以理解的事物,通常亦是陌生性强的事物,迥异于译者自身所熟悉的事物与观念。因此,异质性强的他者事物的可译性往往较低,译者需要通过异化策略或归化策略衡量如何在体现他者事物的异质性的同时便于译文读者理解。尽管可译性低的他者事物致使《中国丛报》民族志翻译涉及的跨文化交际困难重重,但译者所选用的多样化翻译策略有利于在一定程度上应对他者事物可译性低的情形,从而将可译性不同的他者事物建构于有关晚清中国不同层面的民族志翻译中。

晚清中国各个经翻译后的术语因涉及不同的点而组成关于晚清中国的不同侧面,而各个侧面又可立体组合为对于晚清中国的整体认识。然而,术语翻译的偏颇致使由此产生的侧面及整体认识均与真实情形出现偏差,而《中国丛报》民族志译者所选取的术语及其多样化的翻译策略亦致使晚清中国在翻译过程中发生变形,并被打上译者主观烙印。尽管如此,《中国丛报》民族志译者采用凸显他者事物异域特色的异化策略及便于译文读者理解的归化策略,以翻译晚清中国这一他者不同的译介对象。相关民族志翻译既呈现他者词汇于晚清国人一方及译者和译文读者一方而言的双重意义，也通过增加注释性内容及图文结合等翻译方法刻画出晚清中国丰富的历史文化语境。虽然各种翻译策略未能完全客观呈现晚清中国的真实面貌，但仍反映了彼时中西文化相遇的交流进程，并向西方译介了19世纪在华西人的中国观。

在将翻译研究的人类学视角用于分析《中国丛报》关于晚清中国的民族志翻译时，本书探讨《中国丛报》民族志译者建构他者文化的特征，以及其译者身份与文化立场对民族志翻译的影响等问题。鉴于民族志似格尔茨所言，如同褪色、不连贯的手稿，且满是省略、可疑的修改和有争议的评论，《中国丛报》民族志翻译关于晚清中国这一他者的记录既有前后自相矛盾致使译文不连贯之处，也有省译部分内容致使译文读者不明所以的地方，还有译者基于自身立场所作出的带有争议的评论。然而，《中国丛报》民族志翻译亦客观反映部分晚清中国不同层面的情形，体现在华西人译介晚清中国的历史价值。作为19世纪在华西人开眼看中国的民族志翻译，《中国丛报》从向西方介绍中国的撰写目的到围绕晚清中国开展的译介内容，均具备民族志翻译的属性。《中国丛报》译介晚清中国情况的民族志翻译内容范围广，涉及官方层面、民间层面和文化科技层面。作为民族志翻译，《中国丛报》展现西人视野中的晚清中国，其中既有对晚清中国的正向评价，也有因受民族中心主义等立场影响而作出的固化、僵化或简单化的负面评价。虽然相关译者大多数情况下站在客位视角，并以自身所熟悉的观念为准绳评价晚清中国这一他者，但是部分民族志译者亦曾尝试站在主位视角理解晚清中国部分事物的合理性。然而，中西文化观念的差异及文化立场的不同致使相关译者难以站在主位视角透彻地理解中国，因而部分从主位视角出发的译文依然未能客观全面地建构晚清中国这一他者。《中国丛报》民族志译者存在的中心主义问题与在华西人的中国观亦反映自我与他者相遇时面临的种种阻碍，以及在华西人对晚清中国这一他者的认识。

本书业已表明翻译研究的人类学视角可被用于分析民族志翻译，且人类学与翻译研究相结合既必要又可行。然而，本书仅将该视角应用于分析同人类学关联强的民族志翻译，而未使用该视角分析民族志翻译之外的文本。由于本书梳理的人类学视角涉及如何审视翻译的可译性等基本问题，以及如何分析翻译的文化立场与译者自身建构他者文化的相关内容，未来研究可尝试用该视角分析民族志翻译之外的各类译本。在具体研究中,翻译研究人类学视角首先可被应用于界定翻译中原文或译文的边界,根据研究对象适当地拓宽原文或译文所涉及的范畴,以全面分析某种翻译活动或现象。其次,翻译研究人类学视角有助于深入探讨译者所采用的翻译策略,并明确译者是否充分展现词汇文化内涵等问题。针对翻译中常见的异化策略与归化策略,翻译研究的人类学视角亦有利于深入探讨译者自身通过异化或归化的翻译策略对他者文化情形予以何种程度的保留,以及译者从选取译介对象到具体翻译过程采用不同的翻译策略于建构他者而言的影响。最后,翻译研究人类学视角可被用于思索各种中心主义等文化立场及主位视角或客位视角对译文的影响,还可被用于在分析译者自我与其所译介的他者之间的关系时探讨译者自身关于他者的观念、译文与他者真实情形之间的距离等问题。

人类学视角关于自我与他者关系的看法的演变表明,翻译研究在分析译文如何建构他者文化时不仅应注重自我与他者之间的差异,还应当注意自我对他者的操纵或干预。鉴于源语文化与译语文化、原文与译文、原文作者与译文读者之间未必仅是单向的从译出到译入的关系,而是同人类学视角下的自我与他者一样彼此交织,翻译研究应当力争通过译文辨明译者自我与所译他者之间的关联。换言之,翻译研究可尝试探讨译者自身是否在建构他者的同时建构自我,以及是否于译文中流露自身的文化立场及观念态度。翻译研究者应尽量避免受自身文化立场的过度干扰。同时,他们应以人类学所提倡的文化相对主义平等看待源语文化与译语文化,并指出译文中文化立场的偏颇之处。另外,鉴于人类学与翻译研究均不断发展,翻译研究的人类学视角亦应处于动态发展的过程中,须持续地系统吸收人类学理论资源,以深化关于翻译活动及现象的认识。

翻译研究人类学视角对译者自身如何建构他者文化等问题的探讨亦可为当下的中外文明交流提供借鉴,启发人们在面对他者文化时兼顾主位视角与客位视角,在切实体会并理解他者文化的基础上将他者文化译入自身的语言文化体系。正如人类学家普里查德所言,不同文化的异质性意味着文化之间只可寻求最大公约数。翻译无法将一种文化完全对等地译入另一种文化,并将他者形象以原貌译入自身语言。虽然他者形象难免经翻译发生变形,但跨文化交流应尽量客观全面地还原他者面貌,减少因不熟悉他者等原因扭曲他者面貌的情形。译者应尽量在自我与他者文化之间寻找一个平衡点，以避免因受其中一方过多干扰而影响翻译效果。因此，译者应兼顾源于人类学的主位视角与客位视角，既从客位视角出发呈现他者社会文化情形于译者自身而言的异同之处，也从主位视角出发尝试理解他者事物存在的合理性及其于他者自身而言的意义。因此，译者应当尽可能透彻地了解他者文化的不同方面，不仅要宏观把握他者文化的整体特征，还要像人类学功能学派所提倡的一样，以整体观念联结文化的不同层面。针对具体译介对象的选择，中外文化交流亦应注重译文受众的审美需求与接受程度，选择易令受众感兴趣并有利于树立译介对象积极正面的国际形象的内容。中国译者在选择译介对象及具体的翻译过程中亦应秉持人类学文化观，以文化自觉的姿态推动中华文化走向世界。

除翻译研究的人类学视角外，本书将《中国丛报》关于晚清中国的内容统摄于民族志翻译概念下的做法亦可供未来研究借鉴。相比于固守由一个或多个文本组成的翻译原文，本书基于人类学的文化文本化等理念拓宽原文的边界，将包括诸多文本在内的晚清中国文化情形视为原文。因此，原文与译文之间的对比不再局限于语言层面，而是在拓宽至文化层面的同时，强调民族志翻译与真实情形之间的对比。按此思路，此后翻译研究类似于《中国丛报》民族志翻译的文本时均可尝试在拓宽原文边界的基础上进行分析，以全面展示相关译者自身如何翻译并建构作为他者的译介对象。

前文所述人类学的文化文本化及翻译领域关于翻译可跨越不同媒介形式及符号的理念实际上不仅拓宽了翻译中原文的边界，而且还延伸了翻译中译文的边界。因此，译文的形式理论上亦不必拘泥于文本。在泛化翻译概念的基础上，研究形式多样化的原文与译文可拓宽翻译研究的范畴，凸显相关文化活动转换媒介形式或符号的翻译属性。然而，相关研究亦须注意拓宽原文或译文的程度，避免过于泛化翻译概念。因此，本书在拓宽民族志翻译中原文的边界时有所限制。鉴于传统意义上的语际翻译仅涉及分析一篇或几篇原文文本如何被译为译文文本，本书若依此研究范畴分析《中国丛报》的民族志翻译，必将局限于典籍、文学作品及其他以语言符号形式呈现的原文之中。但是，民族志翻译是以译介某一民族各方面的情形为目的的，《中国丛报》关于晚清中国的民族志翻译亦涉及官方、民间及文化科技层面的不同内容。故而，为确保较为全面地呈现《中国丛报》民族志译者如何理解并翻译晚清中国，本书结合人类学视角将翻译中原文的边界拓宽至文化范畴,并实现于理论层面丰富民族志翻译概念的创新。

另外,由于《中国丛报》近560万字的民族志翻译如上所述内容丰富,本书仅在有限篇幅内呈现关于晚清中国政治制度、内部治理、对外贸易与交往、民间物质生活、民间精神生活、民间民俗生活、历史、语言文学、科学技术的典型案例。因此,《中国丛报》民族志翻译仍有大量内容尚未在本书中得到呈现,这部分内容有待于今后更加细致广泛的研究。本书偏重于基于人类学的整体文化观来系统考察《中国丛报》民族志译者如何译介晚清中国各方面的文化情形,未来的研究亦可着重于其中的一个或多个方面,以深入探讨译者自身如何建构晚清中国这一他者。但是,研究者须注重秉持人类学的整体文化观,以避免在研究某一方面时忽略相关事物同其他方面的事物之间的关联。

综上所述,《中国丛报》同晚清中国相关的丰富内容在译介目的、所刊内容等方面符合民族志翻译概念的属性。因此,本书将《中国丛报》刊印的90%同晚清中国有关的内容统摄于民族志翻译概念之下。鉴于民族志翻译概念源自人类学的民族志概念,本书从人类学视角分析《中国丛报》的民族志翻译。此前关于《中国丛报》的翻译研究大多聚焦于某一方面,且仅涉及语际翻译范畴内有一篇或几篇文本作为原文的译介对象,而本书通过人类学的文化文本化与翻译领域自身跨越不同媒介形式和符号的理念拓宽了原文的边界。本书因而得以在研究《中国丛报》民族志翻译时全面分析裨治文、卫三畏等民族志译者如何理解并向西方译介晚清中国各方面的情形。具体而言,《中国丛报》中的民族志翻译是将晚清中国的社会文化情形作为原文译入译者自身使用的英语的。在从人类学视角入手分析相关民族志翻译前,本书系统梳理翻译研究的人类学视角,以解决此前翻译研究与人类学结合的成果大多着眼于厚描翻译(深度翻译)的问题。通过借鉴来自人类学的理论资源,本书探讨如何在人类学视角下重审翻译的原文与译文、再审可译性等翻译的基本问题,并深化翻译研究关于文化立场及翻译如何建构他者文化的认识。在人类学视角下,本书分析《中国丛报》关于晚清中国官方、民间及文化科技层面的民族志翻译,并归纳总结相关民族志译者建构晚清中国这一他者的特征。简而言之,《中国丛报》译者在译介晚清中国时采取增加注释内容与图文结合等多样化的翻译策略,但由于译者汉语水平及对中国传统文化的了解有限,译文出现了误译等问题。受欧洲中心主义、民族中心主义、基督教中心主义等文化立场的影响，《中国丛报》民族志译者有时亦有意误读晚清中国不同层面的内容，以凸显西方自身相对于晚清中国这一他者而言的优越性，并服务于自身所隶属的西方群体，从而推动实现扩大西方在华利益的译介目的。在源于人类学的主位视角与客位视角的博弈之中，《中国丛报》民族志翻译在绝大多数情况下采用客位视角译介晚清中国，致使部分译文因缺失主位视角而未能设身处地地考虑相关情形于晚清中国自身而言的合理性。在文化立场的主导下，《中国丛报》民族志翻译所折射出的在华西人中国观存在倾向于认为晚清中国作为他者不及西方的问题。当中西双方各个层面的观念发生碰撞与冲突时，相关民族志译者往往以自身熟悉的西方观念为准绳，并将晚清中国的对应观念视为次于自身的观念。因此，《中国丛报》的民族志翻译与晚清中国的真实情形之间存在差距，且部分差距由译者依据自身的文化立场刻意拉开。基于本书关于《中国丛报》的民族志翻译研究，未来研究既可进一步通过翻译研究的人类学视角深化关于《中国丛报》译文的研究，亦可借鉴本书采用的人类学视角及民族志翻译概念研究类似于《中国丛报》民族志译者将某一民族的文化译为自身所用语言的译文。

作为一项跨文化与跨语际的活动，翻译因译者自身将作为他者的另一个民族的文化译入自身语言而可被定性为民族志翻译。民族志翻译概念脱胎于人类学的核心概念——民族志，而本书亦因此系统梳理翻译研究的人类学视角，以期通过人类学的理论资源重审翻译中原文的范畴，并探讨译者自身采用一系列翻译策略建构他者的特征。在人类学视角的观照下，翻译研究得以更加深入地探讨《中国丛报》等译文何以在诸多中心主义的交织下呈现一定的文化立场，并通过源于人类学的主位视角与客位视角等概念分析译文折射出译者自身对于其他民族有着何种认知或看法。本书在人类学视角下分析《中国丛报》的民族志翻译亦是在延续翻译研究的文化转向，通过夯实文化文本化等理念将翻译中原文的范畴拓宽至文化，以便今后的研究能够系统全面地探讨身处不同自我与他者之间的民族志翻译的翻译属性与特征，从而促进跨文化翻译活动主体间的良性互动。

# 参考文献

Appiah, Kwame. 2000. "Thick Translation." In *The Translation Studies Reader*, edited by Lawrence Venuti, pp. 417 – 429. London and New York: Routledge Taylor & Francis Group.

Asad, Talal. 1986. "The Concept of Cultural Translation in British Social Anthropology." In *Writing Culture: The Poetics and Politics of Ethnography*, edited by James Clifford and George E. Marcus, pp. 141 – 164. Berkeley, Los Angeles, London: University of California Press.

Bachmann-Medick, Doris. 2012. "Culture as Text: Reading and Interpreting Cultures." In *Travelling Concepts for the Study of Culture*, edited by Birgit Neumann and Ansgar Nünning, pp. 99 – 118. Berlin: De Gruyter.

Bachmann-Medick, Doris. 2014. "Meanings of Translation in Cultural Anthropology." In *Translating Others Volume I*, edited by Theo Hermans, pp. 33 – 42. London and New York: Routledge Taylor & Francis Group.

Barnett, Suzanne Wilson & John King Fairbank. 1985. *Christianity in China: Early Protestant Missionary Writings*. Cambridge and London: Harvard University Press.

Bassnett, Susan & André Lefevere. 1995. *Translation, History and Culture*. New York: Cassell.

Bermann, Sandra. 2009. "Working in the And Zone: Comparative Literature and Translation." *Comparative Literature* 4:432 – 446.

Blumczynski, Piotr. 2016. *Ubiquitous Translation*. London and New York: Routledge Taylor & Francis Group.

Bodde, Derk. 1948. *Chinese Ideas in the West*. Washington: American Council on Education.

Brady, Ivan. 1991. *Anthropological Poetics*. Maryland: Rowman & Littlefield Publishers, Inc.

Bridgman, Elijah Coleman. *The Chinese Repository*. 1832 – 1833, 1(1)-(12). Canton.

Bridgman, Elijah Coleman. *The Chinese Repository*. 1833 – 1834, 2(1)–(12). Canton.

Bridgman, Elijah Coleman. *The Chinese Repository*. 1834 – 1835, 3(1)–(12). Canton.

Bridgman, Elijah Coleman. *The Chinese Repository*. 1835 – 1836, 4(1)–(12). Canton.

Bridgman, Elijah Coleman. *The Chinese Repository*. 1836 – 1837, 5(1)–(12). Canton.

Bridgman, Elijah Coleman. *The Chinese Repository*. 1837 – 1838, 6(1)–(12). Canton.

Bridgman, Elijah Coleman. *The Chinese Repository*. 1838 – 1839, 7(1)–(12). Canton.

Bridgman, Elijah Coleman. *The Chinese Repository*. 1839 – 1840, 8(1)–(12). Canton.

Bridgman, Elijah Coleman. *The Chinese Repository*. 1840, 9(1)–(8). Macao, Hong Kong of China.

Bridgman, Elijah Coleman. *The Chinese Repository*. 1841, 10(1)–(12). Macao, Hong Kong of China.

Bridgman, Elijah Coleman. *The Chinese Repository*. 1842, 11(1)–(12). Macao, Hong Kong of China

Bridgman, Elijah Coleman. *The Chinese Repository*. 1843, 12(1)–(12). Macao, Hong Kong of China.

Bridgman, Elijah Coleman. *The Chinese Repository*. 1844, 13(1)–(12). Macao, Hong Kong of China.

Bridgman, Elijah Coleman. *The Chinese Repository*. 1845, 14(1)–(12). Canton.

Bridgman, Elijah Coleman. *The Chinese Repository*. 1846, 15(1)–(12). Canton.

Bridgman, Elijah Coleman. *The Chinese Repository*. 1847, 16(1)–(4). Canton.

Bridgman, James Granger. *The Chinese Repository*. 1847, 16(5)–(12). Canton.

Bridgman, James Granger. *The Chinese Repository*. 1848, 17(1)–(8). Canton.

Clifford, James. 1997. *Routes: Travel and Translation in the Late Twentieth Century*. Berkeley, Los Angeles, London: Harvard University Press.

Clifford, James & George E. Marcus. 1986. *Writing Culture: The Poetics and Politics of Ethnography*, Berkeley, Los Angeles, London: University of California Press.

Craith, Máiréad Nic & Laurent Sebastian Fournier. 2016. "Literary Anthropology: The Sub-Disciplinary Context." *Anthropological Journal of European Cultures* 25 (1):1 – 8.

Crapanzano, Vincent. 1997. "Translation: Truth or Metaphor." *RES: Anthropology and Aesthetics* 32:45 – 51.

Crapanzano, Vincent. 2014. "Hermes' Dilemma: The Masking of Subversion in Ethnographic Description." In *Translating Others Volume I*, edited by Theo Hermans, pp. 51 – 76. London and New York: Routledge Taylor & Francis Group.

Crick, Malcolm. 1976. *Explorations in Language and Meaning: Towards a Semantic Anthropology*. New York: John Wiley & Sons.

Davis, John Francis. 1817. *Laou-seng-urh, or, "An Heir in His Old Age."* A Chinese Drama. London: John Murray, Albemarle-Street.

Dennett, Tyler. 1922. *Americans in Eastern Asia: A Critical Study of the Policy of the United States with Reference to China, Japan and Korea in the 19th Century*. New York: The Macmillan Company.

Du Pont, Olaf. 2005. "Paula G. Rubel & Abraham Rosman: Translating Cultures. Berg, 2003. Michael Cronin: Translation and Globalization. Routledge, 2003." *Applied Linguistics* 26(3):467 – 471.

Edwardes, Martin P.J. 2019. *The Origins of Self: An Anthropological Perspective*. London: UCL Press.

Eriksen, Thomas Hylland. 2004. *What is Anthropology*. London and Ann Arbor, MI: Pluto Press.

Fagerlid, Cicilie & Michelle A. Tisdel. 2020. *A Literary Anthropology of Migration and Belonging: Roots, Routes, and Rhizomes*. Cham: Palgrave Macmillan.

Fairbank, John King. 1978. *The Cambridge History of China: Volume 10 Late Ch'ing, 1800 – 1911, Part 1*. Cambridge, London, New York, Melbourne: Cambridge University Press.

Fei, Hsiao-Tung. 1980. *Peasant Life in China: A Field Study of Country Life in the Yangtze Valley*. London and Henley: Routledge & Kegan Paul.

Freeman, Derek. 1996. *Margaret Mead and the Heretic: The Making and Unmaking of an Anthropological Myth*. Victoria, Middlesex, New York, Ontario, Auckland: Penguin Books.

Geertz, Clifford. 1972. "Deep Play: Notes on the Balinese Cockfight." *Daedalus* 101 (1):1 – 37.

Geertz, Clifford. 1973. *The Interpretation of Cultures: Selected Essays*. New York: Basic Books.

Geertz, Clifford. 1988. *Works and Lives: The Anthropologist as Author*. California: Standford University Press.

Haddon, Alfred C. 1910. *History of Anthropology*. New York and London: The Knickerbocker Press.

Handelman, Don. 1994. "Critiques of Anthropology: Literary Turns, Slippery Bends." *Poetics Today* 15(3):341 – 381.

Harris, Marvin. 1979. *Cultural Materialism: The Struggle for a Science of Culture*. New York: Random House.

Harris, Marvin & Orna Johnson. 2000. *Cultural Anthropology*. 5th ed. Boston, London, Toronto, Sydney, Tokyo, Singapore: Allyn and Bacon.

Hermans, Theo. 2003. "Cross-Cultural Translation Studies as Thick Translation." *Bulletin of SOAS* 66(3):380 – 389.

Hermans, Theo. 2014a. *Translating Others Volume I*. London and New York: Routledge Taylor & Francis Group.

Hermans, Theo. 2014b. *Translating Others Volume II*. London and New York: Routledge Taylor & Francis Group.

Holliday, John. 2016. *Mission to China: How an Englishman Brought the West to the Orient*. Gloucestershire: Amberley.

Hume, David. 1966. *A Treatise of Human Nature: In Two Volumes: Volume Two*. London: Everyman's Library.

Inkeles, Alex. 1997. *National Character: A Psycho-Social Perspective*. New Brunswick and London: Transaction Publishers.

Jakobson, Roman. 2012. "On Linguistic Aspects of Translation." In *The Translation Studies Reader*, 4th ed., edited by Lawrence Venuti, pp. 126 – 131. London and New York: Routledge Taylor & Francis Group.

Jones, Todd. 2003. "Translation and Belief Ascription: Fundamental Barriers." In *Translating Cultures: Perspectives on Translation and Anthropology*, edited by Paula Rubel and Abrahm Rosman, pp. 45 – 73. Oxford and New York: Berg.

Keesing, Felix M. 1966. *Cultural Anthropology: The Science of Custom*. New York, Chicago, San Francisco, Toronto, London: Holt, Rinehart and Winston.

Keesing, Roger M. et al. 1987. "Anthropology as Interpretive Quest [and Comments and Reply]." *Current Anthropology* 28(2):161 – 176.

Krasniewicz, Louise. 1992. *Nuclear Summer: The Clash of Communities at the Seneca Women's Peace Encampment*. Ithaca and London: Cornell University Press.

Kroeber, Alfred. 1948. *Anthropology: Race Language Culture Psychology Prehistory*. New York: Harcourt, Brace and Company.

Latourette, Kenneth Scott. 1917. *The History of Early Relations between the United States and China, 1784 – 1844*. New Haven, Connecticut: Yale University Press.

Latourette, Kenneth Scott. 1929. *A History of Christian Missions in China*. New York: The Macmillan Company.

Lazich, Michael C. 2000. *E. C. Bridgman (1801 – 1861), America's First Missionary to China*. Lewiston, Queenston, Lampeter: The Edwin Mellen Press.

Lefevere, André. 2012. *Translating Literature: Practice and Theory in a Comparative Literature Context*. Beijing: Foreign Language Teaching and Research Press.

Lévi-Strauss, Claude. 1967. "Today's Crisis in Anthropology." In *Anthropology*, edited by Samuel Rapport and Helen Wright, pp. 129 – 141. New York and London: New York University Press and University of London Press Limited.

Lewis, Ioan M. 1976. *Social Anthropology in Perspective*. Middlesex, New York, Victoria, Ontario, Auckland: Penguin Books.

Lienhardt, Godfrey. 1954. "Modes of Thought." In *The Institutions of Primitive Society: A Series of Broadcast Talks*, edited by Edward Evans-Pritchard et al., pp.

95 - 107. Oxford: Basil Blackwell.

Lutz, Catherine A. 1998. *Unnatural Emotions: Everyday Sentiments on a Micronesian Atoll & Their Challenge to Western Theory*. Chicago and London: The University of London Press.

Macdonald, Kathleen. 2021. "Translation, Anthropology and Cognition." In *The Routledge Handbook of Translation and Cognition*, edited by Fabio Alves and Arnt Lykke Jakobsen, pp. 91 - 112. London and New York: Routledge Taylor & Francis Group.

Maitland, Sarah. 2017. *What is Cultural Translation*. London, Oxford, New York, New Delhi, Sydney: Bloomsbury.

Malinowski, Bronislaw. 1967. "Subject, Method and Scope." In *Anthropology*, edited by Samuel Rapport and Helen Wright, pp. 98 - 114. New York and London: New York University Press and University of London Press Limited.

Malinowski, Bronislaw. 1978. *Coral Gardens and Their Magic: A Study of the Methods of Tilling the Soil and of Agricultural Rites in the Trobriand Islands*. New York: Dover Publications, Inc.

Malinowski, Bronislaw. 2002. *Argonauts of the Western Pacific: An Account of Native Enterprise and Adventure in the Archipelagoes of Melanesian New Guinea*. London: Routledge Taylor & Francis Group.

Marcus, George E. & Michael M. J. Fischer. 1999. *Anthropology as Cultural Critique: An Experimental Moment in the Human Sciences*. Chicago and London: The University of Chicago Press.

Marcus, Julie. 1990. "Anthropology, Culture and Post-Modernity." *Social Analysis: The International Journal of Social and Cultural Practice* (27):3 - 16.

Marx, Karl & Frederick Engels. 1980. *Karl Marx Frederick Engels Collected Works: Volume 16 Marx and Engels 1858 - 1860*. New York: International Publishers.

Mascia-Lees, Frances E. & Patricia Sharpe. 1992. "Culture, Power, and Text: Anthropology and Literature Confront Each 'Other'." *American Literary History* 4 (4):678 - 696.

Masini, Federico. 1993. "The Formation of Modern Chinese Lexicon and Its Evolution toward a National Language: The Period from 1840 to 1898." *Journal of Chinese Linguistics Monograph Series* (6):i - iv+1 - 295.

Mead, Margaret. 1928. *Coming of Age in Samoa: A Psychological Study of Primitive Youth for Western Civilisation*. New York: William Morrow & Company.

Miller, Stuart Creighton. 1969. *The Unwelcome Immigrant: The American Image of the Chinese, 1785 - 1882*. Berkeley, Los Angeles, London: University of California Press.

Munday, Jeremy. 2008. *The Routledge Companion to Translation Studies*. London and New York: Routledge Taylor & Francis Group.

Mungello, D. E. 2013. *The Great Encounter of China and the West, 1500 – 1800*. 4th ed. Plymouth: Rowman & Littlefield Publishers, Inc.

Naroll, Raoul & Ronald Cohen. 1970. *A Handbook of Method in Cultural Anthropology*. New York: The Natural History Press.

Newmark, Peter. 1982. *Approaches to Translation*. Oxford: Pergamon.

Nida, Eugene A. 2003. *Fascinated by Languages*. Amsterdam, Philadelphia: John Benjamins Publishing Company.

Ogden, Charles K. & Ivor A. Richards. 1923. *The Meaning of Meaning: A Study of the Influence of Language upon Thought and of the Science of Symbolism*. New York and London: Harcourt Brace Jovanovich.

Oxford English Dictionary. "treddle." Retrieved from https://www.oed.com/ search/ dictionary/?scope＝Entries & q＝treddle. Accessed 2023/11/17.

Pálsson, Gísli. 2020. *Beyond Boundaries: Understanding, Translation and Anthropological Discourse*. London and New York: Routledge.

Peoples, James & Garrick Bailey. 2000. *Humanity: An Introduction to Cultural Anthropology*. 5th ed. Belmont: Wadsworth.

Pike, Kenneth. 1967. *Language in Relation to a Unified Theory of the Structure of Human Behavior*. Berlin and Boston: De Gruyter Mouton.

Poyatos, Fernando. 1988. *Literary Anthropology: A New Interdisciplinary Approach to People, Signs and Literature*. Amsterdam: John Benjamins Publishing Company.

Preston, James. 1991. "The Trickster Unmasked: Anthropology and the Imagination." In *Anthropological Poetics*, edited by Ivan Brady, pp. 73 – 110. Maryland: Rowman & Littlefield Publishers, Inc.

Evans-Pritchard, Edward. 1965. *Theories of Primitive Religion*. Oxford: Clarendon Press.

Pym, Anthony. 2014. *Exploring Translation Theories*. 2nd ed. London and New York: Routledge Taylor & Francis Group.

Pym, Anthony. 2017. *Method in Translation History*. Beijing: Foreign Language Teaching and Research Press.

Rapport, Samuel & Helen Wright. 1967. *Anthropology*. New York and London: New York University Press and University of London Press Limited.

Ricoeur, Paul. 1965. *History and Truth*, translated by Charles A. Kelbley. Evanston: Northwestern University Press.

Ricoeur, Paul. 2006. *On Translation*. London and New York: Routledge Taylor & Francis Group.

Robinson, Douglas. 2007. *Translation and Empire: Postcolonial Theories Explained*.

Beijing: Foreign Language Teaching and Research Press.

Rosaldo, Michelle Z. 1980. *Knowledge and Passion: Ilongot Notions of Self & Social Life*. Cambridge, New York, Port Chester, Melbourne, Sydney: Cambridge University Press.

Rosman, Abraham & Paula G. Rubel. 1989. *The Tapestry of Culture: An Introduction to Cultural Anthropology*. 3rd ed. New York: Random House.

Rubel, Paula & Abraham Rosman. 2003. *Translating Cultures: Perspectives on Translation and Anthropology*. Oxford and New York: Berg.

Rushdie, Salman. 1991. *Imaginary Homelands: Essays and Criticism, 1981–1991*. London and New York: Granta Books in association with Viking.

Said, Edward W. 1977. *Orientalism*. London: Penguin.

Saler, Benson. 2003. "The Ethnographer as Pontifex." In *Translating Cultures: Perspectives on Translation and Anthropology*, edited by Paula Rubel and Abraham Rosman, pp.197–212. Oxford and New York: Berg.

Shakespeare, William. 1990. *Macbeth*. Minneapolis: Lerner Publishing Group. ProQuest Ebook Central. Retrieved from https://ebookcentral.proquest.com/lib/tsinghua/detail.action?docID=5442198. Accessed 2023/11/14.

Sharman, Russell. 1997. "The Anthropology of Aesthetics: A Cross-Cultural Approach." *Journal of the Anthropological Society of Oxford* 28(2):177–192.

Shaw, R. Daniel. 2007. "The Legacy of Eugene A. Nida: A Contribution to Anthropological Theory and Missionary Practice." *Anthropos* 102(2):578–585.

Spradley, James P. & David W. McCurdy. 1975. *Anthropology: The Cultural Perspective*. New York, London, Sydney, Toronto: John Wiley & Sons, Inc.

Sturge, Kate. 2014. "The Other on Display: Translation in the Ethnographic Museum." In *Translating Others Volume II*, edited by Theo Hermans, pp.431–440. London and New York: Routledge Taylor & Francis Group.

Sumner, William Graham. 1906. *Folkways: A Study of the Sociological Importance of Usages, Manners, Customs, Mores, and Morals*. Boston, New York, Chicago, London, Atlanta, Dallas, Columbus, San Francisco: Ginn and Company.

Swift, Jonathan. 1880. *Gulliver's Travels in the Kingdom of Lilliput*. New York: McLoughlin Bros, Nineteenth Century Collections Online, Gale. Retrieved from https://go.gale.com/ps/i.do?p=NCCO&u=tsinghua&id=GALE|CPLBBG005912172&v=2.1&it=r. Accessed 2023/11/16.

Tambiah, Stanley Jeyaraja. 1990. *Magic, Science, Religion, and the Scope of Rationality*. Cambridge, New York, Port Chester, Melbourne, Sydney: Cambridge University Press.

Tylor, Edward B. et al. 1889. *Primitive Culture: Research into the Development of Mythology, Philosophy, Religion, Language, Art and Custom*. New York: Henry

Bolt and Company.

Tylor, Edward B. et al. 1896. *Anthropology: An Introduction to the Study of Man and Civilization*. New York: D. Appleton and Company.

Tymoczko, Maria. 2014. "Reconceptualizing Western Translation Theory: Integrating Non-Western Thought about Translation." In *Translating Others Volume Ⅰ*, edited by Theo Hermans, pp.13–32. London and New York: Routledge Taylor & Francis Group.

Weber, Max. 1958. *The Protestant Ethic and the Spirit of Capitalism*, translated by Talcott Parsons. New York: Charles Scribner's Sons.

Wilhelm, Jane Elisabeth. 2012. "Jean-René Ladmiral—Une Anthropologie Interdisciplinaire de la Traduction." *Meta* 57(3):546–563.

Williams, Raymond. 1976. *Keywords: A Vocabulary of Culture and Society*. New York: Oxford University Press.

Williams, Samuel Wells. *The Chinese Repository*. 1848, 17(9)–(12). Canton.

Williams, Samuel Wells. *The Chinese Repository*. 1849, 18(1)–(12). Canton.

Williams, Samuel Wells. *The Chinese Repository*. 1850, 19(1)–(12). Canton.

Williams, Samuel Wells. *The Chinese Repository*. 1851, 20(1)–(12). Canton.

Wilson, T. 1678. *A Complete Christian Dictionary Wherein the Significations and Several Acceptations of All the Words Mentioned in the Holy Scriptures of the Old and New Testament are Fully Opened, Expressed, Explained*. London. Retrieved from https://www. proquest. com/books/complete-christian-dictionary-wherein/docview/2248515960/se-2. Accessed 2023/10/30.

Witek, John W. 1982. *Controversial Ideas in China and in Europe: A Bibliography of Jean-François Foucquet, S. J.(1665–1741)*. Roma: Institutum Historicum S.I.

Wolf, Eric. 1964. *Anthropology*. New Jersey: Prentice-Hall, Inc.

Wyn-Davis, Merryl. 2002. *Introducing Anthropology: A Graphic Guide*, London: Icon Books, Limited.

阿桂等,2015,《大清律例:3》,北京:中华书局。

包世臣,1993,《艺舟双楫》,合肥:黄山书社。

鲍晓婉,2019,《林则徐的"高级翻译"梁进德及相关人物探究》,《东方翻译》第 6 期,第 12–17 页。

鲍晓婉,2020,《〈中国丛报〉停刊原因新探》,《近代中国》第 1 期,第 139–152 页。

鲍晓婉,2022,《译印俱佳,踵事增华:不该被圣经汉译史遗忘的台约尔》,《基督宗教研究》第 1 期,第 143–159 页。

宾静,2021,《清代禁教时期华籍天主教徒的传教活动:1721—1846(上)》,新北:花木兰文化事业有限公司。

常建华,2020,《中国古代女性婚姻家庭》,北京:中国工人出版社。

陈捷先,2008,《蒋良骐及其〈东华录〉研究》,北京:中华书局。

陈鹏鸣,2018,《中国史学思想会通·近代史学思想前卷》,福州:福建人民出版社。

陈旭麓,方诗铭,魏建猷,1982,《中国近代史词典》,上海:上海辞书出版社。

陈忠,2002,《侵略中国的喉舌:〈中国丛报〉》,《天风》第 12 期,第 31 页。

辞海编辑委员会,1981,《辞海·地理分册·中国地理》,上海:上海辞书出版社。

达波洛尼亚,2015,《种族主义的边界:身份认同、族群性与公民权》,钟震宇译,北京:社会科学文献出版社。

德里达,2001,《书写与差异(上、下册)》,张宁译,北京:生活·读书·新知三联书店。

邓联健,2015,《委曲求传:早期来华新教传教士汉英翻译史论 1807—1850》,北京:清华大学出版社。

邓联健,2020,《英语世界直接译介中国高等教育的早期努力》,《现代大学教育》第 3 期,第 74-80+113 页。

邓联健,2021,《〈中国丛报〉的翻译研究价值》,《翻译史论丛》第 1 期,第 120-130+200 页。

邓绍根,2012,《美国在华早期新闻传播史(1827—1872)》,北京:世界知识出版社。

邓绍根,2013,《美国在华早期宗教新闻事业的守护者卫三畏与〈中国丛报〉》,《新闻春秋》第 2 期,第 34-41 页。

邓绍根,罗诗婷,2019,《考释百年中国新闻学的萌芽起点:1833 年:兼论中国最早新闻学专文的归属》,《东岳论丛》第 9 期,第 137-145+192 页。

段峰,2006,《深度描写、新历史主义及深度翻译:文化人类学视阈中的翻译研究》,《西华师范大学学报(哲学社会科学版)》第 2 期,第 90-93 页。

段峰,2008,《文化视野下文学翻译主体性研究》,成都:四川大学出版社。

法显,2020,《海上丝绸之路稀见文献丛刊:佛国记两种》,北京:文物出版社。

范发迪,2018,《知识帝国:清代在华的英国博物学家》,袁剑译,北京:中国人民大学出版社。

芳贺矢一,2020,《国民性十论》,北京:生活·读书·新知三联书店。

冯尔康,2014,《康雍乾三帝天主教非"伪教"观与相应政策》,《安徽大学学报(哲学社会科学版)》第 1 期,第 1-13 页。

高丙中,2006,《写文化:民族志的诗学与政治学·代译序》,载克利福德、马库斯《写文化:民族志的诗学与政治学》,高丙中、吴晓黎、李霞等译,北京:商务印书馆。

高亨,2009,《周易大传今注》,济南:齐鲁书社。

高诱,1986,《淮南子注》,上海:上海书店。

格尔茨,2014,《文化的解释》,韩莉译,南京:译林出版社。

戈公振,2016,《中国报学史》,北京:中国传媒大学出版社。

耿喜锋,2017,《书法理论与实践》,北京:中国言实出版社。

顾长声,1981,《传教士与近代中国》,上海:上海人民出版社。

顾钧,2018,《卫三畏与美国早期汉学》,北京:学苑出版社。

广东省文史研究馆,1983,《鸦片战争史料选译》,北京:中华书局。

郭建中,1998,《翻译中的文化因素:异化与归化》,《外国语(上海外国语大学学报)》第 2

期，第 12 - 19 页。

郭蕴静，1984，《清代经济史简编》，郑州：河南人民出版社。

汉语大字典编纂处，2022，《40000 词现代汉语词典：全新版》，成都：四川辞书出版社。

韩兆琦，2010，《史记（全九册）：五》，北京：中华书局。

何绍斌，2008，《越界与想象：晚清新教传教士译介史论》，上海：上海三联书店。

何小平，2018，《论民族志的文本建构与文学人类学的何以可能》，《文学人类学研究》第 2 期，第 114 - 131 页。

柯蒂埃，2010，《18 世纪法国视野里的中国》，唐玉清译，上海：上海书店出版社。

洪迈，陈立仁，2018，《容斋随笔精华》，北京：开明出版社。

胡芳毅，李海军，2021，《〈尔雅〉在英语世界的首次译介》，《国际汉学》第 2 期，第 104 - 109＋203 - 204 页。

胡谦，2013，《清代乡土社会民事纠纷民间调处机制研究：以诉讼档案、契约文书为中心的考察》，西安：陕西科学技术出版社。

黄红军，2009，《中国传统交通习俗》，成都：四川人民出版社。

黄涛，2021，《论〈中国丛报〉的历史及其文化价值》，《唐都学刊》第 5 期，第 77 - 85 页。

黄悦，2018，《文学人类学与当代精神版图》，《文学人类学研究》第 1 期，第 39 - 41 页。

施莱贝克尔，1981，《美国农业史（1607—1972）：我们是怎样兴旺起来的》，高田、松平、朱人译，北京：农业出版社。

蒋凤美，杨丰仪，2021，《〈中国丛报〉地理学典籍译介特色和意义》，《中国科技翻译》第 4 期，第 54 - 57 页。

江慧敏，王宏印，2017，《狄公案系列小说的汉英翻译、异语创作与无本回译：汉学家高罗佩个案研究》，《中国翻译》第 2 期，第 35 - 42 页。

江慧敏，王宏印，2021，《"异语写作"与"无本回译"理论的提出及其发展：兼与周永涛博士商榷》，《中国翻译》第 2 期，第 131 - 138 页。

蒋廷黻，1934，《中国与近代世界的大变局》，《清华学报》第 4 期，第 783 - 827 页。

教育部语言文字应用管理司，2012，《国家通用语言文字知识手册》，北京：语文出版社。

孔艳坤，2021，《民族志翻译的分类与距离刍议：以黑格尔翻译中的中国形象为例》，《民族翻译》第 3 期，第 53 - 61 页。

奎润等，李兵，袁建辉，2020，《钦定科场条例：上》，长沙：岳麓书社。

赖文斌，2016，《朱子学在英语世界的首次翻译：以〈中国丛报〉为中心》，《上海翻译》第 3 期，第 67 - 71＋94 页。

黎昌抱，屠清音，2019，《无本回译研究纵览》，《中国翻译》第 3 期，第 130 - 140 页。

雷雨田，张琳，2004，《近代来粤传教士评传》，上海：百家出版社。

郦承铨，1935，《说文解字叙讲疏》，上海：商务印书馆。

李殿元，2016，《论夏代的天文知识和历法》，《文史杂志》第 3 期，第 18 - 22 页。

李定一，1997，《中美早期外交史》，北京：北京大学出版社。

李鼎祚，1984，《周易集解》，北京：中国书店。

李烽，黄比新，阎静萍等，1985，《〈中国丛报〉中文提要（之一）》，《岭南文史》第 1 期，第

35－49页。

李钢,王宇红,2007,《汉语通用语史研究》,北京:中国广播电视出版社。

李海军,蒋凤美,2016,《论〈中国丛报〉对中国典籍的译介》,《山东外语教学》第6期,第101－107页。

李海军,黎海嘉,2021,《19世纪英文汉学期刊译介〈智囊补〉研究:以〈中国丛报〉和〈中国评论〉为例》,《外语与翻译》第1期,第9－12页。

李红满,2018,《德国传教士郭实腊对中国古典小说的译介与阐释:以〈中国丛报〉为考察中心》,《外语与翻译》第4期,第14－19页。

李密珍,2013,《遗迹文物中的国学》,北京:中国广播电视出版社。

李天纲,1998,《中国礼仪之争:历史·文献和意义》,上海:上海古籍出版社。

李晓,戴仕炳,朱晓敏,2019,《"灰作六艺":中国传统建筑石灰研究框架初探》,《建筑遗产》第3期,第47－52页。

李秀清,2011,《清朝帝制与美国总统制的思想碰撞:以裨治文和〈中国丛报〉为研究视角》,《法商研究》第5期,第152－160页。

李秀清,2015,《中法西绎:〈中国丛报〉与十九世纪西方人的中国法律观》,上海:上海三联书店。

李秀清,2017,《叙事·话语·观念:论19世纪西人笔下的杀女婴问题》,《中国法律评论》第5期,第84－99页。

李学勤,1999a,《十三经注疏·尔雅注疏》,北京:北京大学出版社。

李学勤,1999b,《十三经注疏·周易正义》,北京:北京大学出版社。

李燕,罗日明,2022,《中华文化典籍》,北京:应急管理出版社。

李永平,2019,《文化大传统的文学人类学视野》,西安:陕西师范大学出版总社有限公司。

梁启超,2015,《饮冰室合集:第一册文集》,北京:中华书局。

列子,2015,《列子》,叶蓓卿评注,北京:商务印书馆。

林惠祥,2013,《文化人类学》,北京:东方出版社。

林耀华,2015,《金翼:中国家族制度的社会学研究》,庄孔韶、林宗成译,北京:商务印书馆。

刘宝楠,1990,《论语正义》,北京:中华书局。

刘光磊,周行芬,1999,《近代澳门报刊略论》,《中共宁波市委党校学报》第6期,第49－51页。

刘海军,杨一凡,1994,《中国珍稀法律典籍集成丙编第一册:大清律例》,郑秦、田涛点校,北京:科学出版社。

刘禾,2014,《帝国的话语政治:从近代中西冲突看现代世界秩序的形成(修订译本)》,杨立华等译,北京:生活·读书·新知三联书店。

刘建军,2010,《欧洲中世纪文学论稿:从公元5世纪到13世纪末》,北京:中华书局。

刘凯,2016,《全球通史·世界历史通览·第1册》,北京:线装书局。

刘丽霞,刘同赛,2014,《近代来华传教士对〈三国演义〉的译介:以〈中国丛报〉为例》,《济南大学学报(社会科学版)》第 3 期，第 7 - 10 页。

刘镰力，1999，《清代学校及其考试制度》，《中国文化研究》第 3 期，第 63 - 68＋3 页。

刘谦，陈颖军，2019，《清代科举制度与满族文化的互构》，《江汉论坛》第 8 期，第 96 -
100 页。

刘瑞明，2010，《刘瑞明文史述林》，兰州：甘肃人民出版社。

刘文典，1931，《淮南鸿烈集解》，上海：商务印书馆。

刘晓峰，2023，《无本译写：一个亟待开发的翻译研究领域》，《外语教学》第 5 期，第 88 -
93 页。

刘正埮，高名凯，麦永乾等，1984，《汉语外来语词典》，上海：上海辞书出版社。

龙吉星，2013，《当代西方翻译研究中的人类学方法初探》，《中国翻译》第 5 期，第 5 - 9＋
128 页。

龙吉星，2017，《人类学视阈下的民族志与翻译研究》，《英语研究》第 1 期，第 97 - 104 页。

卢茜，何克勇，2017，《翻译研究与文化人类学的共同视域》，《南方文坛》第 3 期，第 115 -
118 页。

陆胤，2022，《国文的创生：清季文学教育与知识衍变》，北京：社会科学文献出版社。

陆羽，陆廷灿，2005，《茶经·续茶经》，志文注译，西安：三秦出版社。

罗春荣，2009，《妈祖传说研究：一个海洋大国的神话》，天津：天津古籍出版社。

罗仕龙，2015，《从〈补缸〉到〈拔兰花〉：十九世纪两出中国小戏在法国的传播与接受》，
《戏剧艺术》第 3 期，第 106 - 114 页。

吕铁贞，2008，《晚清涉外经济法律制度研究》，北京：知识产权出版社。

马华祥，2017，《明清传奇脚本〈钵中莲〉研究》，北京：中国社会科学出版社。

马礼逊，米怜，2009，《印中搜闻(Indo-Chinese Gleaner，1817 - 1822)》，北京：国家图书馆
出版社。

马骕，1937，《绎史(四)》，上海：商务印书馆。

倪玉平，2020，《晚清史》，北京：人民出版社。

聂亦峰，2012，《聂亦峰先生为宰公牍》，梁文生、李雅旺校注，南昌：江西人民出版社。

潘天舒，2012，《当代人类学十论》，上海：上海三联书店。

佩雷菲特，1995，《停滞的帝国：两个世界的撞击》，王国卿等译，北京：生活·读书·新知
三联书店。

普陀县志编纂委员会，1991，《普陀县志》，杭州：浙江人民出版社。

秦永洲，2020，《中国社会风俗史》，北京：台海出版社。

屈文生，2013，《早期中英条约的翻译问题》，《历史研究》第 6 期，第 86 - 101＋191 页。

屈文生，万立，2021，《不平等与不对等：晚清中外旧约章翻译史研究》，北京：商务印
书馆。

尚且，1999，《中国近代最大外文期刊〈中国丛报〉》，《湖北师范学院学报(哲学社会科学
版)》第 3 期，第 45 页。

商衍鎏，1958，《清代科举考试述录》，北京：生活·读书·新知三联书店。

沈长云，杨善群，2020，《战国》，上海：上海科学技术文献出版社。

石川荣吉,1988,《现代文化人类学》,周星、周庆明、徐平、祁惠君译,北京:中国国际广播
　　出版社。

施正宇,邹王番,房磊等,2023,《〈中国丛报〉汉语学习篇目整理与分析》,《国际汉学》第 2
　　期,第 116－123＋158－159 页。

司徒尚纪,2014,《雷州文化概论》,广州:广东人民出版社。

宋莉华,2010,《传教士汉文小说研究》,上海:上海古籍出版社。

宋应星,2018,《天工开物》,国家经典文库编委会编,成都:四川美术出版社。

孙乃荣,2020,《早期汉学期刊儒学典籍的译介、传播和影响:以〈中国丛报〉为中心的考
　　察》,《鲁东大学学报(哲学社会科学版)》第 5 期,第 26－30＋48 页。

孙乃荣,2021,《〈中国丛报〉历史文化典籍译介研究》,《民族翻译》第 1 期,第 30－36 页。

孙宁宁,2010,《翻译研究的文化人类学纬度:深度翻译》,《上海翻译》第 1 期,第 14－
　　17 页。

孙笑侠,2016,《复旦大学法律评论·第 3 辑》,北京:法律出版社。

谭汝为,2014,《天津方言文化研究》,天津:天津人民出版社。

谭载喜,2005,《翻译学》,武汉:湖北教育出版社。

埃里克森,2013,《什么是人类学》,周云水、吴攀龙、陈靖云译,北京:北京大学出版社。

万明英,2008,《三命通会》,北京:中医古籍出版社。

王大有,2015,《中华源流:〈三皇五帝时代〉最新增订图文版》,北京:当代中国出版社。

王东杰,2019,《声入心通:国语运动与现代中国》,北京:北京师范大学出版社。

王国轩,2007,《大学·中庸》,北京:中华书局。

王海,覃译欧,尹静,2016,《岭南风土人情对外译介的跨文化传播策略:以〈中国丛报〉文
　　本为例》,《国际新闻界》第 7 期,第 41－58 页。

王海,王乐,2014,《〈京报〉英译活动中的跨文化传播策略与技巧:以〈中国丛报〉文本为
　　例》,《国际新闻界》第 10 期,第 62－81 页。

王宏印,2015,《从"异语写作"到"无本回译":关于创作与翻译的理论思考》,《上海翻译》
　　第 3 期,第 1－9 页。

王宏印,2016,《朝向一种普遍翻译理论的"无本回译"再论:以〈大唐狄公案〉等为例》,
　　《上海翻译》第 1 期,第 1－9＋33 页。

王宏印,2020,《〈阿诗玛〉英译与回译:一个人类学诗学的回译个案》,北京:民族出版社。

王积超,2014,《人类学研究方法》,北京:中国人民大学出版社。

王俊,2022,《中国古代汉字史话》,北京:中国商业出版社。

王立新,1997,《美国传教士与晚清中国现代化:近代基督新教传教士在华社会文化和教
　　育活动研究》,天津:天津人民出版社。

王连升,2010,《中国宫廷政治》,太原:山西教育出版社。

王明珂,2021,《毒药猫理论:恐惧与暴力的社会根源》,台北:允晨文化实业股份有限
　　公司。

王世舜,王翠叶,2012,《尚书》,北京:中华书局。

王树槐,1964,《卫三畏与〈中华丛刊〉》,《现代学苑》第 7 期,第 17－25 页。

王文锦，2001，《礼记译解：上》，北京：中华书局。

王星智，2012，《浊中灰：清末民初陋习纪实》，北京：华夏出版社。

王燕，2016，《十九世纪西方人视野中的〈三国演义〉：以郭实腊的〈三国志评论〉为中心》，《中国文化研究》第 4 期，第 155－166 页。

王艺生，1986，《豫剧传统剧目汇释》，郑州：黄河文艺出版社。

王正，2022，《先秦儒家道德哲学十论》，北京：世界图书出版有限公司北京分公司。

王治国，2019，《彝族诗歌的跨语际书写与民族志翻译：以阿库乌雾〈凯欧蒂神迹〉为例》，《燕山大学学报（哲学社会科学版）》第 5 期，第 37－42 页。

邦特库，1982，《东印度航海记》，姚楠译，北京：中华书局。

乌丙安，1985，《中国民俗学》，沈阳：辽宁大学出版社。

武吉庆，1999，《中国近代史》，北京：高等教育出版社。

吴谦，2011，《医宗金鉴》，张年顺、张弛等校注，北京：中国医药科技出版社。

吴义雄，2000，《在宗教与世俗之间：基督教新教传教士在华南沿海的早期活动研究》，广州：广东教育出版社。

吴义雄，2008，《〈中国丛报〉与中国语言文字研究》，《社会科学研究》第 4 期，第 137－144 页。

吴义雄，2012，《在华英文报刊与近代早期的中西关系》，北京：社会科学文献出版社。

吴义雄，2018，《大变局下的文化相遇：晚清中西交流史论》，北京：中华书局。

习传进，2007，《走向人类学诗学：二十世纪八九十年代非裔美国文学批评转型研究》，北京：中国社会科学出版社。

西格里斯特，2014，《伟大的医生：一部传记式西方医学史》，柏成鹏译，北京：商务印书馆。

夏建中，1997，《文化人类学理论学派：文化研究的历史》，北京：中国人民大学出版社。

夏征农等，2009，《大辞海·化工轻工纺织卷》，上海：上海辞书出版社。

肖东发，2001，《中国图书出版印刷史论》，北京：北京大学出版社。

萧统，1994，《文选全译：二》，贵阳：贵州人民出版社。

谢国先，2013，《人类学翻译批评初编》，广州：世界图书出版广东有限公司。

谢庆立，2017，《在华外报与"中国国民性"话语生产探源：以早期〈广州记录报〉和〈中国丛报〉为例》，《新闻记者》第 7 期，第 4－11 页。

谢庆立，2018，《搅动晚清帝国秩序的力量：19 世纪早期广州外报中国报道研究》，北京：学苑出版社。

熊庆年，1997，《中国古代科举百态》，上海：东方出版中心。

徐洪兴，2021，《残阳夕照：清代历史掠影》，广州：广东人民出版社。

许慎，2015，《说文解字注》，段玉裁注，南京：凤凰出版社。

薛伟强，2012，《满汉矛盾与晚清政局（1884—1912）：以统治阶级上层为中心的考察》，博士学位论文，河北师范大学历史系。

严式海，《音韵学丛书：切韵指掌图》，瀚文民国书库，http://www.hwshu.com/front/singleBookDetail/index/bc28b1a49be033a32faabe2df7164cece76fb990811a799dd5efdf0

279c7e35eb0b1d4c477bd7a4f53d408b96cc8eeab.do，2025 年 3 月 28 日。

杨伯峻，1980，《论语译注》，北京：中华书局。

杨伯峻，2016，《孟子译注：典藏版》，北京：中华书局。

杨伯峻，杨逢彬，2011，《论语》，长沙：岳麓书社。

杨岗，栾建民，1990，《图书报纸期刊编印发业务辞典》，北京：中国经济出版社。

杨联陞，1965，《朝代间的比赛》，载庆祝李济先生七十岁论文集编辑委员会，《庆祝李济先生七十岁论文集·上册》，台北：清华学报社，第 139－147 页。

杨司桂，2022，《语用翻译观：奈达翻译思想再研究》，成都：四川大学出版社。

姚达兑，2020，《晚清传教士如何翻译和理解〈神仙通鉴〉及其中的耶稣传》，《世界宗教研究》第 3 期，第 53－60 页。

叶农，2002，《新教传教士与西医术的引进初探：〈中国丛报〉资料析》，《广东史志》第 3 期，第 36－43 页。

叶舒宪，2010，《文学人类学教程》，北京：中国社会科学出版社。

叶舒宪，2018a，《文学与人类学》，西安：陕西师范大学出版总社有限公司。

叶舒宪，2018b，《原型与跨文化阐释》，西安：陕西师范大学出版总社有限公司。

叶舒宪，彭兆荣，纳日碧力戈，2018，《人类学关键词》，西安：陕西师范大学出版总社有限公司。

叶涛，吴存浩，2002，《民俗学导论》，济南：山东教育出版社。

叶孝信，2021，《中国民法史（修订版）》，上海：复旦大学出版社。

尹文涓，2003，《〈中国丛报〉研究（Ⅰ）》，博士学位论文，北京大学中国语言文学系。

尹文涓，2005，《耶稣会士与新教传教士对〈京报〉的节译》，《世界宗教研究》第 2 期，第 71－82＋158 页。

郁达夫，2017，《郁达夫论集：上》，吉林：吉林出版集团股份有限公司。

余冠英，2012，《诗经选》，北京：中华书局。

袁榕，2021，《全球化时代翻译研究的视角、焦点及趋向：王宁教授访谈录》，《外国语（上海外国语大学学报）》第 4 期，第 122－128 页。

袁枚，2017，《子不语全译》，申孟、甘林校点，陆海明等译，上海：上海古籍出版社。

袁枚，2022，《子不语：精装注释版》，王先勇点校，上海：上海文化出版社。

袁元，2018，《谈谈源于日语的汉语外来词》，郑州：河南人民出版社。

岳峰，2018，《中国文献外译与西传研究》，厦门：厦门大学出版社。

岳浚，1986，《山东通志·1》，扬州：江苏广陵古籍刻印社。

詹伯慧，李如龙，黄家教等，2001，《汉语方言及方言调查》，武汉：湖北教育出版社。

张大英，2013，《美国学者裨治文对〈说文系传〉的译介》，《山东外语教学》第 4 期，第 102－105 页。

张岱年，1993，《孔子大辞典》，上海：上海辞书出版社。

张惠衣，2007，《金陵大报恩寺塔志》，南京：南京出版社。

张建英，2016，《〈聊斋志异〉在〈中国丛报〉的译介》，《东方翻译》第 6 期，第 26－32 页。

章立明，2016，《个人、社会与转变：社会文化人类学视野》，北京：知识产权出版社。

章立明,马雪峰,苏敏,2014,《社会文化人类学的中国化与学科化》,北京:知识产权出版社。

张佩瑶,2012,《传统与现代之间:中国译学研究新途径》,长沙:湖南人民出版社。

张荣铮等,1993,《大清律例》,天津:天津古籍出版社。

张涛,2016,《〈中国丛报〉的孔子观及其向美国的传播》,《安徽史学》第 1 期,第 134 - 143＋168 页。

张廷华,吴玉,傅绍先,2017,《学诗初步·学词初步》,北京:文化艺术出版社。

张廷玉等,1930,《康熙字典(四)》,上海:商务印书馆。

张西平,2008,《〈中国丛报〉篇名目录及分类索引》,顾钧、杨慧玲整理,桂林:广西师范大学出版社。

张西平,2017,《交错的文化史:早期传教士汉学研究史稿》,北京:学苑出版社。

张西平,李真,2021,《西方早期汉语研究文献目录》,北京:商务印书馆。

张影舒,2023,《民国时期社会调查中的宗教问题:兼论"宗教"概念在近代社会研究中的生成》,《世界宗教文化》第 1 期,第 16 - 22 页。

张玉书,陈廷敬等,1947,《增订篆字殿版康熙字典(三)》,上海:广益书局。

张媛,2020,《民族身份与诗人情结:中国当代人类学诗学之翻译研究》,北京:民族出版社。

张媛,2021,《人类学诗学的海外召唤:王宏印原始印第安诗歌汉译研究》,《民族翻译》第 6 期,第 50 - 59 页。

张源,2020,《美国早期汉学视野中的中国文学观念:从裨治文的〈中国丛报〉到威尔逊的〈中国文学〉》,《北京大学学报(哲学社会科学版)》第 6 期,第 70 - 75 页。

张志庆,2002,《欧美文学史论》,北京:科学出版社。

赵长江,2014,《19 世纪中国文化典籍英译研究》,博士学位论文,南开大学外国语学院。

赵恩洁,蔡晏霖,2019,《辶反田野:人类学异托邦故事集》,新北:左岸文化。

赵尔巽等,1977,《清史稿》,北京:中华书局。

赵娟,2021,《欧洲"中国宝塔"的图像生成与媒介转换》,《文艺研究》第 2 期,第 118 - 133 页。

赵明,2016,《明清汉语外来词史研究》,厦门:厦门大学出版社。

赵平略,2008,《王阳明散文选译》,成都:西南交通大学出版社。

郑金生,张志斌,2019,《本草纲目引文溯源(三):谷菜果木服器部》,北京:龙门书局。

郑金生,张志斌,2020,《本草纲目药物古今图鉴四:虫鳞介禽兽人部》,北京:科学出版社。

郑樵,1995,《通志二十略·上册》,王树民点校,北京:中华书局。

郑振铎,2009,《插图本中国文学史》,北京:北京工业大学出版社。

中国社会科学院语言研究所词典编辑室,2016,《现代汉语词典》,7 版,北京:商务印书馆。

《中国戏曲音乐集成》编辑委员会,《中国戏曲音乐集成·江苏卷》编辑委员会,1992,《中国戏曲音乐集成·江苏卷(上、下卷)》,北京:中国 ISBN 中心。

周源和,1983,《甘薯的历史地理:甘薯的土生、传入、传播与人口》,《中国农史》第 3 期,第 75 - 88 页。

周振甫,2010,《诗经译注》,北京:中华书局。

周振鹤,2006,《圣谕广训:集解与研究》,顾美华点校,上海:上海书店出版社。

朱骅,原芳,2022,《民族志文化翻译与赛珍珠的中国知识体系建构》,《江苏大学学报(社会科学版)》第 5 期,第 105 - 114+124 页。

祝鹏,1984,《广东省广州市佛山地区韶关地区沿革地理》,上海:学林出版社。

庄新,2020a,《医疗社会史视野下的晚清疫情治理研究:以〈中国丛报〉(Chinese Repository,1832—1851)为中心》,《广州大学学报(社会科学版)》第 5 期,第 112 - 120 页。

庄新,2020b,《中科院馆藏〈中国丛报〉对博物学典籍的译介》,《中国科技翻译》第 4 期,第 47 - 50 页。

庄新,2023a,《晚清来华西人中国知识报道与美国汉学的兴发:以〈中国丛报〉为中心》,《中国文化研究》第 4 期,第 168 - 180 页。

庄新,2023b,《物质史视域下 19 世纪前中期海外汉学期刊的中国知识传播:以〈中国丛报〉为中心》,《湖北社会科学》第 12 期,第 124 - 132 页。

左松涛,2011,《变动时代的知识、思想与制度:中国近代教育史新探》,武汉:武汉出版社。

# 索　引

# 后 记

　　本书基于我的博士论文而成,聚焦于翻译研究人类学视角的建构与应用。人类学于翻译研究而言其实并不陌生,深度翻译便源于人类学。人类学可供翻译研究借鉴的理念方法远不止人类学。因此,我尽力系统梳理人类学有益于翻译研究的理念资源,以挖掘翻译研究可与人类学密切结合之处,并深化翻译研究有关民族志翻译的探讨。本书尚存颇多不足,还望各位不吝赐教。

　　在清华读博期间,我很幸运地得到博士生导师王敬慧老师的指导。王老师从论文结构到细节均切实地指导我提升论文质量。王老师在师门组会及读书会上帮助我们一步步成长,在其带领下参与国家社科基金重大项目的经历亦帮助我在博二时获评国家奖学金。王老师鼓励我为博士生资格考试准备 100 本著作与 100 篇文章,而她为我出的翻译人类学题目正是我撰写本书的起点。行文至此,我也要感谢带我迈入翻译研究大门的南开大学的诸位老师。胡翠娥老师指导我撰写硕士论文,而自大四起旁听胡老师博士课程的经历也正是我迈入翻译研究大门的起点。苏建华老师指导我撰写本科论文,我的本科论文也有幸获评南开大学优秀毕业论文。本硕期间,王宏印老师、吕世生老师、刘英老师、商瑞芹老师等恩师的课堂均令我收获颇丰,帮助我在南开期间获得硕士国家奖学金,获评优秀毕业生等 6 项荣誉称号,并在"外研社杯"全国英语写作大赛与"外研社杯"全国英语阅读大赛等英语写作、阅读、口译与演讲比赛中取得 3 次国家二等奖、3 次天津市特等奖等共计 12 项奖项。

　　我在博士论文写作期间得到诸多校内外老师的指导。吕世生老师对我撰写论文提供了关于文化翻译的宝贵建议。张磊老师针对论文结构安排与独特性贡献等问题提出高见。文军老师对论文应突出民族志翻译特点等问题给出宝贵的指导意见。生安锋老师不仅鼓励我勇于创新,而且指导我一同撰写论文并将其顺利发表于翻译专业国际顶刊 *Babel*(《通天塔》)上。耿纪永老师对如何聚焦论文研究问题等方面提出有效建议。孙吉胜老师对论文各部分给出具体入微的指导。许明老师对论文应讲明人类学视角的独特之处提出有效建议。余石屹老师在身体不适的情况下依然参与开题答辩。彭萍老师对如何明确论文理论架构等问题给出宝贵建议。刘梅华老师在研究范式上强调点明研究范围及厘清概念等问题的重要性。刘昊老师与赵元老师也在学理层面对论文应如何更加深入给出高见。

另外,我要在此真挚地感谢清华大学、清华大学人文学院及外国语言文学系为我提供在博士期间全方位成长与锻炼的机会。外国语言文学系王敬慧老师、生安锋老师、余石屹老师、张叶鸿老师、曹莉老师、封宗信老师、刘昊老师、赵元老师、吕中舌老师、孙赛因老师让我在他们的精彩课程及博士生资格考试等环节中受益。人文学院各位老师亦在我求职就业等阶段提供诸多帮助。加入清华大学博士生讲师团及前往福建省宁德市寿宁县下党乡开展暑期实践的经历均促使我在各方面取得进步。博士 4 年间,我在清华大学图书馆借阅近 600 册图书,另外通过馆际互借借阅 100 余份文献资料。对此,我特别感谢清华大学图书馆的各位老师,特别是负责我们学科的杨玲老师。

我还要特别感谢我的父母孔先生和王女士、陪我度过博士生涯的诸位亲友,以及在历次学术会议及研讨班中遇到的各位师友。任杰轩、李若姗、冯勇、谢紫薇、俞益然、李敏等均在我平日的学习生活中提供诸多帮助。在论文撰写过程中,我也多次向哲学系、历史系及中文系的诸位同学请教,并获得他们真挚的帮助。

最后,我要感谢中国传媒大学及外国语言文化学院的诸位师友给予我机会,让我有幸获得中国传媒大学的中央高校基本科研业务费专项资金资助,并借此将博士论文付梓成书。

唯愿此书可以起到向翻译研究领域推介人类学视角的作用,助力翻译研究在人工智能蓬勃发展的新时代秉持其学术价值与人文底蕴。